这就是

黑龙江

ZHEJIUSHI
HEILONGJIANG

中华人民共和国年鉴社◎编

新华出版社

图书在版编目（CIP）数据

这就是黑龙江 / 中华人民共和国年鉴社编.
-- 北京: 新华出版社, 2024.1
ISBN 978-7-5166-7298-3

Ⅰ.①这… Ⅱ.①中… Ⅲ.①社会主义建设成就－黑龙江省
Ⅳ.①D619.35

中国国家版本馆CIP数据核字（2024）第017819号

这就是黑龙江

编　　　者：中华人民共和国年鉴社	
出 版 人：匡乐成	出版统筹：许　新　黄春峰
出版策划：赵怀志	封面设计：刘宝龙
责任编辑：刘　芳　孙大萍　张汇元	

出版发行：新华出版社
地　　址：北京石景山区京原路8号　　　邮　　编：100040
网　　址：http://www.xinhuapub.com
经　　销：新华书店、新华出版社天猫旗舰店、京东旗舰店及各大网店
购书热线：010－63077122　　　中国新闻书店购书热线：010－63072012

照　　排：六合方圆
印　　刷：河北鑫兆源印刷有限公司

成品尺寸：170mm×240mm　1/16
印　　张：25　　　　　　　　　　字　　数：360千字
版　　次：2024年1月第一版　　　印　　次：2024年1月第一次印刷

书　　号：ISBN　978-7-5166-7298-3
定　　价：98.00元

《这就是黑龙江》
编辑委员会

序

这就是黑龙江
——黑龙江奋力书写高质量发展新答卷

从苦寒蛮荒之地，到富饶"大粮仓"；

从偏远最北边疆，到对外开放新前沿；

从昔日老工业区，到振兴发展新高地……

站在新的重要关口，黑龙江乘势而上，寻找机遇，爬坡过坎，转型升级，激发潜力振兴发展。3100多万龙江人民开拓奋进，踔厉奋发，以新气象新担当新作为，奋力书写黑土地高质量发展新答卷。

回望历史，创业维艰，铭记辉煌成就

地处边疆，气候严寒，边陲沃土曾经一片沉寂。

为了开发这片神奇的黑土地，十万复转官兵曾前赴后继，揭开人类垦荒史上的壮丽篇章。

时间回溯到1954年6月，王震将军来到黑龙江省汤原县，看望正在施工的铁道兵战士。当看到官兵们垦荒收获的粮食、蔬菜后，王震有了把大批复转军人留在黑龙江"办农场，为国家多产粮食"

的想法。

1955 年 1 月，铁道兵部队的第一个农场——八五〇农场成立。短短两年时间，铁道兵多个师的复转官兵 1.7 万多人挥师北上，先后创建了八五二、八五三、八五四等 12 个八字头农场。

1958 年，北大荒迎来开发高潮，当年 10 万复转官兵挺进北大荒。他们在蒿草丛生、野狼出没、沼泽遍布的北大荒腹地长途跋涉，风餐露宿，靠人拉犁唤醒了沉睡千年的黑土地，实现了"当年开荒、当年生产、当年收益"。

第一代北大荒人浴血奋战，不仅为祖国生产粮食，成为今天"中华大粮仓"的坚实起点，更缔造了"艰苦奋斗、勇于开拓、顾全大局、无私奉献"的北大荒精神，激励着一代又一代北大荒人披荆斩棘、开拓进取。

如今，作为维护国家粮食安全的"压舱石"，黑龙江已连续 6 年稳定在 1500 亿斤以上，连续 14 年位居全国第一，商品量、调出量连续多年全国第一，为端牢"中国饭碗"贡献"龙江力量"。

在昔日北大荒发生翻天覆地变化的时候，一场工业领域的星星之火，早已在东北角燃起。

新中国成立之初，百废待兴。1951 年，哈尔滨电机厂（即哈电集团电机公司前身）接到中央指示，为使战争中被炸毁的四川下硐水电站尽快恢复发电，需抢制一台 800 千瓦立式水轮发电机组。

电机厂立即投入到研发中，技术人员和工人几乎吃住在车间，困难重重但他们热情不减，不到一年便完成这一"壮举"。这台单机容量仅 800 千瓦的小机组，却犹如一颗子弹，把新中国发电设备制造"0"的纪录击碎。

第一台水电机组、第一台火电机组、屡破国外垄断……70 多年来，从无到有、从有到优，哈电集团创造了 215 项"中国第一"，成为我国发电设备制造业的摇篮，沉淀着企业核心竞争力，擦亮了"三大动力"的金字招牌。

作为东北老工业基地，黑龙江省是我国工业化进程起步较早的省份，制造业产业规模大、门类齐全。"一五"时期国家实施的 156 个重点工业项目，22 个布局在黑龙江。

大型水电机组约占国产装机总量 1/2；煤电机组约占国产装机总量 1/3；重型燃气轮机约占国内市场 1/3——这是哈电集团三家重要企业的生产成绩单。业内人士啧啧称赞："三大动力"的发展史，亦是我国发电设备行业乃至装备制造业发展的缩影。

目前，黑龙江省能生产 40 个大类、162 个中类、364 个小类的上千种工业产品，拥有中国一重、哈电集团等一大批"共和国长子""大国重器"企业，为打造"国之重器"奉献力量。

黑土地上诞生的"第一"不止于此。第一个解放的大城市、第一个国营农场、第一家航校、第一台万吨水压机、第一架直升机、第一大油田、第一大国有林区、第一家啤酒厂……这些都在新中国历史上具有重要里程碑意义。

1959 年 9 月 26 日，松辽盆地上的松基三井喷出工业油流，大庆油田的开发让中国甩掉了"贫油国"帽子。如今，大庆油田古龙页岩油的勘探开发，将推动我国陆相页岩油气革命，影响全球页岩油气发展。

　　据统计，从 2003 到 2022 年，大庆油田国内外油气产量当量连续 20 年保持在 4000 万吨以上，创造了领先世界的陆相砂岩油田开发技术水平，为国家作出了重大贡献。

　　这段时间，大兴安岭地区气温已降至零下 40 摄氏度，而大兴安岭富林山野珍品科技开发有限责任公司生产车间里却是一派火热。蓝莓、木耳、蘑菇……工人正忙碌着对林果、林菌等林下绿色有机食品进行加工作业。

　　这是大兴安岭地区转型发展的一个缩影。自 1964 年开发建设以来，大兴安岭地区累计为国家提供商品材 1.26 亿立方米。在 2014 年全面停止天然林商业性采伐之后，大兴安岭地区因地制宜，发展寒地生物、寒地测试产业，加快从"一木独大"向以森林生态旅游、森林食品、药材加工等为主导的绿色生态产业体系转变。

　　如果说粮食、机械、石油、原木，是黑龙江辉煌成就的代名词，那么从这里走出的精英翘楚，则是黑土地上耀眼的"活名片"。

　　刘永坦、马祖光、杨士莪、徐一戎……一个个响当当的名字在科教领域熠熠生辉，他们扎根科研一线迎难而上、砥砺前行，用智慧和奉献书写"心有大我，赤诚报国"的精彩篇章；

　　杨扬、王濛、申雪、赵宏博、武大靖、张虹、任子威……一名名奥运健儿"实力出圈"，把"龙江儿女"的风采带到世界舞台上展现，挑战极限，为国争光；

　　马永顺、马恒昌、王进喜、王启民、马旭、张丽莉……一位位带给人们无数感动的平凡英雄，在自己的岗位默默奉献，以真善美让大爱流传，以求实创新创造无限价值，成为大江南北口耳相传的美谈。

黑土地，富饶而伟大，饱含深情，满怀赤诚，将自己和一切全部奉献给国家。

奋斗当下，凝心聚力，擘画振兴蓝图

忆往昔芳华正劲，新时代赓续荣光。

如今，在王震将军点燃第一把荒火的地方，纪念雕塑巍峨矗立。八五〇农场已建成全国水稻绿色高质高效创建示范区，粮食亩产从当年的100多斤提高到1200多斤。

"收割机装上北斗导航，可以实现24小时不间断作业，一天一夜可以收割2000多亩地。"八五〇农场种粮大户袁志欣展示自己购买的大型农机。

农产品的供给保障能力，决定着农业强国的成色。着眼现代农业，一场深化农垦改革的战役早已拉开。2015年底，中共中央、国务院印发《关于进一步推进农垦改革发展的意见》，北大荒迎来转型发展新契机。

"北大荒在农业供给侧结构性改革和农垦改革中，发挥着引领示范作用，立足打造'农业领域航母'，全方位夯实粮食安全根基，确保中国人的饭碗牢牢端在自己手中。"北大荒农垦集团有限公司董事长王守聪信心满满。

在东北地区，体制机制不活、市场意识弱、历史包袱重等问题，长期困扰国有企业发展。

瞄准市场化转型，哈电集团近年来"真刀真枪"全面深化改革，让市场竞争观念深入到企业内部各层级，激发新发展活力。

——"三项制度"改革实现主体企业全覆盖，总部部门岗位压缩32%，总部人员编制压缩41%；

——减掉历史包袱轻装上阵，完成厂办大集体改革全部88户企业、17333人安置工作；

——取消非优势业务，所属企业陆续实现铸造、锻造、标准件等业务社会化。

依托走创新路、闯改革关，"三大动力"推动了我国电力工业蓬勃发展。"十三五"期间，哈电集团利润年复合增长率达42.9%，全员劳动生产率年复合增长率11.9%，人均工资年复合增长率7.6%。

党的二十大报告提出，以国家战略需求为导向，集聚力量进行原创性引领性科技攻关，坚决打赢关键核心技术攻坚战。

隆冬腊月，在位于哈尔滨市平房区的中国航发哈尔滨东安发动机有限公司车间，几名身穿蔚蓝色工装的工人正在大型机械前注视着电子显示屏幕，手指在一排排按钮上操作着。

从跨学科到跨工种，从主持设备论证到搭建技术标准体系……46岁的焊接专业总师助理郑欣攻克了发动机研制过程中的诸多瓶颈问题，见证着一项项新技术应用"从0到1"的历程，努力把更多关键核心技术掌握在自己手中。

这是黑龙江省坚持创新驱动、塑造发展新动能新优势的一个缩影。作为我国重要的装备制造业基地和原材料基地，这里聚集的大批央企正瞄准国家战略和需求，坚持自主创新，保障重点工程和项目正常运转、产品按期交付，为打造"国之重器"奉献力量。

如果说，科技创新这一"关键变量"是振兴发展的"最大增量"，那么留住人才、用好人才，则能汇聚更磅礴的振兴动力。

2022 年 3 月，"85 后"郑好从日本北海道大学回国，成为哈尔滨工业大学交通科学与工程学院一名教授。短短几个月时间内，他顺利申请到国家自然科学基金优秀青年科学基金项目，正围绕寒区冰雪路面开展研究。

"我看好黑龙江的地域特色，看好学校提供的平台和机会，希望以自己的努力，为基础研究、新兴产业发展贡献力量。"郑好期待在"冰天雪地"里大干一场。

既聚焦留住省内人才，又瞄准引进省外、海外人才，既突出高端引领，又加强梯队培育……为进一步建强人才队伍、激发人才活力，黑龙江省发布《新时代龙江人才振兴 60 条》，着力打造生态、平台、计划、服务"四位一体"的人才发展新环境。

"头雁支持计划"入选团队可享受 5 年最高 5000 万元经费支持，对全职引进的高层次人才给予最高 300 万元安家补贴，可在科研立项、科技成果转化、创新创业等方面提供优惠待遇……一系列政策利好赢得众多"点赞"。

作为我国最北自贸区，黑龙江自贸区哈尔滨片区在成立三年时间里，已累计新设立企业 12226 家，内资企业 12175 家，外资企业 51 家，进出口总额由设立之初的 16.84 亿元增至 67.59 亿元，年均增速达到 100%。

寒风凛冽，绥芬河口岸铁路货运现场吊机轰鸣、货箱起落，一列列中欧班列往来穿梭，成为保障国际贸易往来的重要物流通道。

绥芬河站是黑龙江最大的对俄铁路口岸站，也是中欧班列"东通道"重要的进出境口岸之一。近年来,乘着"一带一路"的东风,一条条"钢铁长龙"具有效率高、路线广和全天候等优势,架起了通海达洋、联通亚欧的重要桥梁。

在国内国际双循环中找准位置、发挥作用,支持优势产业"走出去"拓展市场,打造跨境产业链和产业集群,推进自贸区、哈尔滨新区、综合保税区、边境经合区等重要开放平台创新发展……营商环境不断优化,政策效应日益显现,这里正在成为投资兴业的新热土。

黑龙江,打造向北开放新高地,奏响沿边开放新篇章。

锚定创新,永不止步,蹚出光明未来

面向未来,"老字号""原字号"如何赋能增效?

"新旧动能转换是一根接力棒,接好了经济就能平稳过渡。"

"选择怎样的项目引领现代产业体系建设方向,一是要盯住我们的优势,二是要展望未来的发展,三是要打造优势产业集群。"

"首先要选准方向,根据资源禀赋,谋定发展目标。"

……

数字经济、生物经济、冰雪经济和创意设计——如今,以"四大产业"为突破口,黑龙江省正进一步改造升级"老字号"、深度开发"原字号"、培育壮大"新字号",为新老产业共舞建柱搭台。

在黑龙江、乌苏里江、松花江冲积而成的平原地带,北大荒集团建三江分公司依托物联网、5G等新一代信息技术及天空地一体化智能感知系统,开启了智慧农场建设项目,水旱田耕种管收全程无人化作业"不再是梦想"。

根据规划，黑龙江省将重点围绕引进培育市场主体、延伸壮大数字产业链、推动数字技术创新与成果转化等，给予政策倾斜和"真金白银"支持。到2025年，全省数字经济核心产业增加值占GDP比重将达到10%，数字经济实现跨越式发展。

生物经济如何为黑龙江省振兴发展提供更大推力？

黑龙江省农业生物质资源全国第一，年产秸秆约9000万吨，是全国最大生物发酵氨基酸和生物质燃料乙醇生产基地，汇集中国农业科学院哈尔滨兽医研究所等一批生物技术领域前沿科研机构，拥有哈药集团1家百亿级企业，哈尔滨生物医药产业入选国家级战略性新兴产业集群。

站在数千亿级的全新赛道上，发令枪已经打响。

"十四五"期间，黑龙江省把生物经济作为战略性主导产业，将打造生物医药千亿级和生物制造、生物农业、生物能源、生物服务等产值规模超百亿、产业链齐全、配套完善的生物产业集群，培育形成一批具有行业竞争力的龙头企业。预计2025年，全省生物经济总规模将达到4200亿元以上。

时值北京冬奥会过后的首个"冰雪季"，哈尔滨冰雪大世界、雪博会、亚布力滑雪场游人如织，共迎崭新"冰雪季"；大庆市肇源县举办首届冰雪节，黎明湖龙舟冰雪乐园开园，开展冰上龙舟邀请赛；伊春市举办森林冰雪欢乐季、森林泼雪节等活动；黑河市则依托地缘优势，着力打造国际冰雪旅游品牌……黑龙江各地正抢抓机遇期，推出形式多样的冰雪旅游活动。

冰雪经济发展的黄金期，也是提档升级机遇期。黑龙江省不断拓展上下游产业，推动产品从无到有、从有到优，乘势而上，探索建设"冰天雪地也是金山银山"先行区和后冬奥国际化冰雪经济示范区，着力打造"冰天雪地也是金山银山"实践地。

从国际来看，世界主要发达经济体或新兴工业化国家都把创意设计产业放在重要位置，将其作为实施创新驱动的重要支撑。

为赋能产业转型和振兴发展，黑龙江省把创意设计作为重要的新兴产业来抓，新出台的《黑龙江省创意设计产业发展专项规划（2022—2030年）》，是黑龙江省首个专门针对创意设计产业发展的规划文件。

聚焦创意设计产业，哈尔滨文旅集团依托哈尔滨历史文化特色和资源禀赋，正全力打造"冰雪""音乐""时尚"等系列主题酒店，逐步建成"颜值高、有特色、体验好"的酒店群。

通过实施"创意设计+"战略，黑龙江省明确以创意设计赋能绿色食品、冰雪运动休闲产品、工艺美术、陶瓷、高端装备、服装服饰、家居用品、生物医药、动漫及短视频、云展演10个重点领域。

击鼓催征，踔厉奋发。

站在新的历史起点，亘古黑土地，昔日北大荒，茫茫大雪原，正在焕发出勃勃生机，以"跳起摸高"的进取心和只争朝夕的紧迫感，迈向孕育无限精彩的光明未来。

（新华社哈尔滨2023年1月16日电　新华社记者刘伟、王春雨、杨思琪）

目录

贰 形象篇

叁 品牌篇

肆 产业篇

伍 民生篇

这就是

黑龙江

ZHEJIUSHI

HEILONGJIANG

信心篇

这就是哈尔滨

在中国最东又最北的省份，有这样一座城市，时尚到了骨髓里，无须粉黛，浑然天成。

但它的日常，在不了解的人看来，却颇有些摸不着头脑。这里冷？但是你明明经常能看到，有人在凛冽的寒风中，开心地吃着冰棍冰糕。这里很洋气？是的。满眼望去，大片异国风情的建筑，仿佛置身于某个欧洲小镇，但是你明明就还在原地，就在东北这旮旯。

这里的老哥老妹儿，脾气暴不好惹？但明明也会有不认识的大兄弟，敲敲你的车窗，跟你从车型车况聊到爸妈对象。这个外表冷傲、内心火热，包容并蓄又自带喜感的地方，就是嘿嘿嘿嘿黑龙江，哈哈哈哈哈尔滨。不好意思，天冷嘴瓢，这里的故事，听我慢慢跟你唠。

因水而生，依路而兴

这片土地的一切，要从一条江说起。

发源自长白山天池的松花江，是哈尔滨的母亲河，江流穿城而过，把整个城市都带得活了起来，冲积而成的松嫩平原，提供了无尽的富饶。

这片流域的文明，源远流长。早在两万两千年前的旧石器时代晚期，就有了先民活动的踪迹。浩瀚的历史长河中，这里是金清两代王朝的发祥地，金朝第一座都城，就坐落在哈尔滨阿城。数百年来，人们渔猎耕作，此处人烟渐盛，然而也只是一片分散在松花江边的村落。19 世纪末，随着中东铁路第一根枕木的落下，这个曾经的小渔村开始发展变化，成为了少有的先有铁路、后建城的城市，又被称为"火车拉来的城市"。"T"字型的中东铁路线，

2024 年 1 月 9 日，游客在哈尔滨百年老街中央大街上游玩（无人机照片）。（新华社记者张涛摄）

2022 年 9 月 26 日拍摄的松花江上的湿地与城市景色（无人机照片）。（新华社记者张涛摄）

在这里交汇，大量的资金和形形色色的人口涌入，被快速国际化的哈尔滨也迅速成为一座华洋杂集"与欧美各城市并驾齐驱"的大都市。

屈辱与抗争

翻开城市的历史，有过屈辱的血泪，更有奋起的抗争。

1932年，哈尔滨沦为日伪统治区。国难当头，当倭寇入侵、国土沦丧，杨靖宇、赵尚志、赵一曼、李兆麟等无数民族英雄英勇反抗，用鲜血浸染黑土地，用生命捍卫祖国的寸寸河山。他们的名字，被熔铸进大街小巷，向人们诉说着那段沉痛的往事。

还有很多人来到哈尔滨，会来看一堵墙，它坐落在平房区，是侵华日军逃离前炸毁"七三一部队"驻地遗留的罪证。

曾经的焦土废墟上，如今建起了一座陈列馆，时刻提醒后人，不忘国耻，共图民族复兴伟业。这里是马克思主义在中国传播最早的城市，诞生了东北

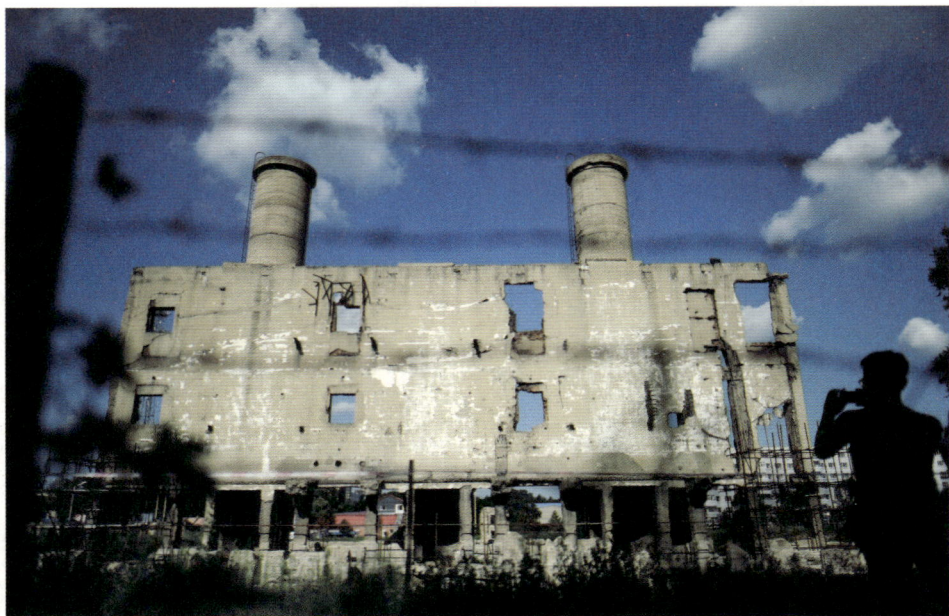

2017年7月28日，在侵华日军第七三一部队动力班遗址附近，一位参观者在拍照。（新华社记者王建威摄）

地区第一个党组织，也成为全国解放最早的大城市。这里历经风霜雨雪，依然血性硬朗。

万种风情

时光荏苒，虽然激荡的岁月已随时间的浪潮远去，但来自异域的多元文化，早已在这座城市的血脉里留下了深深的烙印。

许多人来到哈尔滨，第一站就是直奔中央大街。确实，没去踩踩那街道上铺设的形状大小都酷似面包的"面包石"，就不算来过哈尔滨。据说在当时，这一块石头可要值一块现大洋呢！这条全长1450米的大街，与其说它是一条繁盛的商业步行街，倒不如说是一个建筑艺术的博物馆。这里汇聚了巴洛克、文艺复兴、折衷主义等多种建筑风格，西方建筑史上很多有影响力的建筑流派在这里也能觅得踪迹。

走在这里，每一步都是风情。从中央大街出发，穿过两条街，就是始建于1907年远东地区最大的东正教堂——圣·索菲亚教堂。

2024年1月12日，游客在哈尔滨建筑艺术广场的圣·索菲亚教堂前游玩。（新华社记者谢剑飞摄）

红砖绿顶互相辉映，巨大的洋葱头穹顶上，金色十字架高耸入云，一下雪，就仿佛进入了童话世界。如果觉得还没看够，那你还可以乘车前往坐落在阿什河畔的伏尔加庄园，走进巴甫洛夫城堡、圣尼古拉大教堂，再品尝一杯浓烈的伏特加，俄式韵味也不过如此。

但你若想更直接地感受欧陆风情与东方文明的交汇，来老道外，一定让你大开眼界。这里的建筑，外部是巴洛克的形式，而内部却是中式庭院的布局。仔细看看外墙的浮雕，没有十字架，没有圣母，没有丘比特，也没有执矛的勇士，取而代之的是，象征着五谷丰登的麦穗和富贵吉祥的牡丹等在中国有着美好寓意的图案。这种当地劳动人民在原始巴洛克的基础上融入中华文化而创造出的中西合璧的建筑，有个很直白的名字 —— 中华巴洛克。想想还有点浪漫，以我之姓，冠你之名，大抵就是如此。

豪爽直接，是许多人对哈尔滨人最深刻的印象。风风火火的外表下，音乐的艺术浸透在哈尔滨人的每一个细胞里。这里可是被联合国授予的"音乐之都"。

19 世纪末，歌剧、芭蕾舞剧、爵士乐等传入哈尔滨，中国最早一批音乐学院和交响乐团在这里诞生，也使得哈尔滨成为中国现代音乐的发源地之一。

前脚看完二人转，后脚再去音乐厅里听场交响乐，这在哈尔滨一点都不稀奇。许多商场的大厅中都能看见一整个交响乐团在演奏。那豪华配置分分钟让你惊掉下巴。"正当梨花开遍了天涯，河上飘着柔曼的轻纱……"斯大林公园内，刚扭完东北大秧歌的大妈，充满激情地唱着喀秋莎，要是碰上年纪大点的用俄语给你整一段也不在话下。整座城市的上空，仿佛到处都飘逸着灵动的音符，这点在夏季表现得尤为明显。

这就是火热又迷人的"哈尔滨之夏"！

食物的诱惑

来哈尔滨，一定要多逗留几天，因为有太多的美味等你来尝鲜。

冬季寒冷的天气，造就了许多特别的美食和饮食方式。冰棍冰糕冰淇淋都是直接摆在筐里放在外头卖，冰糖葫芦，那就是个裹着糖的冰沙山楂，在室外这个天然大冰箱里，冻柿子、冻梨是其中最有代表性的美味，虽然冻得梆硬，但不管你是就着果皮上的冰慢慢啃，还是让水化掉冰壳，冰甜软润的鲜汁在口腔中爆裂的感觉，都会是一种别样的体验。

好吃是好吃，但冷也是真的冷。吃肉最能御寒，因此高热量、高蛋白的肉食一直是哈尔滨人餐桌上的重头戏，锅包肉、大骨棒、杀猪菜、得莫利炖鱼，哈尔滨人吃起肉来一点也不含糊。他们还钟情各种铁锅炖，咕嘟咕嘟冒出的热气，给寒冷的生活增添了无限暖意。

若要招待远道而来的朋友，考究的俄式西餐，是个颇有诚意的选择。沙拉、酸黄瓜、红菜汤、罐焖牛肉，菜品按部就班地上齐，给你满满的仪式感。但在大多数哈尔滨人的日常中，大列巴夹红肠，再配上一瓶格瓦斯，才是最简单的俄式美食。

到了晚上，真正的美食狂欢才刚刚开始。穿梭在各大夜市里，哈尔滨人的灵魂在烧烤的烟雾中迷失。约上三五好友，几扎啤酒，几把串，一堆毛豆，几头蒜，没别的，就是可劲造。

有时候，一群小孩举着个大绿棒子，咕咚咕咚地干得比大人还带劲，别担心他们会喝醉，那准是又在拿大白梨汽水当哈啤。

冰雪奇缘

哈尔滨人对生活的热情，在温度可达到零下二十多摄氏度的冬季也丝毫没有败下阵来，反而玩得更嗨了。

每年冬天，当第一场雪降临在这片大地，怕是许多哈尔滨人都会不自觉地露出邪魅一笑：不好意思，我的主场来了。

在这里，打雪仗是个十分普遍但也技术含量很高的娱乐项目，这个过程包含了柔道、散打、自由搏击，考验人的侦察和反侦察能力、长跑的耐力及短距离的爆发力，必要的时候还要会认怂。

不然，你就等着咔地一下被撂倒，然后被埋在雪地里，任由冷冷的冰雪在脸上胡乱地拍。

还有堆雪人、滑雪、打雪圈、打冰滑梯、拉冰爬犁、打冰陀螺……冰雪几乎填满了哈尔滨人的休闲时光，虽然玩的时候容易透心凉，但是能让人心飞扬啊！

如果这些你都觉得不足为奇，那就给你整点猛的。冰雪大世界中，楼梯是冰，墙壁是冰，栏杆是冰，一座座宫殿城堡也是冰。总之，目光所及之处，除了人，就是冰。想知道被几十万立方米的冰和雪包围着是什么样的感受吗？自己来亲身体验一下，那才得劲儿！

太阳岛国际雪雕艺术博览会上汇集着各类巧夺天工的雪雕，2023年的主题雕塑更是化身神鸟凤凰，有近10层楼那么高，包你看呆。不说别的，仰头欣赏半天，颈椎病都能缓解不少。心动了吧，那快去见识见识，你还能在那凤凰的翅膀上滑滑梯。在这里，随处可见的冰雪，被打造成了令人叹为观止的艺术品，也融进了人们日常生活的点点滴滴，每年1月5日开幕的冰雪节，更是将人们的这股热情推向了高潮。

这是我国第一个以冰雪活动为内容的国际性节日，持续1个月，更重要的是在这一天全国只有哈尔滨人可以放假！一个个响亮的冰雪文化品牌让哈尔滨用实力证明"冰城"的名号绝不是浪得虚名。

哈尔滨，就是这样一座神奇的城市。虽然冷得透彻，滴水成冰，但它却散发出一种令人着魔的魅力。

又见雪花飞，又到冰雪季，到兆麟公园，看一看冰灯的鼻祖，到松花江上，看凿窟捕鱼、雾凇如画。哈尔滨正敞开怀抱，向所有人发出热情的邀请：哈尔滨，欢迎您的到来！

（张玲琳、李硕）

扫码看视频｜这就是哈尔滨

这就是齐齐哈尔

　　她有一个达斡尔族名字，意为"边疆"。人们更愿称她为"鹤城"——丹顶鹤的家乡。

　　当清晨第一缕阳光洒向金色的芦苇荡，丹顶鹤展翅飞翔掠过一片北国风光，在世界上最大的淡水芦苇沼泽湿地，数百种鸟类植物在这里孕育希望。

　　一条"塞外巨龙"身姿雄壮，诉说着古老的历史和金国的强盛，300多年

2023年11月27日，在黑龙江扎龙国家级自然保护区，丹顶鹤在雪中觅食。（新华社记者王大禹摄）

2023 年 4 月 19 日，在位于黑龙江省齐齐哈尔市的中车齐车公司生产车间，上心盘智能加工生产线在自动生产作业。（新华社记者谢剑飞摄）

历史积淀北疆名城，万顷黑土孕育出"塞上粮仓"。

沃野千里的松嫩平原金秋送爽，机器轰鸣间激起专属于北纬 47 度的稻花香，世界烤肉之都的名片不断擦亮，承载着游子的乡愁和人间烟火的酣畅。

众多"共和国长子"企业汇集于此，"大国重器"挺起装备制造的"脊梁"，绿色农业、现代畜牧业势头强劲，谱写老工业基地全面振兴新篇章。

（新华社记者管建涛、梁冬、张玥、唐铁富）

扫码看视频 | 这就是齐齐哈尔

这就是牡丹江

这是一座北方江城，这是一方因林海雪原扬名的热土，这就是牡丹江。牡丹江市，别称雪城，位于黑龙江省，素以镜泊胜景、中国"雪乡"、林海雪原著称。

牡丹江是一座开放包容的城市，有4个国家一类口岸和中国（黑龙江）自由贸易试验区绥芬河片区等一系列开放平台，是黑龙江对外开放、聚拢商机的重要门户。

牡丹江是一座风景如画的城市，冰雪旅游资源富集，镜泊湖、中国"雪乡"、横道河子东北虎林园等知名景点景区，每年都有众多游客游玩参观。

这是2023年8月30日拍摄的黑龙江省牡丹江市西安区海南朝鲜族乡中兴村风光。（新华社记者刘赫垚摄）

这是 2018 年 10 月 26 日拍摄的位于黑龙江省牡丹江市江滨公园的"八女投江"群雕。（新华社记者王建威摄）

牡丹江是一座物产丰富的城市，东宁黑木耳、宁安响水大米、穆棱沙棘果等农产品畅销全国。

牡丹江是一座积淀红色文化的城市，"八女投江"纪念馆、纪念碑、英烈群雕依然铭刻着"八女投江"的壮举，当地干部群众传承红色精神，城市历史印刻红色印记。

开放包容、风景如画、物产丰富、红色文化，这就是牡丹江。

（新华社记者王鹤）

扫码看视频｜这就是牡丹江

这就是佳木斯

佳木斯地处祖国内陆最东方，每天将"第一缕阳光"迎进神州大地。

这里是东北抗联诞生地、主战场和核心区。红色基因薪火相传，历久弥新。

长期的工业发展积淀了坚实的产业基础，使这里形成了门类较为齐全的工业经济体系。

这是 2022 年 6 月 18 日拍摄的黑龙江省佳木斯市沿松花江的景观带（无人机照片）。（苏春晖摄）

2023 年 9 月 22 日，在黑龙江富锦市现代农业万亩水稻科技示范园实验基地，气象员李辰晖（左）与王国泰在采集稻粒，以进行水稻灌浆速率试验。（新华社记者王松摄）

黑龙江、松花江、乌苏里江相依相伴形成世界重要黑土平原，造就了这里"中国粮仓"沃野千里、物产丰饶。

这里位于东北亚经济圈中心地带，交通接驳南北、口岸"通江达海"。

在这里，被誉为龙江大地"红旗渠"的汤原引汤灌区工程历经 60 多个春秋建设，润泽 50 多万亩土地。

在这里，"绿色稻米之乡"桦川通过集中耕作，大幅提高粮食产量，大踏步走上土地规模经营之路。

在这里，"中国紫苏之乡"桦南将小紫苏"化身"为数十种产品，成为拉动经济的大产业。

在这里，"粮仓"富锦"藏粮于地、藏粮于技"，粮食产量多年位居黑龙江省第一。

在这里，同江市的赫哲人在生态保护和高质量发展中过上富庶好日子。

　　在这里，"中国东极"抚远将边民互市贸易区打造成进口商品集散地，从线下到线上，全民参与电子商务热情高涨。

　　这就是佳木斯，一个宜居宜游宜养的生态之都，一个赓续红色血脉的英雄之地，一个保障粮食安全的中华粮仓，一个历史贡献突出的工业摇篮，一个充满创新活力的希望之城。

（新华社记者何山、王大禹、谢剑飞）

扫码看视频 | 这就是佳木斯

这就是大庆

　　石油是黑龙江省大庆市的一张名片，但这个城市不止一面。

　　我国陆上最大油田中国石油大庆油田坐落于大庆市。

　　大庆有着宝贵的生态资源。大庆号称"百湖之城"，湿地总面积近 50 万公顷。以"油城"闻名的大庆，获得过全国文明城市、国家卫生城市、国家园林城市等多项荣誉。在贡献石油的同时，大庆人精心建设和呵护着自己的家园。

　　近年来，大庆市加快推进资源型城市转型，提出打造世界著名的资源转型创新城市、中国新兴的数产深度融合城市、黑龙江省领先的高质量发展

这是 2021 年 9 月 17 日拍摄的大庆城区一景（无人机照片）。（新华社记者王建威摄）

这是 2021 年 5 月 25 日拍摄的铁人王进喜纪念馆前的铁人雕像（无人机照片）。（新华社记者王建威摄）

城市。

大庆聚焦延长石油产业链条，谋划了 11 个细分领域产业链，着力打造新材料、精细化学品等百亿级产业集群。

大庆加快对传统产业和制造业进行数字化赋能改造，2022 年大庆数字经济规模突破 1000 亿元。

大庆将发展旅游产业作为重要方向，大力推进湿地风光、温泉养生、露营休闲、工业遗存等旅游开发，进一步激活城市转型发展的新动能，推动"油城"向"游城"转变。

（新华社记者强勇）

扫码看视频｜这就是大庆

这就是鸡西

鸡西市地处黑龙江省东南部，是我国重要的煤炭生产基地，新中国成立以来累计为国家输送煤炭10亿多吨。

这里矿产资源富集，境内探明矿产资源达54种，其中煤炭储量59.6亿吨，石墨储量9.76亿吨，是世界优质石墨主产区之一。

这里旅游资源丰富，有A级以上景区21处，有原生态的大界江、大界

2022年7月8日拍摄的鸡西市恒山区一石墨产业园区一角（无人机照片）。（新华社记者谢剑飞摄）

这是 2022 年 7 月 9 日拍摄的兴凯湖风光（无人机照片）。（新华社记者张涛摄）

湖、大森林、大湿地、大冰雪。

近年来，鸡西立足资源优势，提质升级煤炭产业，加快淘汰落后产能、释放优质产能，探索"煤头电尾""煤头化尾"新路径，推动"煤"经济高质量发展，让传统产业迸发出新活力。

同时，鸡西市着力打造"中国石墨之都"，发展壮大绿色食品、生物医药、石墨新材料等新产业，加快构建现代产业体系，推动"煤城"转型发展，鸡西正在焕发新生机。

（新华社记者王大禹、侯鸣、张涛、戴锦镕）

扫码看视频｜这就是鸡西

这就是双鸭山

　　双鸭山市地处完达山脉北麓、三江平原腹地，黑龙江、乌苏里江、松花江在这里流淌汇合，是黑龙江省重要的煤炭、电力、化工、钢铁和粮食生产基地。

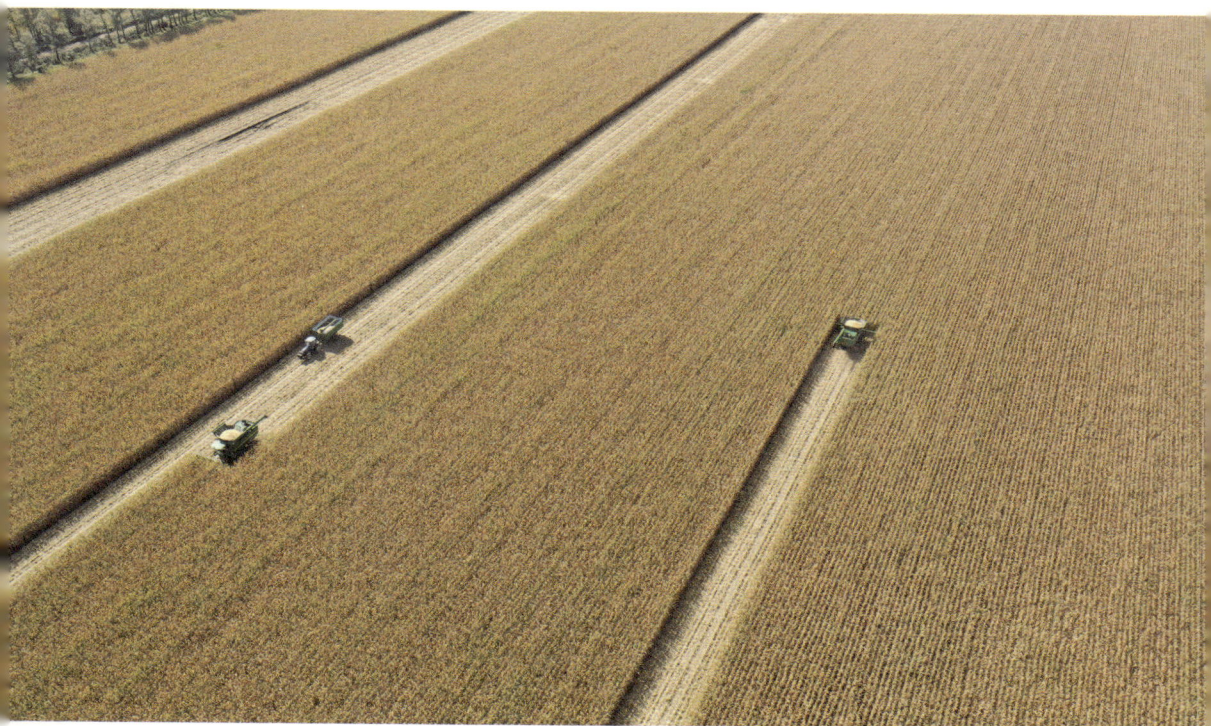

这是 2023 年 9 月 26 日拍摄的黑龙江省双鸭山市宝清县一处农田收获现场。（谭龙摄）

2022 年 6 月 16 日，工人在黑龙江建龙钢铁有限公司生产车间作业。（新华社记者谢剑飞摄）

这里生态环境优良，全市森林覆盖率达到 40%，地处黑土湿地核心区，湿地面积超过市域总面积的十分之一。

这里文化底蕴深厚，饶河小南山考古发现入选"2019 年度全国考古十大新发现"，将中国玉文化向前推进千年，友谊县境内的凤林古城是三江平原规模最大、保存最完整的山城遗址。

近年来，双鸭山转型发展步伐不断加快，正着力发展煤、电、钢、粮、游、新材料六大主导产业，将旅游业作为六大主导产业之一加以推进。

"办一次会，兴一座城。"第二届双鸭山市文旅产业暨四大经济发展大会，2023 年 8 月 19 日在集贤县召开，这里正依托红色文化资源发展特色文旅产业，将以丰富的旅游产品迎接游人的到来。

扫码看视频｜这就是双鸭山

（新华社记者孙晓宇）

这就是伊春

伊春市是国家重点国有林区，位于黑龙江省东北部。

小兴安岭贯穿全境，拥有亚洲面积最大、保存最完整的天然红松原始林群落。

伊春市森林覆盖率 83.8%，活立木总蓄积 3.75 亿立方米，森林蓄积量年均净增 1000 万立方米以上。

这是 2021 年 6 月 2 日拍摄的伊春市上甘岭溪水国家森林公园景色（无人机照片）。（新华社记者谢剑飞摄）

这是 2023 年 5 月 24 日拍摄的伊春森工集团上甘岭林业局公司溪水林场在建的溪水野奢帐篷度假酒店项目（无人机照片）。（新华社记者张涛摄）

这里是中国生态康养旅游目的地。伊春市建设"森态旅居"城市，用"伊春模式"赋能文旅项目，持续打造高品质旅游节点和旅游打卡地，助力乡村、林场"双振兴"。

这里也是现代林业生态体系示范地。伊春市走出了一条生态美、产业兴、百姓富的绿色发展之路。

从独木经济到百花齐放，从转产安置到焕发活力，从传统业态到互联网+模式，这就是伊春，一直走在生态发展的路上。

（新华社记者董宝森、王大禹）

扫码看视频｜这就是伊春

这就是七台河

　　七台河市地处黑龙江省东部，总面积 6221 平方公里，现辖三区一县和两个省级开发区。七台河是我国重要煤炭生产基地，自 1958 年开发建设以来，累计为国家贡献优质煤炭 6 亿多吨。

　　七台河市多年来培养了杨扬、王濛、孙琳琳、范可新等多位冬奥会和世界冠军，被国家体育总局评为"国家重点高水平体育后备人才基地"，2022

2022 年 5 月 30 日，运动员在七台河体育中心进行冰上训练。（新华社记者谢剑飞摄）

这是 2022 年 9 月 19 日拍摄的黑龙江勃利县勃利镇元明村"寒地中草药小镇"（无人机照片）。（新华社记者谢剑飞摄）

年荣膺"奥运冠军之城"称号。

如今，作为煤城的七台河市深挖转型发展潜力，不断优化产业结构，让老产业焕发新活力，让新产业发展结硕果。

（新华社记者谢剑飞、朱悦、孙晓宇、王大禹）

扫码看视频 | 这就是七台河

这就是鹤岗

兴安岭高，龙江水长，

一方热土，三金之乡……

著名歌唱家殷秀梅的一曲《锦绣鹤岗》，唱出了大美鹤岗的锦绣如画。

这就是鹤岗 ——锦绣鹤岗之"美"在奇山秀水

这里北接黑龙江，南连松花江，西靠小兴安岭，东拥三江平原，幅员面积 1.47 万平方公里。

这里生态资源包罗万象，美不胜收。连绵山峰、湿地公园、自然保护区……大嘟噜河湿地自然保护区被誉为"东方白鹳的最北故乡"。这里有亚洲单体面积最大的鹤北红松母树林，森林覆盖率达 46.8%，有"半城山水半城林"的美誉，因空气质量优良天数比例达到 99.6%，鹤岗成为全国首批"避暑旅游目的地"城市之一。

这就是鹤岗 ——锦绣鹤岗之"韵"在人文历史独特

自新石器时代开始，华夏民族就在这块沃土上繁衍生息。抗日战争时期，鹤岗是抗联主要活动区域，是赵尚志将军牺牲地。鹤岗是新中国医学和电影的摇篮，中国医科大学第一、二分校和长春电影制片厂的前身就在鹤岗。抗联文化、垦荒文化、农场文化、知青文化，涵养、书写、演绎了这座城市的历史和灵魂。

这是 2021 年 11 月 24 日拍摄的鹤岗市夜景，城区主干道积雪已清扫完毕（无人机照片）。（新华社记者谢剑飞摄）

这就是鹤岗 —— 锦绣鹤岗之"饶"在黑土肥沃，矿藏富集

这里沃野千里，稻田一望无际，现代化大农业的巨大震撼尽收眼底，粮食产量达到 63 亿斤，到 2022 年已实现"十九连丰"。矿藏资源丰富多样，鹤岗已发现矿产资源 30 多种，煤炭地质储量 32 亿吨，石墨探明储量 17.3 亿吨，全国石墨电池负极原料 70% 来自鹤岗。

这就是鹤岗 —— 锦绣鹤岗之"魅"在气质灵魂

转型期的鹤岗，民风淳朴、社会和谐、人文昌明，是投资、旅游、休闲、康养的好地方。如今，佳鹤铁路正式通车，总投资 153.28 亿元的鹤伊公路开工建设，总投资 12.09 亿元的鹤岗机场正式获批立项。

在这里，除了独具特色的自然风光，还有很多美食等待品鉴，鹤岗美食界的"扛把子"——"鹤岗小串"，豪横与精巧共存；喜家德水饺，遍布大江

2021 年 3 月 6 日，健身爱好者在黑龙江省鹤岗市新一体育公园内舞彩带龙。（新华社记者谢剑飞摄）

南北；黑龙江流域博物馆，是全国第一个跨国度、跨民族的流域文明综合博物馆；太平沟黄金古镇，全国第一个全方位展示黄金文化和掘金历史的古镇。这里还有开江节、梨花节、啤酒节等特色活动，让你流连忘返。

这就是鹤岗！

一座历史文化悠久、民族风情浓郁的城市，一座钟灵毓秀、生机勃勃的城市，一座安居乐业、欣欣向荣的城市，一座包容并进、日新月异的城市……

（新华社记者朱悦、段明明、姜道龙、高玉兰）

这就是黑河

黑龙江畔 中国边陲

这里被誉为"大豆之乡"

这里是国家重要商品粮基地 绿色食品主产区

这里是"一带一路"重要节点城市

2023 年 11 月 15 日，在首届中国（黑龙江）国际绿色食品和全国大豆产业博览会的黑河市展区，参会者在观展。（新华社记者王建威摄）

这是 2020 年 7 月 4 日拍摄的位于五大连池世界地质公园内的南格拉球山天池（无人机照片）。（新华社记者谢剑飞摄）

是中国最北自由贸易试验片区

立体多元的跨境运输体系初步形成

对外贸易量质齐升 向北开放不断发展

这里有冰雪盛景 亦有"金山银山"

全国寒区汽车试验地

这里拥有世界闻名的火山 矿泉

五大连池风景区被誉为"天然的火山博物馆"

富裕 开放 美丽 幸福 文明

这就是黑河

（新华社记者王君宝）

扫码看视频 ｜ 这就是黑河

这就是绥化

　　绥化，别称"北团林子"，黑龙江省辖地级市，满语安顺吉祥之意，绥化市位于黑龙江省中部，地处世界三大黑土带之一的松嫩平原腹地 ——呼兰河流域。

　　绥化素有"黑土明珠""塞北江南"美誉和"北国粮仓"之称，是国家

2022 年 7 月 13 日在黑龙江省绥化市一种子繁育企业拍摄的水稻种植区。（新华社记者王松摄）

2023 年 10 月 18 日，收割机在黑龙江省绥化市北林区张维镇润地农业种植合作社的一处玉米地收获玉米（无人机照片）。（新华社记者张涛摄）

重要的商品粮基地、草食畜牧业基地、绿色食品生产基地和农副产品加工基地。

（新华社记者黄腾）

扫码看视频｜这就是绥化

这就是大兴安岭

　　黑龙江省大兴安岭地区是我国最北生态安全防护屏障。8 万余平方公里的林区，山脉绵延不绝，江河川流不息。

　　党的十八大以来，特别是 2014 年全面停止天然林商业性采伐之后，大兴安岭林区走向转型发展之路。

　　眼下，大兴安岭地区广袤林海现新颜，生态旅游、林下经济、寒地试车

这是 2023 年 12 月 24 日在大兴安岭地区漠河市北极镇拍摄的北极村周边一处漠河林场作业点（无人机照片）。（新华社记者石枫摄）

这是 1 月 3 日拍摄的黑龙江省漠河市北极村冰雪美景（无人机照片）。（新华社发　褚福超摄）

等多种产业蓬勃发展，林区群众正从"绿水青山"中收获更多"金山银山"。

（新华社记者王鹤）

扫码看视频｜这就是大兴安岭

这就是大庆油田

作为我国陆上最大油田，大庆油田至今累计生产原油突破 25 亿吨，占全国陆上原油总产量 36%。这些原油如果用 60 吨油罐车装满，可绕赤道15.6 圈。

60 多年来，大庆油田坚持科技自立自强，创造了世界领先的陆相油田开发技术，实现了原油长期高产稳产，为中国经济巨轮提供了澎湃持久的动力。

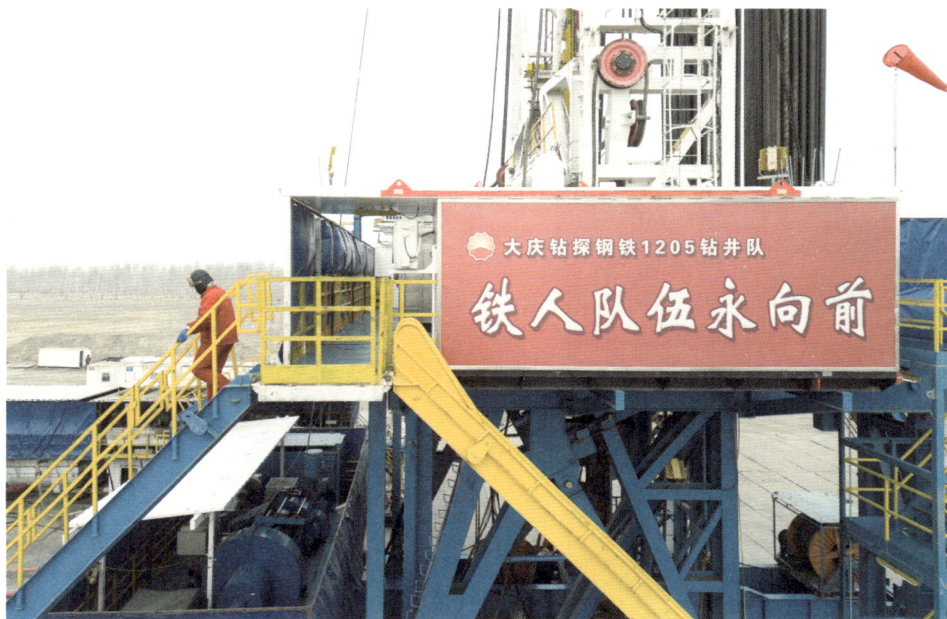

2024 年 1 月 4 日，在大庆油田 1205 钻井队作业现场，工作人员前往作业区。（新华社记者张涛摄）

2022 年 3 月 21 日拍摄的这是大庆油田一角。（新华社发 赵永安摄）

1976 年到 2002 年，大庆油田实现年产原油 5000 万吨以上，创造了世界同类油田开发史上的奇迹。2003 年至今，大庆油田年产油气当量始终保持在 4000 万吨以上。

面对三次采油技术被"卡脖子"，大庆油田技术人员奋力攻关，历经 5600 多次试验打破垄断，大庆油田采收率在二次采油技术基础上提高 14 至 20 个百分点。

如今，更加前沿的四次采油技术已在大庆油田实现地质认识、驱油机理等多方面突破。

截至 2024 年初，大庆油田累计取得科技成果 11000 多项，建成了全球规模最大的三次采油生产基地。

今天的大庆油田，已步入高质量发展新阶段，数字油田、智慧油田、绿色油田建设初具规模。

（新华社记者王大禹、强勇）

扫码看视频｜这就是大庆油田

这就是铁人精神

纪念，是对英雄的致敬

纪念，是对历史的自信

纪念，是为了更好前行

2023 年是纪念铁人王进喜诞辰 100 周年，"铁人"不仅仅是一个先进人物的代表，更是一种可贵的精神，"铁人精神"具有丰富的内涵，无论在过去、现在和将来都有着不朽的价值和永恒的生命力。

"为国分忧、为民族争气"——爱国主义精神

1959 年，王进喜作为石油战线的劳动模范到北京参加群英会，看到大街

这是 2021 年 5 月 25 日拍摄的楼群簇拥下的铁人王进喜纪念馆（无人机照片）。（新华社记者王建威摄）

上的公共汽车，车顶上背个大气包，他奇怪地问别人："背那家伙干啥？"人们告诉他："因为没有汽油，烧的煤气。"这话像锥子一样刺痛了他。王进喜后来说："北京汽车上的煤气包，把我压醒了，真真切切地感到国家的压力、民族的压力，呼地一下子都落到了自己肩上。"

他曾多次向工友们说："一个人没有血液，心脏就会停止跳动。国家没有石油，天上飞的、地上跑的、海上行的，都要瘫痪。没有石油，国家有压力，我们要自觉地替国家承担这个压力，这是我们石油工人的责任啊！"

"有条件要上，没有条件创造条件也要上"——艰苦奋斗精神

1959年9月26日，松基三井喷出了工业油流，宣告大庆油田正式发现，一场规模空前的石油大会战随即在大庆展开。

王进喜从西北的玉门油田率领1205钻井队赶来，加入了这场石油大会战。一到大庆，呈现在王进喜面前的是许多难以想象的困难：没有公路，车辆不足，吃住都成问题。但王进喜和他的队友们下定决心，有天大的困难也要高速度、高水平地拿下大油田。

钻机到了，吊车不够用，几十吨的设备怎么从车上卸下来？王进喜说："咱们一刻也不能等，就是人拉肩扛也要把钻机运到井场。有条件要上，没有条件创造条件也要上。"他们用滚杠加撬杠，靠双手和肩膀，迎着寒风奋战三天三夜，把38米高、22吨重的井架树立在荒原上，这就是会战史上著名的"人拉肩扛运钻机"。

要开钻了，可水管还没有接通。王进喜振臂一呼，带领工人到附近水泡子里破冰取水，硬是用脸盆、水桶，一盆盆、一桶桶地往井场端了50吨水。经过艰苦奋战，仅用5天零4小时就钻完了大庆油田的第一口生产井。

"宁肯少活20年，拼命也要拿下大油田"——忘我拼搏精神

"宁肯少活二十年，拼命也要拿下大油田"

在重重困难面前，王进喜带领全队以顽强意志和冲天干劲，打出了大

庆第一口喷油井。在随后的 10 个月里，王进喜率领 1205 钻井队和 1202 钻井队，在极端困苦的情况下，克服重重困难，双双达到了年进尺 10 万米的奇迹。

在那些日子里，王进喜身患重病也顾不上去医院，几百斤重的钻杆砸伤了他的腿，他拄着双拐继续指挥。

一天，突然出现井喷，如果不赶快压住，就会造成井毁人亡的悲剧。当时没有压井用的重晶粉，情急之下只能用水泥代替。工人们往泥浆池里倒入大量水泥，试图压制井喷，可现场却没有搅拌机，水泥都沉在池底，加重了堵塞程度，井喷更厉害了。就在这千钧一发之际，身受腿伤的王进喜，扑通一下就跳进了齐腰深的泥浆里，将自己的身体当作搅拌机，把泥浆池里的水泥搅上来。

王进喜和他的战友们紧张地战斗了三个小时，终于制服了井喷，可是王进喜累得站不起来了。房东赵大娘心疼地说："王队长，你可真是铁人啊！""铁人"的名字就是这样传开的。

"为革命练一身硬功夫、真本事"——科学求实精神

铁人王进喜钟爱打井，也就对钻头有了格外的研究，是个不折不扣的"钻头迷"，他有个绝活，能在千里之外根据钻进时井下传出的声音，判断钻头的磨损情况，也曾在驱车前往井队解决问题的途中，通过一个井队打钻的声音，成功判断和阻止了一起钻井事故的发生。

铁人的聪明智慧，来源于他长期的经验积累，更是刻苦钻研的成果，他留下的"铁人精神"和"大庆经验"，成为我国进行社会主义建设的宝贵财富。

大庆石油会战初期，王进喜领导的 1205 标杆钻井队也打了一口斜度超过 3 度半的井。为了使全队牢记这一惨痛的教训，王进喜亲自带领全队把这口不合格的井填起来。

有位工人难过地说："填了这口井，就给标杆队的队史写下了耻辱的

一页。"

王进喜用严峻的目光扫视大家，沉重地说："没有这一页，队史就是假的。这一页不但要记录在队史上，还要刻在每个人的心里，让后人都知道，我们填掉的不单是一口废井。而是填掉了低水平、老毛病和坏作风。"

此后，铁人带领全队钻出了大庆油田一口又一口生产井。1961年，用9个半月时间打井28口，实现了进尺31700米，刷新了世界钻井纪录，并创造了全国中型钻机月完成钻井数、月进尺、日进尺、班进尺、钻头使用、低成本等21项全国最高纪录。

"甘愿为党和人民当一辈子老黄牛"——埋头苦干精神

大庆石油会战初期，粮食定量低，职工们吃不饱，王进喜就叫老伴儿把玉米面炒好，装在袋子里带在身边，吃饭时就抓把炒面充饥，有时干粮袋忘记带了，就借故走开饿一顿，从不吃井队的饭菜。对王进喜来说，饿上

2019年9月28日，大庆油田1205钻井队的部分队员在钻井平台上合影。（新华社发 谢剑飞摄）

一两顿是常有的事。他同母亲给全家定了一条规矩："公家的东西一分也不能沾！"

王进喜有严重的关节炎，上级领导照顾他，给他配了一辆吉普车，王进喜就用它来送料、送粮、拉职工看病，成了大队的公用车。这辆车工人、干部都可以用，唯独王进喜的家人不能用。就连王进喜的老母亲病了，还是王进喜的大儿子用自行车推着去卫生所看病。

这个铁骨柔肠的西北汉子，真真正正为了人民群众当了一辈子的老黄牛。

"讲进步不要忘了党，讲本领不要忘了群众，讲成绩不要忘了大多数，讲缺点不要忘了自己，讲现在不要割断历史。"

如今，在大庆"铁人"王进喜纪念馆陈列着一本《毛主席语录》，扉页上有"铁人"王进喜亲笔签名和题写的"五讲"。时隔半个多世纪，"铁人"的"五讲"体现出的深厚集体主义观念、大公无私的奉献精神、谦虚谨慎的学习态度和实事求是的工作作风，仍然值得我们学习研究。

1970年，王进喜患胃癌病逝，年仅47岁。铁人燃烧了自己的47个春秋，用生命之火点燃了大庆的"石油之光"，点燃了石油人为油而战的热情，他为祖国和人民作出的贡献，将永远镌刻在中华民族的历史丰碑上。

这就是铁人王进喜！

这就是大庆精神（铁人精神）！

（编辑刘丽）

扫码看视频｜展品中的铁人故事

这就是龙江森工

2022 年是决战国企改革三年行动的攻坚之年、收官之年，在以成效为坐标的时间轴上，龙江森工蹄疾步稳，加快完善现代企业制度和法人治理体系，健全市场化经营机制，保生态、兴产业、抓管理、惠民生、强党建、促发展，全面高效完成了各项任务，展示了一个改革中坚定从容的新森工。

让我们在一组数字和成就中认识龙江森工，将龙江森工这一年走过的壮阔征程一一盘点。

开创性提出"28 字"建企方针

2022 年，对于森工人来说，注定是不平凡的一年。

龙江森工集团党委书记、董事长张冠武首次提出围绕"政治建企、生态立企、产业富企、文化润企、人才强企、民生筑企、法纪治企"28 字建企方针，建设现代化新森工的奋斗目标。

张冠武就新发展阶段建设现代化新森工的内涵、实现路径、核心要义做出进一步阐释、强调，坚持稳中求进工作总基调，完整、准确、全面贯彻新发展理念，积极融入新发展格局，着力推动高质量发展，按照"28 字"建企方针，秉持"创新求发展，开放办森工"的经营理念，树牢"树人树木，开物成务"的企业核心文化，"远学塞罕坝、近学北大荒、管理学一重"，锻造国家生态建设的铁军和龙江绿色发展的主力军，到 2035 年初步建成现代化森林工业企业集团，为实现龙江全面振兴、全方位振兴作出森工贡献。

建企方针为企业发展凝聚澎湃动力，龙江森工集团还积极探索以高水平党建推动高效能治理。

2022年4月，龙江森工集团启动推动森工各项事业高质量发展的"红色引擎"，全面实施"112345"党建品牌建设计划，持续推进基层党支部标准化、规范化建设，健全完善党建工作制度，以党建引领林区改革发展。

在"能力作风建设年"活动中，集团党委深查细摆，深入挖掘干部队伍中存在的念旧病、推诿病、争利病等"七种病症"，开出治庸、治懒、治散等"七治良方"，力争解决陈疾旧病，切实转变工作作风。

这就是龙江森工，文化升级，精神励心，建设现代化新森工的奋斗目标赋予森工人无穷的奋斗动力，汇聚起推动企业高质量发展的坚定信心。

以改革成效助推森工高质量发展

2020年启动的国企改革三年行动，2022年迎来收官之年，龙江森工集团上下以猛药去疴、自我革命的精神破解森工振兴发展中的难题，企业竞争力、创新力、控制力、影响力、抗风险能力跃上新台阶。

龙江森工集团按照黑龙江省委、省国资委的部署要求，成立集团深化国企改革三年行动工作领导小组和工作专班，以"十周攻坚战""改革质效提升攻坚战""高质量收官攻坚战"为抓手，着力补短板、强弱项，全面实施国企改革攻坚。

森工体制改革、国企改革和事业单位改革统筹推进，以经理层成员任期制和契约化管理为核心的新型经营责任制基本建立，关键岗位核心人才中长期激励有序推进。混合所有制改革和事业单位改革进一步深化，"压减"和"两非"剥离处置得到扎实推进，亏损企业治理成效显著，龙江森工集团103项既定改革任务全部完成。

高质量发展是检验改革成效的"试金石"。2022年以来，龙江森工集团牢牢把握大型国有公益性企业的定位，按照"一年见起色，三年上台阶，五年大发展"的近期战略和"做大规模体量，做强质量效益"的发展路径，克

2023 年 11 月 15 日，在首届中国（黑龙江）国际绿色食品和全国大豆产业博览会的龙江森工集团展区，参会者在观展。（新华社记者王建威摄）

服多种不利因素影响，聚焦主责主业，强化责任担当，努力提高集团 GDP 贡献比。

经过集团上下共同努力，2022 年，龙江森工集团主要指标实现"五增一降"，全口径营业收入实现 100.75 亿元，同比增加 15.83 亿元，增长 18.6%，利润总额实现 5428 万元，同比增长 346.7%。

这就是龙江森工，这里的经营创效稳健增长，国企改革三年行动改出"稳"和"进"。未来，龙江森工集团将继续以逢山开路、遇水架桥的精神，加快完善现代企业制度和法人治理体系，健全市场化经营机制，推进产业结构调整，实现森工质量变革、效率变革、动力变革，在建设现代化新森工的征程上再谱新篇、再立新功。

加大国土绿化和森林抚育力度

山峦叠嶂，绿意动人，人们漫步于茫茫林海中尽情享受着富氧"森呼吸"，龙江森工正在绘制一幅现代化新森工高质量发展的新图景……

龙江森工集团是东北"大粮仓"的天然生态屏障、国家重要的木材战略储备基地、国家重要碳库和生物基因库，是维护国家"五大安全"的"排头兵""主力军""旗舰队"。集团施业区总面积658.57万公顷，占黑龙江省国土面积的14%，森林蓄积6.77亿立方米，森林覆盖率84.68%，连续实现森林面积、蓄积、覆被率和公顷蓄积"四增长"。

根据林区地理气候特点，龙江森工集团将每年4月20日设为"森工植树日"，并以森林资源源头管理体系建设为抓手，以探索森林资源保护管理手段为着力点，在全省率先实施"林长制"，推动"林长制"向"林长治"迈进。

为全面高效履行生态建设和产业发展历史使命，龙江森工集团从2023年到2025年，将利用三年时间锻造出一支长期持续优化的生态铁军，为建设绿色龙江和美丽中国贡献森工力量。

锻造生态铁军是围绕加快建设现代化新森工总体目标，遵循"28字"建企总方针，以"政治坚定、心系林海、能力过硬、作风优良、开拓创新、勇于担当、纪律严明、勤廉奉公、能打胜仗"36字为核心，旨在锻造一支让党和人民始终信得过、靠得住、能放心的规范化、专业化、标准化、现代化的生态铁军。

龙江森工集团把锻造生态铁军作为一项重要的政治任务，力争通过把党的政治建设放在首位，强基铸魂；不断激发创新意识，解放思想；持续深入开展能力作风建设，提升整体素质；进一步强化干部职工队伍建设，争先创优；坚持问题导向，正风肃纪；以能打胜仗为目标，开展"双百"考核行动，推进龙江森工集团在大党建、森林保护经营、生态产业发展、改革创新强化管理、为民惠民等方面工作的"提档升级"。

锻造生态铁军、建设标准化苗圃、设立数字森工平台……

这就是龙江森工，这里的干部群众正以党的二十大精神为指引，加大国土绿化和森林抚育力度，积极探索绿色发展、碳汇富民新路径。

让绿水青山变成"金山银山"

近年来，龙江森工集团充分发挥资源优势，调整优化产业布局，努力实现生态产业化和产业生态化，让绿水青山成为"金山银山"。

皑皑白雪配上红灯笼，令人仿佛置身于童话世界。这就是中国雪乡。

曾经，双峰林场因雪而困。地处偏远山沟的林场一下雪，木材运不出去，人们望着漫天的大雪愁眉不展。随着木材减产和天然林停伐，当地更是收入锐减。

如今，凭借原生态的自然美景，吸引了摄影爱好者和游客的目光。林区人抓住机遇，大力发展生态旅游业，并以此带动各产业发展，沉寂的小山沟热闹起来了，冰天雪地在这里变成了"金山银山"。

这只是龙江森工发展冰雪产业的一个缩影。这个冬季，龙江森工集团旗下各景区积极调整冰雪旅游产业发展"步伐"，利用"冰雪＋民俗""冰雪＋运动""冰雪＋文化"等形式，在保持传统旅游项目优势基础上，积极打造全

2022 年 12 月 13 日，游客在雪乡景区内留影。（新华社记者谢剑飞摄）

新冰雪玩法，让天南地北的游客畅享龙江森工的冰雪盛宴。

作为农业大省，黑龙江省农林牧渔资源丰富，生态环境优势显著，肩负保障国家粮食安全重大政治责任。打造践行"大食物观"先行地，龙江森工有产业基础，有资源优势，更有社会责任。

2022年以来，龙江森工集团成立"践行大食物观、推进森林食品产业发展"工作领导小组和工作专班。打造"森"标高端品牌和"黑森"中高端品牌，推出12品类100余种森林食品，进驻大润发、物美、家乐福、上海联华四大商超连锁800余家店。与建投集团联手打造省内首家以森林为主题、以自然为特色的"林语"餐厅。截至2022年11月末，森工森林食品集团实现营业收入3.02亿元。

近年来，龙江森工集团加快构建"1+5+N"产业布局，编制实施龙江森工"十四五"规划、三年滚动发展规划等总体规划和森林食品、森林旅游康养、北药等产业专项规划，探索实施"冰雪经济""数字经济""生物经济"发展实施方案，扎实推进营林产业、森林农业、森林食品产业、北药种植、森林旅游康养产业、碳汇林业发展，交出了一张高质量发展的森工答卷。

这就是龙江森工，这里具有清晰的发展路线图，勇于开辟新领域，着力优化全产业布局，以优势产业推进森工全面振兴全方位振兴。

征程万里风正劲，重任千钧再奋蹄。

森工人正站在新的历史起点，向着美好的未来，踔厉奋发，勇毅前行，开启壮丽辉煌的新征程。

（编辑刘丽）

这就是伊春森工

世界上面积最大的红松原始，646 条大小河流，1390 种植物，300 余种野生药材，102 种山野菜，30 余种食用菌……

在浩瀚的小兴安岭林区，山水林田湖草，都呼应着守护这里的伊春森工人。

黑龙江伊春森工集团，组建于 2018 年 10 月，全国六大森工集团之一，总部位于黑龙江省伊春市。

林区人的"勇"，是"火焰蓝"鏖战三伏到寒冬，防火演习，紧急救援，爱林护绿，遇险敢上，帮菌农打捞洪水冲走的菌袋，找回迷路山中的人。

林区人的"爱"，是林场管护人踏遍入山路口、沟系岔线，巡山"清套清网"，不放过一处非法猎捕，野生动物安心栖息。

林区人的"天赋"，是林间晨雾中"鸟叔"抓起一把松子又张开手掌，松鼠和鸟儿同时"着陆"，他笑着说："别抢，别抢。"

林区经济转型发展怎么样？林区生态保护怎么样？林场职工生活怎么样？"林区三问"回响在老林区人的日常。

松子，榛子，刺五加，蕨菜，榛蘑，五味子，接过大自然的馈赠，践行"大食物观"，绿色果园、绿色菜园连通森林大厨房。

冷水鱼、森林猪养殖规模扩大，全产业链湖羊圈养发展在路上，森林碳汇试点探索新路，传统林业数字化智能管理，数字经济、生物经济、冰雪经济、创意设计赋能产业升级，"让伊春老林区焕发青春活力"！

这是2022年7月21日拍摄的伊春森工铁力林业局公司的湖羊生态循环产业园羊舍（无人机照片）。（新华社记者王松摄）

森林总蓄积量3.46亿立方米，森林覆盖率87.6%，种苗培育、国有苗圃逐步升级，开展国家储备林建设，精准提升森林质量，"5·23伊春生态日"名片叫响，采山种山可持续。

深化巩固全国重点国有林区改革成果，做最具使命感的生态公益企业，做最具竞争力的森林工业企业，做最具引领性的绿色发展企业。不忘初心，全面推进林场振兴，建设美丽宜居新型林场。

一篮蓝莓、一盘山野菜、一杯桦树汁，"森林里的家"捧出热情洋溢，还有一份道地药材，捎给远方亲朋好消息。

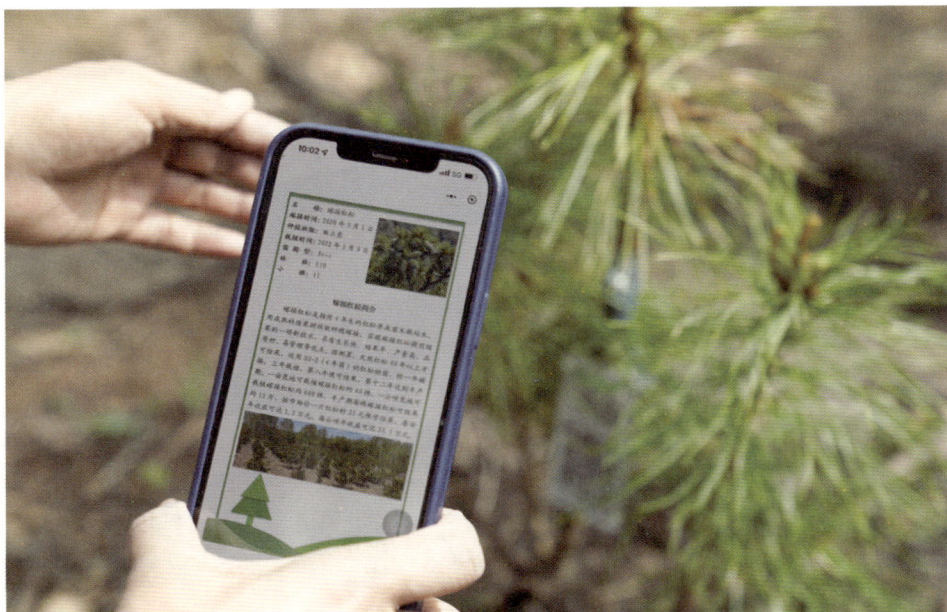

2022 年 5 月 19 日，在黑龙江伊春森工集团上甘岭林业局公司的一处红松嫁接育苗基地，游客扫码查看嫁接红松简介。（新华社记者王松摄）

　　五营国家森林公园规划升级 5A 级，小兴安岭特色森林康养，"红松故乡"欢迎你！

　　大森林的故事，写满茁壮成长的内生动力，年轮中刻画蓬勃生机，与她的守护者们共同呼吸！

（新华社记者王松、杨思琪、谢剑飞、魏弘毅）

扫码看视频｜这就是伊春森工

这就是大兴安岭林业集团

　　走进大兴安岭，手摸那些古木，脚踩厚厚的松针，才证实这个悦耳的名字是那样亲切与舒服。

　　巍峨阔远的大兴安岭，东侧是黑土平原——松嫩平原，西侧为呼伦贝尔草原，这里的山水林田湖草，都被"点染"出了别样的秀美。

　　如果你没有想好，千万不要踏上这片土地，因为一旦走进这里的奇石林海、湖光山色，就再也无法把这片绿色抹去。

　　这极美的江山，饱含着人民的生活气息。

　　大兴安岭林业集团组建三年以来，强党建、优生态、促发展、惠民生，在地区经济社会发展中占据主导地位，与地方构建起双向发力、全域共兴的协同发展新格局。

　　三年来集团共化解金融机构债务 13 亿元，创建一批国家林下经济示范基地、农产品优势区、国家级有机食品示范基地，特色产业年产值稳定在 8 亿元以上，电商销售额累计实现 36.7 亿元，森林食品加工、北药种植基地正在兴起，林下经济呈现出规模化、标准化、产业化发展态势。

　　一线职工工资性收入比改革前增长 40%，位列龙江三大森工之首，"绿水青山就是金山银山"，正在以各种形式在这里生动上演，变成实践。

　　八万里兴安，峻岭叠翠，林海茫茫，守护着祖国北疆绿色生态安全屏障。

　　兴安育林人栉风沐雨，砥砺前行，精准提升森林质量，不断优化生态功能，实现由一般性保护修复向提质增效转变，由单纯量的增长向基于碳汇储

2021年1月9日，在大兴安岭林业集团公司呼中林业局大西沟管护区作业点，森林抚育工人进行林间清理作业。（新华社记者王建威摄）

备转变。

林草生态监测外业调查进度位列重点国有林区第一位，全国第六位，森林抚育质量核查始终保持全国前三名。

林区全面落实企业林长制，建立三级林长管理体系，九曲十八湾、双河源纳入国际重要湿地名录，森林和湿地生态系统服务功能总价值量居六大重点国有林区之首。

粉塑千桦，银裹万松，寒冬时节，那一场场大雪，是美丽兴安向世界发出的圣洁邀请！

有人说大兴安岭只有两个季节，一个是冬季，另一个就是"大约在冬季"。

奇寒酷冷，铸就了兴安人坚毅的性格，在爬坡之艰、闯关之难中披荆斩棘，凯歌奋进。

最北、最冷、最冰雪，成就了寒冷且丰富的"中国冷极"名片。冰雪旅

在大兴安岭林业集团公司阿木尔林业局，潘玉成在自建的冰屋前展示大红灯笼（资料照片）。（新华社发）

游让昔日"冷资源"转化为"热产业"，推进大兴安岭林区经济高质量发展。

站在三年上水平的新起点上，林区人将在强党建中促发展，在优生态中惠民生，不断提升与超越，接续绘就尊重自然、顺应自然、保护自然的美丽蓝图。这，就是大兴安岭林业集团！

（编辑刘丽）

这就是"绿色米都"建三江

　　建三江，矗立在祖国金鸡版图的"鸡冠"上，中国东北角开放前沿，是我国"最早迎接太阳的垦区"。

　　半年冰封的北大荒曾被视为稻作"禁区"。数十年来，建三江人在这片土地上默默耕耘，不断书写"奇迹"。如今，十五个大中型农场星罗棋布，粳稻年产量占全省的1/5、全国的1/20；糯稻种植面积占全国1/6；全国每五十碗米饭中，就有一碗来自建三江。

　　在这里，既能看到风吹稻浪"丰"景美如画，也能听到黑土地上奋进的歌。

"三江模式"让耕地永葆生机

　　"今年我们烘干仓储基地引进500吨粮食烘干机和300吨低温循环式成套

2020年6月15日拍摄的北大荒农垦集团有限公司建三江分公司（管理局）七星农场。（新华社发 张涛摄）

烘干设备，日烘干能力可达 1500 余吨，提高粳米率 1%。此举不但有利于减少粮食产后损失，还可以促进种植户增收、企业增效。"洪河农场有限公司项目负责人说。

近年来，建三江分公司着力发展科技农业、绿色农业、质量农业和品牌农业，农业科技贡献率 77.07%，科技成果转化率达到 98% 以上，位居全国第一。2023 年，建三江分公司种植了 1000 万亩水稻，通过系统化粮食节损，预计可提高水稻产量 10% 以上，进一步筑牢大国粮仓之基。

在建三江，有这样一个国家级农业科技园区，这里不仅是农业科技研发推广地，更是农业科技人才茁壮成长的蓄水池。

七星农场农业技术推广中心加强与科研院校合作，给青年科研人员参与重大项目研发搭建平台。通过实施"农艺农机农户结合、良种良法良田配套"的技术试验示范，累计推广农业实用新技术 29 项，创新推出三江地区寒地水稻高产优质栽培技术模式，使水稻的平均亩产由原来的 500 公斤左右，

这是 2023 年 1 月 9 日拍摄的北大荒建三江国家农业科技园区内展示的水稻和大豆品种。（新华社记者谢剑飞摄）

提高到目前的 620 公斤左右，创造直接经济效益 39 亿元。

为了保护好"耕地中的大熊猫"，守住这份得天独厚的粮食丰产底气，七星农场的科技人员不断探索优化黑土地保护的路径和模式，走遍农场 120 多万亩农田的每个角落，每年行驶里程超过 1 万公里，对 1 万多个土壤样品进行检测分析，建立了以"控氮、降磷、增钾"为核心的水稻施肥模式。探索形成的以水稻秸秆翻埋、旋耕和打浆还田为主的黑土地保护"三江模式"在全国推广。

"三江模式"的成功并不是偶然，建三江人谱写了粳稻产业的壮丽史诗。目前，建三江分公司已具备 700 万吨的年粮食生产能力。通过打造"建三江"稻米名片，树立建三江绿色安全营养的大米品牌形象，让产品行销全省，走向全国。

品牌驱动农文旅融合发展

2023 年"中国 500 强最具价值品牌排行榜"发布，"建三江"品牌位列第 412 名，品牌价值达到 152.69 亿元。

建三江具有丰富的自然文化资源，是发展现代化大农业和生产绿色有机食品的天然工厂，也是培育文化旅游产业的丰厚沃土。分公司积极探索建立"农文旅"融合发展新模式，推动农业从生产走向生态、品牌功能的拓展。

"建三江分公司将立足发展科技农业、绿色农业、质量农业、品牌农业，坚持品牌建设、品牌驱动、品牌赋能，大力推进农文旅融合发展，提升建三江农副产品市场占有率。"北大荒集团建三江分公司党委书记苍云表示。

年初以来，通过参加展会和开展"插秧节""糯米节""开镰节"等特色农事活动，建三江分公司以会带商，以文助农，以旅兴产，创新"农文旅"发展模式，有效提升了品牌的影响力。

2023 年，借助"西洽会""哈洽会"的东风，分公司在展会期间现场签订 6.51 万吨鲜米、大米、有机面粉订单合作协议。借助"糯米节"与省内外知名企业达成签约项目 20 个，其中，订单种植 3 万亩、原粮贸易 12.5 万吨、高端大米 1.22 万吨、"我在三江有亩田" 1000 亩、糯米深加工技术合作项目1 个，签约总额 5.597 亿元。

同时，分公司积极与北大荒食品集团开展合作，将"我在三江有亩田"营销项目与食品集团在全国布局的营销网点绑定，稻米纳入食品集团 10 万吨采购范围，实现稻米基地与集团产业公司融合发展。目前已吸引 108 家企业、350 个家庭、4348 人对 1.39 万亩农田进行认养，生态有机产品迈出"绿色认养"重要一步。

加快向现代农业之都跃升

民生工程是居民幸福之基、社会和谐之本。近年来，建三江分公司针对职工群众"急难愁盼"问题，着力推动民生保障各项工作全面进步、全面过硬，让改革发展成果惠及更多职工群众，让职工群众生活更加幸福美满。

八五九农场有限公司实施升级公园设施、改造人行道等项目，并对老旧小区的供热、供水设施进行维修，持续增进民生福祉；胜利农场有限公司以文化基础设施建设为导向，通过新建封闭式篮球场等举措，满足广大职工对文化生活日益增长的需求，受到居民好评。

建三江分公司努力践行企业的社会责任，与管委会共同完善城镇功能，积极推进文化馆、图书馆、体育馆、书香苑等资产盘活。把"围城经济"作为新的经济增长点，通过解决肉案子、菜篮子、奶瓶子等问题，充实职工群众"钱袋子"。

2022 年，建三江人均可支配收入 35441 元，十大民生工程得到有效实施，城镇化率达到 97%，人民生活水平和公共服务质量进一步改善，职工群众幸福指数稳步提升。

经济要发展，交通须先行。建三江机场通航后填补了北大荒建设史上的空白，实现了立体交通，为垦区融入"一带一路"插上了翅膀；公路、铁路、高速路四通八达，以建三江为中心的区域经济圈正在形成。

未来，建三江分公司将立足"一目标、两平台"，扎实推进"八区、九大工程"建设，加快由"中国绿色米都"向"中国现代农业之都"跃升，开创"美丽三江"建设新篇章。

因水而生，因稻扬名；

共和国现代化大农业从这里崛起。

一直书写奇迹，不断创造精彩；

这，就是"绿色米都"建三江！

（编辑刘丽）

扫码看视频｜这就是"绿色米都"
建三江！

这就是穆棱

　　穆棱，黑龙江省 18 个边境县（市）之一。穆棱是一座魅力之城，更是一片投资兴业的热土，连续多年在全省县域经济综合实力排名高居前十位。

　　近年来，穆棱市坚持创新发展，边境小城崛起一批国家级科技型企业；坚持"产业立市"不动摇，着力构建具有地域特色的现代产业体系。

　　在推动东北全面振兴全方位振兴的大背景下，穆棱发展县域经济的积极

这是 2022 年 8 月 4 日拍摄的穆棱经济开发区局部（无人机照片）。（新华社记者王建威摄）

探索与突出成效，被誉为"穆棱现象"。

回望这座城市的成长史，一幅记载着非凡城"迹"的斑斓画卷跃然而出。

创新发展，边境小城引来芯片企业

在位于穆棱市的北一半导体模块封装无尘车间里，呈现出一派繁忙的生产景象，机器一刻不停地运转，操作人员紧盯电脑，监测着生产线的运行。

年初，北一半导体有限责任公司与国外一家客商签订了价值 3.8 亿元的车规级订单，现在韩国、日本和国内不少客户纷纷找上门来，商谈合作事宜。

2017 年，这家半导体企业正式落户穆棱。作为一家芯片企业，公司与多家国内外客商签订订单，生产 IGBT 模块等。IGBT 模块产品可广泛应用于光伏发电、新能源汽车、焊接机、家电等，为数字经济发展注入强劲"芯"动能。

为引进像北一半导体这样的高科技企业，穆棱市不但为企业提供厂房先用、电价优惠、水费免费等一系列优惠政策，还专门在穆棱经济开发区成立推进专班，全程实行"保姆式"服务，代办各项手续，帮助解决企业生产建设中遇到的各种问题。

近年来，在产业数字化、生物医药、生物农业、生物能源等方面，穆棱市突破一批关键技术，开发一批创新产品，培育一批高新技术企业，推动数字经济和生物经济的创新发展。

为助力数字经济高质量发展，穆棱市率先成立数字经济产业链，建立了"亲清助企工作站"，在科技创新、助企上市、项目建设、营商环境、青年发展、企业融资、招才引智等方面为企业提供专项服务，实现了研发投入强度、研发平台数量、高科技企业、高端创新人才"四个倍增"。

3 年来，穆棱市国家级科技型企业由 12 户增长到 43 户，增长了 258%；高新技术企业从 3 户增长到 27 户，增长了 8 倍。2022 年规模以上科技型企业和高新技术企业的产值分别占规模以上工业总产值的 42%、33%，创新驱动势头强劲。在国家级创新型县（市）评审中，穆棱排名全省第一。

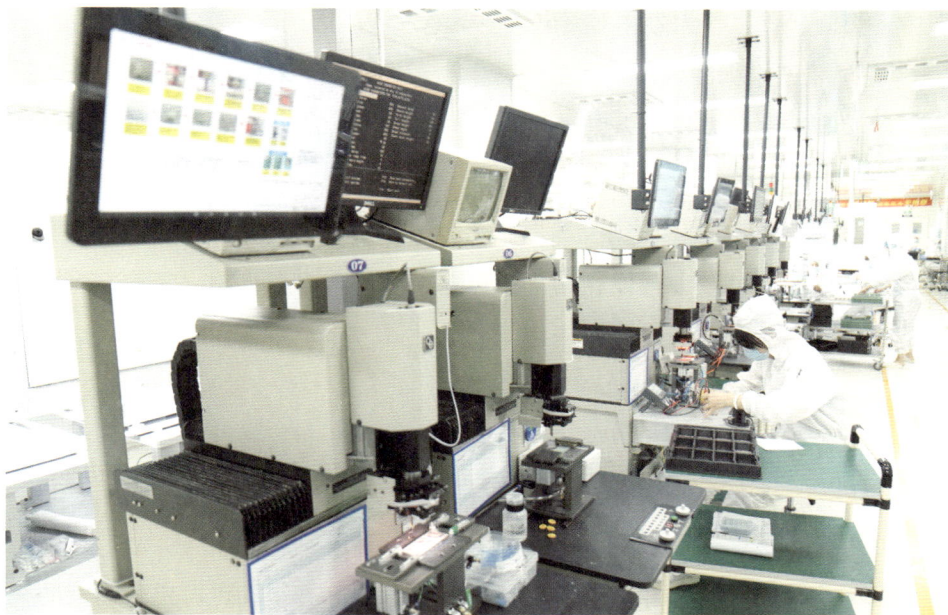

2022 年 8 月 4 日，工人在穆棱经济开发区穆棱市北一半导体科技有限公司车间作业。
（新华社记者王建威摄）

产业立市，打造产业集群新高地

自动化纺纱设备替代了大部分人工，高速运转的栉梳机、打麻机，机杼作响，催人奋进。近年来，穆棱市把麻产业开发作为培育新经济增长点的重要载体，进一步延长麻产业链条，推进麻产业集群式发展。

龙穆、金泰、新东茂等十几个麻纺企业大气的企业标志，整洁的厂容厂貌，绵延的围挡和高耸的塔吊，洋溢着穆棱新兴麻纺产业的气息与活力。

目前穆棱市麻纺企业已发展到 13 家，纺纱生产能力达 6.3 万锭，约占全国亚麻纱锭数的 10%，已成为全国亚麻纺纱单体第一城市。

在穆棱经济开发区，黑龙江劲道冰雪装备项目生产车间工人正在生产作业，为新一个"冰雪季"做好准备。与此同时，穆棱市着力建设室内冰雪综合体验馆，让冰雪运动实现日常化、动态化、四季化。

产业是经济发展的引擎与支柱。多年来，穆棱在经济社会发展的生动实践中，交通、资源等优势并不突出，但不断发展成为产业聚集高地。

在黑龙江中穆沙棘产业有限公司生产车间内，沙棘经历清洗、解冻、打浆、压榨等工序，摇身变为美味饮品。生产的沙棘原浆维生素 C 含量高，营养丰富，酸甜适口。

穆棱沙棘已获评中国国家地理标志产品。近年来，穆棱市委市政府坚持将龙头企业与沙棘基地建设相结合，建立互利互惠双赢机制，带动农民增收致富。

目前穆棱全市沙棘种植面积已发展近 8 万亩，占全省总面积的 23.5%，已有两家沙棘加工企业落户穆棱，沙棘产业成为推动穆棱高质量发展的支柱产业。

近年来，穆棱逐步形成了木制品、麻纺、塑料、矿产、农产品、先进制造业和文化旅游 7 个主导产业，组建了 7 个产业链工作专班，招商引资的靶向性越来越强。

穆棱经济开发区 2022 年实现主营业务收入 168.24 亿元，综合排名在全省参评的 81 个省级开发区中位居第二位，在含国家级开发区的 97 个开发区中位居第七位，先后荣获"国家级外贸转型升级基地""国家林业产业示范园区"称号。

蓝图绘就，现代化新穆棱正在崛起

多年来，穆棱在经济社会发展的生动实践中，形成和积累了四条宝贵的经验。

一张蓝图坚守。历届班子始终坚持"产业立市"的发展战略，从下城子"十强工业小区"到排名全省靠前的经济技术开发区，再到首批县域省级高新技术产业开发，锲而不舍、久久为功，一步步推动蓝图变为现实。

一马当先创造。从全国知名的"宇宙牌香烟"，到辐射东北亚的"塑料产业基地"，再到如日方升的"中国新兴麻纺城"，无不是穆棱干部群众敢闯敢试、创新探索从而"无中生有"的硕果。

一往无前担当。从一锹一镐建设起来的团结水库，到一代一代接力而成的奋斗水库，从"环境、项目、落实"，到"加快三个率先、建设幸福穆棱"。

一德一心团结。班子一条心、全市一盘棋、干群一股劲，是穆棱薪火相传的优良"政风"。心齐气顺、风正劲足的大好氛围，成就了率先发展、持续发展的大好局面。

这，就是穆棱。

穆棱新一届领导班子团结带领全市 22 万干部群众敢于争先、善于创新、勇于拼搏，积极建设具有重要影响力的县域产业聚集"新高地"、努力争创县域经济高质量发展的"标杆、典范、样板"。

近 3 年，穆棱招商引资到位资金总量始终位列全市前列；实际利用内资完成额在全省由第 12 位上升到第 6 位，利用内资新签约项目个数连续 3 年排名全省第一。

一座宜居宜业、优质高效、和谐幸福的现代化新穆棱正在崛起。

（新华社客户端哈尔滨 2023 年 8 月 24 日电　刘丽、陈禹彤）

这就是兴十四村

兴十四村 ——以垦荒人扎下的第十四个木桩得名。

时光荏苒，曾经"住马架子茅草屋，吃的菜渣和糊糊"的兴十四村，如今已成为资产超20亿元、人均收入8万多元的"龙江第一村"。

当清晨的阳光透过万亩松林的枝丫，层层叠叠的绿色掩映中，红顶别墅透出勃勃生机，鸟鸣声声回荡，将兴十四村唤醒——"上工哟！"

这里万亩良田稻菽浪滚，千栋大棚果蔬飘香。这里机械轰鸣奏响丰收曲，书声琅琅孕育新希望。

这就是兴十四村：

这里的玉米变身工业酶、食用酶、医药用酶等生物制品，出口20多个国家，年产值超千万元。

这里的水稻年加工量达10万吨，产值超亿元。产业集群提升竞争力优势，三产融合孕蓄发展新动能。

这是2022年9月16日拍摄的兴十四村现代农业示范园区部分大棚温室（无人机照片）。（新华社记者王松摄）

2022 年 9 月 16 日，农民在兴十四村现代农业示范园区大棚温室中管理花卉作物。（新华社记者王松摄）

这就是兴十四村：

宽阔平坦的乡村道路纵横交错，百姓的幸福感获得感满溢，乡村里飞出欢乐的歌。

这就是兴十四村：

和谐共富，书写人们对新农村的美好向往。

初心不忘，黑土地上奋力谱写乡村振兴的绚丽篇章。

（新华社记者刘伟、管建涛、梁冬、范迎春、张玥）

扫码看视频 │ 这就是兴十四村

这就是兴凯湖

兴凯湖位于黑龙江省东南部，距鸡西市区130公里。

烟波浩渺，鹤舞长空，素有"东方夏威夷""北国绿宝石"的美称。

这里是国家级自然保护区，有高等植物691种、鸟类289种、鱼类70种。

这里是湿地、森林类型的自然保护区，2005年9月被批准为国家地质公园，是我国重要的以湖泊湿地为主要地质遗迹景观的特大型地质公园。

这是2022年7月9日拍摄的兴凯湖风光。（新华社记者张涛摄）

2022 年 7 月 9 日，游客在兴凯湖湖畔拍照。（新华社记者张涛摄）

在这里，可以与湖水和沙滩亲密接触，享受自由与浪漫。站在观景平台，一眼望去，金色沙滩、沼泽湿地尽收眼底，美不胜收。

这里历史文化悠久。约 7000 年前，满族祖先肃慎人在这里繁衍生息，创造了中华文明史上独具特色的渔猎文明。

这里旅游资源得天独厚。有兴凯湖观景平台、湿地公园、新开流码头、兴凯湖博物馆和新开流遗址等知名景点。

近年来，兴凯湖不断加强生态环境的保护力度，持续优化"生态＋旅游"的发展模式，充分发挥自然条件优美、资源禀赋优良的条件。

通过不断加强旅游基础设施建设，提升旅游服务品质，这里旅游的影响力持续提升。

（新华社记者刘伟、李建平、陈益宸、朱悦）

这就是新博会

新材料产业是关系国家安全和发展大局的战略性、基础性、先导性产业，是黑龙江"4567"现代产业体系的重要组成部分。从 2011 年到 2023 年，中国国际新材料产业博览会共举办了六届，见证了中国新材料产业的发展历程。

2022 年全国新材料总产值 6.8 万亿元，较 2012 年增长近 6 倍。2023 年上半年，黑龙江省新材料产业总营收同比增长 15%。

第六届新博会会期 3 天，举行了 1 场开幕式暨主论坛、2 场国际论坛和 14 场分论坛（会议），20 多场产业对接活动。

第六届新博会汇聚新材料领域世界 500 强企业、上市公司以及相关头部企业和机构代表超过 1000 人，参展参赛创新展品和成果突破 2000 个。第六届新博会黑龙江省共签约产业合作项目 100 个，总金额 530.3 亿元。

大咖建言献策。联合国工业发展组织、工信部、诺贝尔奖得主、中科院院士等行业专家纷纷亮相，新材料领域国内外院士超过 40 人、大学和院所领军专家学者超过 200 人。

龙头齐聚龙江。中国铝业集团、中国建材集团、中国五矿集团、贝特瑞新材料集团、中国商用飞机、上海凯赛生物等一大批知名新材料领域龙头和重点企业齐聚龙江，共话产业发展新机遇。

专业火花碰撞。围绕石墨新材料、超低能耗建筑、大飞机先进材料、稀土铝合金及镁合金、化工新材料、碳纤维复合材料、钢铁新材料、生物基新材料、电子信息新材料等领域，共谋材料发展新篇章。

2023 年 8 月 29 日至 31 日，第六届中国国际新材料产业博览会在哈尔滨国际会展中心举行。（新华社记者刘赫垚摄）

龙江发展新机遇。黑龙江新材料产业在国家新材料体系中占有重要地位，铝镁合金、碳纤维复合材料、特种石墨等在大飞机、载人飞船、高铁、探月工程中发挥了重要作用。推动新材料产业高质量发展，为黑龙江全面振兴全方位振兴创造新机遇。

——这里有新材料应用的探寻者。哈尔滨（宾西）中韩国际创新创业中心携 14 家韩资企业参加新博会，由韩国派金株式会社独资进驻该中心的哈尔滨派金科技有限公司，此次带来一款拥有 13 项专利的智能灭火器产品，期待在新博会找到一款新材料改造升级，并尽快在中国投产问世。

——这里有石墨新材料的领航者。全国天然石墨负极材料原材料 80% 以上来源于鹤岗，萝北云山石墨矿区已被自然资源部评为国家绿色矿业发展示范区。鹤岗振金石墨烯研究院研究的新型石墨烯赋能材料，可应用于电力换流器、风力发电叶片和高铁牵引系统可大幅度增强其散热性能。

——这里有碳纤维复合材料的研发者。哈尔滨玻璃钢研究院在国内率先

2023 年 8 月 29 日，参会者在化工新材料展区了解新材料产品。（新华社记者王建威摄）

提出纤维缠绕理论，并发明制造了缠绕设备，突破网格加筋缠绕工艺技术，实现了各种异形结构的缠绕，促进了中国玻璃钢／复合材料的行业发展。

——这里有超低能耗的践行者。哈尔滨森鹰窗业展示的 P120 铝包木窗主力产品，适用于目前国内超低能耗建筑使用。整窗的传热系数低于 0.8W/（$m^2 \cdot K$），已完成近 200 个超低能耗建筑项目，成窗面积达到 50 万平方米左右。

这就是新博会！以专家学者视角，新博会的成果展示、布展设置、论坛设置更加专业化；在媒体人眼中，学术交流、嘉宾邀展、赛事设置更加国际化；从参展商感受，筹备方式、招展方式、运行方式突显市场化。

合作共享新机遇、创新激发新动能。这就是新博会！

（新华社客户端哈尔滨 9 月 1 日电 石佩霞）

这就是哈尔滨之夏音乐会

阅读哈尔滨，了解哈尔滨，可以有很多种不同的方式。

盛夏时节，万物绽放，人们用音乐诠释这座芬芳之城的浪漫。

在时光一隅，轻拭过往，听着舒缓的音乐。此刻，你会发现，世界安静了，只有你和音乐……

让我们共启一段"城"在音乐中的曼妙时光。2023 年 8 月 6 日，第 36 届中国·哈尔滨之夏音乐会如约而至，开幕式演出、全国性展演活动和国际赛事、中外经典系列演出、全国专业音乐学院教学成果展示、群众文化活动等 7 大板块将盛装亮相。

其中，开幕式文艺演出由歌飞山水间、弦动大舞台、情深向未来三个篇章组成，以音、诗、画、歌等丰富的艺术形式，唱响"人民幸福""山水共融""美美与共"的欢歌，为"哈夏"音乐会拉开帷幕。

62 载"哈夏"逢盛世芳华

作为一座现代化城市，哈尔滨仅有百余年历史。然而，多个与音乐有关的"第一"都被写进了这座城市的发展史。

1898 年，俄国人在哈尔滨修筑中东铁路，把第一架钢琴运抵哈尔滨；1899 年，捷克的厄尔莫里乐队奏响了哈尔滨历史上第一场交响音乐会；1908 年，中国第一支交响乐团 —— 哈尔滨第一交响乐团成立；始创于 1961 年的"哈夏"是中国举办时间最长、届次最多的音乐节。

2023 年 8 月 6 日，由文化和旅游部、哈尔滨市人民政府主办的第 36 届中国·哈尔滨之夏音乐会在哈尔滨大剧院开幕。（新华社记者石枫摄）

从 1996 年第 23 届开始，"哈夏"音乐会由文化部和哈尔滨市人民政府共同举办，并定名为"中国·哈尔滨之夏音乐会"，这标志着"哈夏"音乐会已由地方性音乐活动变为国家级的音乐节。

曾吸引国内外众多知名音乐家和乐团的目光，也曾营造"全城狂欢、万人空巷"的节日氛围。如今，走过 62 载如歌岁月的"哈夏"已成为"音乐之城"哈尔滨的一张金色名片。

近年来，"哈夏"音乐会不断突出"国际化"特色，用音乐打开通往世界的大门。2016 年，第 33 届哈尔滨之夏音乐会通过"第十二届全国声乐展演""勋菲尔德国际弦乐比赛 2016 哈尔滨""国际手风琴艺术周 2016 哈尔滨"三大国家级、国际化赛事，以赛促会，大大提升了"哈夏"的艺术水准和国际影响力。

此外，莎拉·布莱曼独唱音乐会、理查德·克莱德曼钢琴独奏音乐会、音乐剧《图兰朵》等越来越多的国际高水准演出亮相"哈夏"，展示了世界艺术的多元风采。

为"音乐之城"增辉添彩

哈尔滨是中国接触欧洲古典音乐最早的城市，中西方建筑与艺术在这里交汇融合，这座城市对音乐的热爱，有着深厚的历史渊源和文化积淀。

2010 年，哈尔滨以百年交响乐历史和五十年"哈夏"音乐会历史积淀为基础，成功获得联合国经济和社会事务部授予的"音乐之城"荣誉称号，成为亚洲唯一获此殊荣的城市。

有被誉为"凝固的乐章"的哈尔滨大剧院，有彰显城市浪漫气质的音乐博物馆，更有作为音乐演出、打卡拍照绝佳之地的老会堂音乐厅，一座座古老或崭新的艺术殿堂为"音乐之城"增辉添彩，也铸就了令人难忘的城市记忆。

生活在哈尔滨的人们是幸福的，因为这里的音乐艺术没有门槛，那些曾经跨越国界、源远流长的经典曲目至今依然在哈尔滨人的心中激荡回响，引发共情。

多元发展拥抱美好未来

感受一座城市的魅力，不仅仅是硬件设施的改善和 GDP 的增速，还有与市民生活息息相关的民生和幸福指数。在哈尔滨，音乐正在引领一种更加美好的城市生活方式。

夜幕降临，在城市公园或松花江畔，随着街头乐队的音乐声响起，人群聚拢而来，或轻吟浅唱，或挥洒狂欢，在这里没有观众，每个人都是人群中的主角。

同样引人注目的，还有马迭尔宾馆百年老建筑阳台上飘出的优雅乐声，在每一个迷人的夏日，这里都会吸引很多人驻足，拍照、聆听、鼓掌，这是哈尔滨市民和游客不约而同的默契，构成中央大街上一道独特的风景线。

既有街头艺术的炙热表达，也有古典音乐的匠心传承，这些独有的音乐瞬间构成了哈尔滨开放、灵动、多元的艺术特质和城市性格。

哈尔滨成为"哈夏"和音乐艺术永远的家园。如今，"哈夏"音乐会的大幕即将开启，让我们相约"哈夏"，在流动的音符里倾听一场盛世繁华！

（编辑刘丽）

这就是哈洽会

第三十二届哈尔滨国际经济贸易洽谈会于 2023 年 6 月 15 日至 19 日在黑龙江哈尔滨举办。

本届哈洽会展览总面积 36 万平方米。截至目前，共有 33 个国家和地区的 1200 多家企业报名参展。

哈洽会创办于 1990 年，是中国举办较早、层次较高、规模较大的对外经

2023 年 6 月 15 日，参会者在第三十二届哈尔滨国际经济贸易洽谈会现场了解一款救援无人机。（新华社记者王建威摄）

2023 年 6 月 16 日在第三十二届哈尔滨国际经济贸易洽谈会伊春展区拍摄的由山核桃切片制成的冰壶。（新华社记者张涛摄）

贸重点展会之一。

30 多年来，哈洽会在招商引资、产业对接、技术合作方面积累了丰富资源，在经贸交流、对外开放、品牌消费方面取得了一系列务实合作成果，已经成为以对俄及东北亚国家经贸合作为重点、全方位对外合作交流的品牌平台。

（新华社记者王大禹、刘赫垚）

"火爆并非偶然"

——哈尔滨冰雪旅游一线观察

豆腐脑放糖、冻梨切片摆盘、热气球在松花江起飞……眼下的冰雪季，"冰城"哈尔滨火爆出圈，冰雪旅游圈粉无数。元旦期间，全市游客量超过300万人次，实现旅游总收入59.14亿元，游客接待量和旅游总收入全面赶超2019年，达到历史峰值。

2024年1月3日晚，在哈尔滨市南岗区秋林商圈，主题冰雕在炫彩灯光中格外梦幻，来自江西的游客李女士和爱人拍照留念。"看到全网都在夸'尔

图为第 25 届哈尔滨冰雪大世界园区一景。（新华社发 傅强摄）

第 25 届哈尔滨冰雪大世界开园首日人潮涌动。（新华社发 傅强摄）

滨'，我们说来就来了，没想到街头就有这么多冰雕雪塑，太漂亮了。"李女士说。

冰的晶莹、雪的轻盈，童年里的嬉笑、童话般的梦境……在哈尔滨冰雪大世界，冰上滑、雪里浪的舒爽和快乐拨动着大人和孩子的心弦。

2023 年 12 月 18 日，第 25 届哈尔滨冰雪大世界开园迎客，亮点纷呈，当天不到 3 个小时便迎来 4 万名游客。早在当年 11 月，就有不少网友担任"云监工"，线上关注着园区建设进展。

开园首日，大滑梯、摩天轮、冰秀等热门项目难以满足游客需求，不少游客在寒冬中排队时间过长，有游客喊"退票"。哈尔滨市文化广电和旅游局工作人员立即现场办公，道歉、退票，并马上着手优化、细化园区管理各项举措。从采取现场排队到增加人力疏导，从延长营业时间到丰富体验活动，整个园区"马上就改、创新应变"。

以"退"为进，哈尔滨一连串的应对措施，让人感到"厚道"。《致哈尔滨全市人民的一封信》再次拉高"冰城"的"温度"。"以客为先、以客为尊、以客为友、以客为亲"，不仅是政府的号召，更成为市民的自发行动。

　　担心游客在室外待久了太冷，索菲亚广场新增"温暖驿站"供游客"缓缓"；南方游客喜欢大雪人，哈尔滨在多个景区打造大雪人，并提供"大雪人地图"；网友担心宾馆涨价，多家酒店带头发出"不涨价"倡议……这些"先手棋"给越来越多游客带来舒适感、安全感和被尊重感。

　　"这个冬天的火爆并非偶然，哈尔滨已经做了一年的准备。"黑龙江省文化和旅游厅厅长何晶说，从 2023 年 1 月开始，哈尔滨开展夏季避暑旅游"百日行动"和冬季冰雪旅游"百日行动"，以游客思维、游客视角换位思考，着力改善旅游环境，提升旅游服务质量。

　　一手做大增量，一手做优存量。瞄准旅游市场新需求，哈尔滨市深挖特色旅游资源，不断升级旅游线路，打造优质旅游产品，实行门票减免或折扣优惠。同时，开展广泛调研和问卷调查，针对旅游市场暴露的具体问题建立台账、集中整改、提早化解，并依托各类旅游行业协会引导景区、旅行社、导游等经营主体依法经营、诚信待客。

2024 年 1 月 1 日，游客在哈尔滨太阳岛雪博会园区游玩。（新华社记者王建威摄）

据某电商平台数据，元旦期间，哈尔滨市餐饮堂食同比增长 225.7%，酒店住宿同比增长 512.9%，旅游消费同比增长 344.6%，文娱休闲消费同比增长 297.5%……一个个数据见证着这座"网红城市"与游客、市民的相互成就、双向奔赴。

"尔滨，你让我感到陌生""哈尔滨'整不会了'背后是'整会了'""滨子，我来了""掏心掏肺掏家底"……连日来，在各大社交媒体平台，网友造出来的"热梗"一个接一个，热搜话题连连上榜。

如何把"流量"变成"留量"，把"头回客"变成"回头客"，成为哈尔滨冰雪旅游高质量发展接下来面临的重要课题。

"把握机遇、迎头赶上，真诚是永远的必杀技。"哈尔滨市文化广电和旅游局局长王洪新说，哈尔滨将进一步提升服务质量和游客体验，建立重点景区游客服务清单，发挥"文旅体验官""首席质量官"作用，动态调整服务保障措施，努力打造一座有内容、有温度、有人情味的"理想之城"，让"网红"成"长红"。

（新华社哈尔滨 2024 年 1 月 4 日电　新华社记者杨思琪）

扫码看视频｜哈尔滨网红大雪人惊艳返场　　扫码看视频｜哈尔滨：松花江上乐享冰雪

"冰城"缘何成"热点"?
——人文经济视野下的哈尔滨观察

　　这个冬季,地处祖国东北角的哈尔滨走进了全国甚至全球视野,各大热榜头条持续走红,被称为 2024 开年首个"顶流"城市。

　　"冰城"缘何成"热点"?让哈尔滨成为"网红"城市的,不仅是独具魅力的冰情雪韵,还有积淀百年的人文底蕴。

　　这里有"冷"与"热"的极致体验,冰天雪地变成了金山银山;这里有"土"与"洋"的碰撞融通,中外文化交汇成新的交响;这里有"闯"与"创"的传承开拓,澎湃出新时代的活力迸发。

　　今天的"尔滨",是让本地人有些"陌生"、让外地人越来越关注的宝藏之城。

"冷"与"热"

　　2024 年 1 月 5 日,第 40 届中国·哈尔滨国际冰雪节如约而至,绚丽的烟花绽放在冰雪大世界上空,透骨的寒冷和暖心的激情也在这一刻交汇,碰撞出充满希望的火热。

　　哈尔滨的冷,与生俱来。作为我国最北省会城市,这里冬季漫长,动辄出现零下 30 摄氏度的极寒天气,因此哈尔滨有了响亮的名号——"冰城"。

　　冷是阻碍,对发展构成制约。粮食作物只能种一季,基建工程也因低温、冻土等面临重重困难。由于室外寒冷,东北人曾有宅在家里"猫冬"的习惯。

冷也是资源，别具特色优势。每年 12 月，松花江上的冰冻了，太阳岛上的雪厚了，"冰豆腐"和"大雪垛"在能工巧匠手中"华美变身"，成为美轮美奂的冰雪胜景，透出冰的晶莹、雪的浪漫，吸引着不远千里络绎而来的游客大军。

开园不到 3 小时便吸引 4 万人流的冰雪大世界，人头攒动的中央大街，游人如织的太阳岛雪博会，"公主王子云集"的索菲亚大教堂……冬日里，哈尔滨各大旅游景区爆满。

中国旅游研究院最新发布的"2024 年冰雪旅游十佳城市"中，哈尔滨位列榜首。元旦期间，哈尔滨市累计接待游客 304.79 万人次，实现旅游总收入 59.14 亿元，均达到历史峰值。

以高寒为气候特质的哈尔滨，成为当下社交媒体上最热的文化符号。这座地处北疆的东北城市，正在把制约发展的"冷"转化为吸引游客的"热"，在聚光灯下焕发无限生机。

哈尔滨冰雪文化底蕴深厚，冰雪节庆有 60 多年历史。1963 年，哈尔滨举办第一届冰灯游园会。1985 年，首届哈尔滨冰雪节启幕，游客不仅可以在冰灯游园会观赏各种冰雕艺术，还可以坐冰帆、打冰猴，参加冰雪文艺晚会。如今，冰雪旅游和运动、体育、经济相融合，文化内涵越来越丰富深厚。

精雕细琢的青花瓷雪雕、写意风格的冰雪水墨画、独一无二的冰版画……依托大自然给"冰城"得天独厚的礼物，越来越多优秀传统文化在雪花和冰晶中次第绽放。

今日哈尔滨，寒冷不变，热度却"只增不减"。背后是这座城市深挖冰雪资源禀赋，突出地方特色文化，推出各种"有求必应"举措，从量变走向质变的主动作为。

文旅部门发布旅游地图和游玩攻略，中央大街为地下通道铺地毯，暖心志愿者免费提供红糖姜茶，景区之间乘坐地铁免费，冻梨切盘，地瓜配勺，豆腐脑撒糖……这个冬天，"尔滨"的种种"操作"让人应接不暇，冰雪旅游

2024 年 1 月 3 日，在哈尔滨市道里区，游客在中央大街上和身着特色服饰的当地人合影。（新华社记者谢剑飞摄）

市场呈现"井喷"之象。

"尔滨，我来了""想去哈尔滨的心情达到了顶峰"，不仅是网络"热评"，更是越来越多游客的现实行动。

"冰天雪地是我们最大的特色，'冷资源'变成文旅融合'热经济'，靠的不仅是对资源的开发利用，还有配套服务的提质升级。"哈尔滨市文化广电和旅游局局长王洪新说，机不可失，哈尔滨将乘势而上，倾力打造"冰雪文化之都"，构建全域冰雪产业新格局，把"绿水青山就是金山银山、冰天雪地也是金山银山"理念，落实为更多生动实践。

"土"与"洋"

很多人发现，让哈尔滨在这个冬天"走红"的，不仅是冰雪热，还有特色美食、热情民风。中外文化在哈尔滨碰撞、交融，带给这片土地独特的魅力。

烟火漫卷的百年街区，人头攒动的红专街早市，行李箱摞成小山的洗浴中心，排号一小时起步的铁锅炖，精致典雅的建筑艺术长廊……除了排队打卡热门景区，哈尔滨的建筑、饮食、洗浴文化以及市民的热情好客，也被大家津津乐道。

"昨天已经尝了锅包肉、油炸糕、烤红肠，今天下雪一定要来吃心心念念的铁锅炖大鹅。排了一个多小时，但是觉得很值。"来自福建的张女士说。

"东北大花"主题与火车、汽车融合，将冻梨改刀、切块、摆盘，用勺子吃烤红薯，路边新增温暖驿站，东北大汉学会"夹子音"……哈尔滨市民的淳朴好客，赢得了外地"小金豆"们的点赞，吸引着八方来客。

从哈尔滨冰雪大世界出来，很快就到松花江畔的百年老街。漫步在中央大街，恍如行走在建筑艺术长廊。中央大街上的欧式、仿欧式建筑鳞次栉比，汇集多种风格。

2024 年 1 月 3 日，在哈尔滨市道里区中央大街，当地人通过东北方言问答送礼品的方式欢迎外地游客。（新华社记者谢剑飞摄）

雪花飞舞，霓虹闪烁，琴声悠扬，中央大街 89 号马迭尔宾馆的"阳台音乐"倾情上演。

哈尔滨音乐博物馆馆长苗笛说，1908 年，中国第一支交响乐团——哈尔滨第一交响乐团成立。2010 年，哈尔滨被联合国经济和社会事务部授予"音乐之城"荣誉称号。冰雪季，哈尔滨还把交响乐团搬进了商场，令游客感到惊喜。

伴随着第 40 届中国·哈尔滨国际冰雪节启幕，俄罗斯音乐剧巡演版《安娜·卡列尼娜》在哈尔滨大剧院登场，让各地游客在这里大饱眼福。

"土"与"洋"的对话与融合，使哈尔滨更添奇妙丰富的色彩。

走进中西合璧的中华巴洛克历史文化街区，一幢幢老建筑装饰富丽，颇具欧洲巴洛克风格，但细部纹饰的雕花图案取材于中国传统文化元素，临街立面背后的空间也是典型的中国四合院。

院内，映衬着白雪的大红灯笼高高挂起，很多国外游客驻足欣赏货架上的传统手工艺品。一家铺着浓浓东北风的大花布的摊位上，摆着多款俄式"大列巴"。

哈尔滨，一个中西文化交汇的舞台。"不是欧洲去不起，而是哈尔滨更有性价比""来这仿佛找到了童年，遇见回得去的故乡"……一句句幽默感言，道出了人们对哈尔滨独特风情的喜爱。

"闯"与"创"

哈尔滨，曾经是松花江边默默无闻的小渔村。

来自山东、河北、山西等地的百姓，带着开天辟地的豪迈，历尽千辛万苦"闯"到这里，开垦土地、投亲靠友、合伙投资、开办店铺，成为重要的开发建设者。

新中国成立后，"一五"计划时期苏联援助的 156 个重点项目中，哈尔滨占了 13 项，在全国大城市中居前列。

一时间，哈尔滨电碳厂、哈尔滨电机厂、哈尔滨轴承厂、哈尔滨锅炉厂……一座座厂房拔地而起，一部部机器轰鸣震天，一大批有实力的企业崛起，哈尔滨一度成为与上海、北京、天津等齐名的大城市。

时过境迁，人们不必为谋生而跋山涉水，"闯关东"成为一代人的集体记忆。这座城市前进的脚步从未停止，在创新驱动发展的道路上埋头探索，焕发青春荣光。

在拥有百年历史的哈尔滨中华巴洛克历史文化街区，80 个院落、207 栋特色建筑将迎来更新改造。"想过上好日子，等靠要是不行的，还得拿出父辈们'闯关东'的精神，靠实干'创'出新世界。"中华巴洛克历史文化街区一家策展书店负责人于冰说，自己希望打造一个兼具文化底蕴和商业潜力的打卡地。

和"土著"于冰不同，"85 后"郑好是新时代"闯关东人"。2022 年，他从日本北海道大学回国，成为哈尔滨工业大学交通科学与工程学院教授。短短几个月内，他申请到国家自然科学基金优秀青年科学基金项目，围绕寒区冰雪路面开展研究。

"我看好哈尔滨的地域特色，看好学校提供的平台和机会，希望以自己的努力为基础研究、新兴产业发展贡献力量。"郑好期待在"冰天雪地"里大干一场。

寒地不仅提供了丰富的科研资源，也是冰雪游的宝贵财富。抓住"文旅热"的风口，越来越多年轻人投身新经济、新业态，让城市发展尽显青春与活力。

"住惯了'千房一面'的快捷酒店，许多年轻人开始追求差异化、个性化的消费体验。"几年前，曾在广东工作的林枫、侯佳选择回乡创业，以老哈尔滨风情打造复古民宿。如今，他们的特色民宿已开到十几家。

在和林枫一样的见证者眼中，"冰城"变为"热点"，一场消费方式和消费理念的变革正在发生，也为新时代人文经济学的生动实践增添注脚 ——

哈尔滨市文旅局在多个社交平台开设账号，实时更新冰雪旅游信息，其中不乏"哈工大"研学攻略、哈尔滨大滑梯盘点、雪人地图等"网红"观光

2024 年 1 月 5 日，人们在哈尔滨松花江冰雪嘉年华游玩。（新华社记者王松摄）

点位；

　　叫响以西餐美食、地方小吃为代表的"哈埠菜"品牌，开发"滨滨有礼"、冰雪服饰等 100 多种工艺品和纪念品，促进旅游消费能力加快增长；

　　旅游企业和餐饮店主纷纷"头脑风暴"，创意推出黑马骑士、人造月亮、冰面热气球、狂飙气垫船、索菲亚大教堂甜点，"一天一个花样"，满足游客的眼球和味蕾……

　　冰雪节启幕，新经济、新业态在这里拔节生长。从哈尔滨到"尔滨"，再到"滨"，吸引着各地旅行团带着好奇而来。

　　"哈尔滨绽放的雪花，是旅游业的繁花，表达了人们对消费复苏寄予的厚望。"1 月 5 日，中国冰雪旅游发展论坛在哈尔滨开幕，中国旅游研究院院长戴斌有感而发：新时代旅游业要高质量发展，要推进文化和旅游在更深程度、更高层次和更广范围融合。

　　眼下，雪花装点"冰城"，欢聚点燃热情，隆冬方启。这座看得见文化、留得住游客的"冰城"，带着人民对美好生活的向往和追求，奏响新时代东北全面振兴的强音，融入中国式现代化的雄浑交响。

（新华社哈尔滨 2024 年 1 月 6 日电　新华社记者顾钱江、管建涛、杨思琪）

扫码看视频｜"冰城"缘何成"热点"？——
人文经济视野下的哈尔滨观察

一块冰的"升华"之旅　开启一座城的"升华"之梦

　　凛冬至，蜿蜒流淌的松花江慢慢放缓奔流的脚步，广阔的江面逐渐凝结出宽厚剔透的冰层。当冰层"身子骨"够厚，哈尔滨迎来采冰季，冰雪季大幕开启。

　　割冰、运冰、砌冰、雕冰……一块块冰经过"升华"之旅，化身成玲珑

2024 年 1 月 1 日，游客在哈尔滨冰雪大世界园区内游玩。（新华社记者张涛摄）

2023 年 12 月 31 日，游客在哈尔滨冰雪大世界园区内游玩（无人机照片）。（新华社记者张涛摄）

冰雕，最终融入冰雪大世界、冰灯艺术游园会等各处冰建景观之中。

"冰城"挖掘冬季文旅市场亮点，让世界各地的游客既遇冰雪又遇暖意。一块块冰的"升华"之旅，正开启着一座城的"升华"之梦。

扫码看视频 | 哈尔滨冰雪大世界为游客提供更多"暖环境"

"尔滨"风正劲，这些动人瞬间值得记录

连日来，冬季冰雪游火热，哈尔滨成为新晋"网红"城市，各大热门景点人气爆棚，早市、烧烤店等挤满游客。除了冰情雪景美食，一些动人瞬间登上社交媒体热搜。

"清澈的爱，只为中国"

"五星红旗迎风飘扬，胜利歌声多么响亮，歌唱我们亲爱的祖国，从今走向繁荣富强……"近日，在哈尔滨冰雪大世界的梦想大舞台上，被称为"左右哥"的主持人腾越带领游客齐声唱响《歌唱祖国》，悠扬的歌声回荡在整个夜空。

不同于往日被网友点歌，腾越这次是特意播放的这首歌。他说，面对台下人山人海，他觉得这首歌非常适合这种"大场面"。

一个南方女孩在冰雪大世界游玩时，不慎遗失手机，腾越在失物招领环节寻找这位失主时，读出了她手机壁纸上的文字 —— "清澈的爱，只为中国"，背景是一面国旗。这段视频登上网络热搜，赢得网友点赞。女孩回应称，自己从高二就开始用这张壁纸，现在读大二，从没换过，这是激励她不断前进的动力。

"铭记历史，吾辈自强"

"这是哈尔滨最该去的地方""感谢行程里有这一站"……除了冰雪欢乐，哈尔滨还承载着深厚的历史。位于哈尔滨市平房区的侵华日军第七三一部队罪证陈列馆，不少游客前来回望历史，为旅程增添厚度。

9日早上，哈尔滨气温低至零下20摄氏度，陈列馆外早已排起长队。为了迎接高峰，陈列馆延长开放时间，游客通过网上预约可免费入馆参观，还有志愿者送上热水或玉米糊帮他们驱寒。

七三一部队留守名簿、四方楼遗址内的战争遗物、人体实验报告书……陈列馆讲解员高鹏为游客一一讲解。在他看来，讲述这段历史，并不是为了仇恨，而是为了还原真实。

据统计，该馆2023年以来接待观众超过9.5万人次，其中元旦假期3天接待3.63万人次，同比2019年接待量增长483%，创历史新高。

2024年1月9日，游客在侵华日军第七三一部队罪证陈列馆内参观。（新华社发 金士成摄）

"从七三一的沉痛中走来，到中央大街的繁华热闹之中，或许你突然就会理解，什么叫国泰民安，什么叫吾辈当自强。要往前走，走到光明的未来中去。"不少游客参观完后心情久久不能平静，一名网友写下这样的评论。

"努力学习，报效祖国"

近日，11名来自广西南宁的小朋友 —— "小砂糖橘"，到哈尔滨开启游学之旅，打卡有着"航天第一校"美誉的哈尔滨工业大学。

"五四三二一，发射！"在学校"卧震苍穹"广场，随着倒计时的声音，校方为"小砂糖橘"安排了模型火箭发射环节。在孩子们的注视和尖叫声中，模型火箭成功升空。

"怎么把冰块带回广西？"在给"小砂糖橘"演示科学实验时，哈尔滨工业大学物理学院教师任延宇提出这样的问题，"小砂糖橘"纷纷抢答。

面对孩子们童真的回答、渴望的眼神，任延宇耐心解释。"将冰块放到保

1月6日，"小砂糖橘"参观哈尔滨工业大学航天馆。（新华社发）

温杯里，放入棉花或者稻草，能阻止热量不渗入到冰块里。"在任延宇的启发下，孩子们学会了"保温杯不仅可以保温，还可以保冷"。

"我要当一名科学家""我要好好学习，报效祖国""我以后也想当宇航员进入太空"……此次研学之旅，"小砂糖橘"开阔了眼界，纷纷许下努力学习、为国家作贡献的心愿。

"我们服务航天国防领域，产生了大量的科技成果，如何让广大青少年了解国之重器背后的故事，培养科技报国的理想和目标，是我们思考和努力的方向。"哈尔滨工业大学党委副书记、副校长陈蕊说。

（新华社哈尔滨 2024 年 1 月 9 日电　新华社记者杨思琪、孙晓宇）

扫码看视频｜"尔滨"上演冬季浪
漫：寒冬中的美丽风景

"尔滨"的"哈"，给我们童话般的快乐

2024 年的大门刚刚打开，哈尔滨就把全国人民带进了童话般的快乐海洋：互联网上，朋友圈里，不管是老成持重的官方媒体，还是个性奔放的自媒体，大家都在尽情地展示各种"梗"。一个近千万人口的省会城市，生生被网友们宠成了哥们老铁般的"尔滨"，甚至是亲密恋人式的"滨"……

这份童话般的快乐，从全国各地向哈尔滨迅速聚拢，又从哈尔滨向全国各地持续扩散。广西的"砂糖橘"、贵州的"折耳根"、云南的"野生菌"，大江南北、长城内外，网友们快乐地互动着、分享着。

———

零下 20 多摄氏度的气温，半年左右的雪季，雪花一飘带来一起白头的浪漫……哈尔滨能满足你对冬天的全部想象。

"尔滨"的快乐，是从车站、机场开始的。身穿浅色羽绒服、头戴毛绒帽子的南方游客刚一落地，空姐组团带来走秀、舞蹈、团体操，献上第一份快乐。

冰雪大世界里，大滑梯上的欢呼尖叫一阵接一阵；太阳岛雪博会园区雪雕林立，游客沐浴在洁白世界的浪漫中；在中央大街、索菲亚大教堂，打扮靓丽的"公主"忙着旅拍，圆一个冰雪奇缘梦。

2024 年 1 月 8 日，游客在哈尔滨市道外区中华巴洛克历史文化街区内拍摄照片。（新华社记者张涛摄）

数据显示，元旦假日 3 天，哈尔滨市累计接待游客超过 304 万人次，实现旅游总收入近 60 亿元。"泼天的富贵"背后，是"泼天的欢乐"。无论天南地北，不管男女老少，跨越千山万水来到这里，都可以纵声欢笑。

二

"尔滨"变着花样宠游客。中央大街"遛"起企鹅、鸵鸟、驯鹿，索菲亚大教堂前有了"人造月亮"，松花江上升起了热气球，连夜更换陈旧的公交站牌，在地下通道楼梯铺上地毯……不少本地人惊呼："'尔滨'，你变得陌

2024 年 1 月 6 日，身着赫哲族服饰的赫哲族群众和饶河县文旅推荐官在哈尔滨中央大街上与游客互动。（新华社记者王建威摄）

生了！"

打动网友的，还有各种"有求必应"。2023 年 12 月 18 日，冰雪大世界开园首日，游客因等待时间过长喊"退票"。哈尔滨市相关方面立即退票、道歉，并优化细化景区服务，以诚意和行动换来游客的体谅和喜爱。

市民义务组织游客接送队，给游客送暖宝宝；志愿者排队为游客送姜糖水；清洁工教南方游客体验铲雪……全城开启"宠客"模式，让冰城充满欢声笑语。

哈尔滨的出圈，传递了一个温情和善意的城市形象，充满着人情味和烟火气。

"在这里，没有本地人和外地人，没有东北人和南方人，来的都是自己人。"网红"左右哥"这句话，道出了大家爱上"尔滨"的原因。

2024 年 1 月 6 日，在哈尔滨极地公园，"小砂糖橘"与企鹅进行互动。（新华社记者张涛摄）

三

"'尔滨'就像一个热心肠的大姐，张口闭口就是孩儿尝尝这个，孩儿玩那个好玩，把家里的好东西都拿出来待 qiě（客人）。热烈、真诚、实在，这才是东北人情味儿。"网友的这段话，在网上热传。

11 个来自广西的小朋友研学团引发全网围观，这些"小砂糖橘"们在哈尔滨备受宠爱。于是，广西急运多批时鲜砂糖橘以表谢意，黑龙江则回赠蔓越莓，被网友反复点赞。

这些日子的哈尔滨，像一个闪亮的舞台，城市间的互动，每天都在上演。四川娃娃"小熊猫"要来，哈尔滨"上新"熊猫雪雕；贵州"小折耳根"抵达，哈尔滨以零食、雪圈迎接。不少东南亚游客，也赶来感受冻梨和冰滑梯……

不仅如此，南方多地文旅局纷纷向北方游客喊话，让各自的美景美食走进大众视野，展现了一股强劲的"南北互换"式旅游热潮。这一来一回的"双向奔赴"，网友点赞说："这一波太暖了，这就像孩子们在玩过家家！"

哈尔滨的这场冰雪嘉年华，给2024年开年带来幸福、欢乐和祥和。愿这份快乐，常驻每一个人的心头。

（新华社记者管建涛、杨思琪、戴锦镕）

扫码看视频｜领略哈尔滨治愈系
"雪国列车"风景线

哈尔滨火爆"出圈"的东北振兴启示

哈尔滨的"走红"得益于把握文旅消费复苏的机遇，乘势而上、补齐短板，积极回应市场变化和游客需求，不断提升游客满意度和体验感，从而获得"滚雪球"式的曝光度和关注度。

东北地区抢抓机遇，充分发挥比较优势，明确目标定位，革新发展观念，变价格洼地为"价值高地"，走出一条高质量发展、可持续振兴的新路。

冰雪大世界开园首日不到 3 个小时，迎来 4 万名游客；中央大街人潮涌动，冻梨切块、冻梨咖啡、冻梨"开花"带来惊喜连连；铁锅炖需要提前预约，文创冰箱贴"一贴难求"……开年以来，以"冰城"著称的哈尔滨市成为 2024 年首个文旅"顶流"城市。

抢抓冰雪旅游高质量发展重要机遇期，丰富旅游产品，提升公共服务，做强营销推广，让这个地处边疆的东北城市走到聚光灯下，赢得网民和游客认可。

网友评论说，哈尔滨接住了"泼天的富贵"，为"开门红"打了个样儿。哈尔滨的火爆"出圈"是怎么来的？给当下的东北振兴带来哪些启示？

冰雪旅游成"顶流" 游客量创历史新高

人造月亮、飞马踏冰、冻梨变刺身、豆腐脑放糖、吃地瓜配勺、热气球在松花江起飞……隆冬伊始，各大社交媒体平台上与哈尔滨相关的热搜频出。

从哈尔滨到"尔滨",再到"滨",网友对哈尔滨的称呼叫得越来越亲切。"尔滨你让我感到陌生""掏心掏肺掏家底,一天一个新花样""再掏只剩下滨了""想去哈尔滨的心情达到了顶峰"等一系列热评和热梗,传递着网民对哈尔滨冰雪游的向往和喜爱。

《瞭望》新闻周刊记者在哈尔滨多个热门景区实地走访了解到,今冬冰雪旅游市场需求井喷,热度远超往年。第 25 届哈尔滨冰雪大世界晶莹剔透、流光溢彩,创下历年来最大规模,想要拍照都得排队;第 36 届太阳岛雪博会雪雕林立,造型各异,令南方各地游客流连忘返;在极地公园,不少家长带着孩子和"淘"学企鹅亲密互动;各大早市、菜市场、洗浴场所人头攒动,铁锅炖、锅包肉、俄餐、马迭尔冰棍等特色美食也出现排队等位、购买的现象。

游客人数呈井喷态势,带动住宿、餐饮、交通等行业迅速升温。50 岁的出租车司机王君说,每年冬天游客都不少,但 2024 年特别多,一天得拉十几单外地游客。哈尔滨老厨家餐饮总经理张春雷介绍,一天一家店得接待 1500

2024 年 1 月 1 日,游客在哈尔滨太阳岛雪博会园区游玩。(新华社记者王建威摄)

多名客人，切六七百个冻梨。哈尔滨伏尔加庄园拥有 400 多间客房，近期一天入住超过 300 间，比 2019 年同期增长 30%。

中国旅游研究院 1 月 5 日发布的"2024 年冰雪旅游十佳城市"中，哈尔滨位列榜首。据哈尔滨市文旅局测算，元旦期间，全市累计接待游客 304.79 万人次，同比增长 441.4%；实现旅游总收入 59.14 亿元，同比增长 791.92%。游客接待量与旅游总收入达到历史峰值。其中，冰雪大世界到访 16.32 万人次，同比增长 435%，旅游收入 4618 万元；亚布力度假区到访 3.58 万人次，同比增长 540%，旅游收入 1794 万元。

元旦期间，哈尔滨市餐饮堂食同比增长 225.7%，酒店住宿同比增长 512.9%，旅游消费同比增长 344.6%，文娱休闲消费同比增长 297.5%……来自美团的数据同样显示，冰雪游带动下，消费正在全面复苏。

哈尔滨火"出圈"，由此引发的"南北喊话""花式互动"，进一步推动城市间的文化交流与互动。来自广西南宁的 11 名小朋友的研学之旅被哈尔滨"花式宠爱"，包括观看火箭、逛哈工大、体验冰雕，"小砂糖橘"吸引网民"追更"。广西方面为表达感谢寄来砂糖橘，黑龙江则回赠送蔓越莓，网友为"双向奔赴"叫好。沈阳、延边、齐齐哈尔等多地文旅局长隔空"喊话"，竞相推介各自独特文旅资源，掀起又一波热潮。

"滚雪球"式的关注并非偶然

哈尔滨每年雪季长达 180 天，"冰雪游"并非新事，为何今年火了？

业内人士分析指出，哈尔滨的"走红"得益于把握文旅消费复苏的机遇，乘势而上、补齐短板，积极回应市场变化和游客需求，不断提升游客满意度和体验感，从而获得"滚雪球"式的曝光度和关注度。

来自新浪微博的时间线提示，此次哈尔滨"出圈"起于"退票风波"。2023 年 12 月 18 日冰雪大世界开园首日，大滑梯、摩天轮、冰秀等热门项目难以满足游客需求，有游客因在寒冬中排队时间过长齐喊"退票"，一时间现场混乱不堪。哈尔滨市相关工作人员立即前往现场道歉、退票，并着手优化细化园区各项管理。

从一封面向游客的道歉信，到扎实有效的处理举措；从引导现场排队，到增加人力疏导；从延长营业时间，到丰富体验活动……一系列应对措施让人感到"厚道"，为哈尔滨赢得认同与好感。

2023年9月，哈尔滨文旅部门就开始策划推出颇具"网感"的宣传片，一时间"我姓哈，喝阿哈，五湖四海谁都夸"成为流行语。随后，"欢迎来北境""霍格沃茨哈尔滨分校"等符合年轻人喜好的短视频密集发布，为冬季旅游积累人气。

针对12345民生热线等接收的涉旅投诉舆情，哈尔滨市强化"接诉即办"，并不断加强负面舆情监测与收集。针对媒体报道的"跨年夜酒店集体涨价"线索，立即对涉及酒店进行调查，及时公布处理情况；针对涉各类"黑旅行团"信息，严查涉事旅行社和从业人员，维护市场秩序和游客权益。

"快速响应、妥善治理，离不开省、市各级高位推动，建立一整套机制保障，形成发展合力。"哈尔滨市文化广电和旅游局局长王洪新说。连日来，黑龙江省、哈尔滨市各级领导干部高度重视旅游市场动态，并采取"四不两直"方式暗访相关景区，召集现场会议研究部署相关工作。

记者采访了解到，早在冰雪季来临前，哈尔滨市就已组建冰雪季服务保障专班，文旅、公安、交通运输、市场监管、城管、应急等各部门联合制定相关应急预案，保障旅游市场秩序。通过发布规范经营者价格行为行政指导书、宾馆酒店业诚信经营倡议书、召开民宿管理座谈会、组织冬季旅游执法督导等方式，对重点景区、旅行社、宾馆等涉旅重要场所强化约束。

登上"热搜"既是压力，更是动力。面对突来的流量，如何接得住、用得好是不小的挑战，不仅需要官方努力，还需要民间发力。

2023年12月25日，哈尔滨发布致全市人民的一封信，发出"人人都是城市温度传递者"的倡议，进一步彰显"礼迎天下客，冰雪暖世界"的敦厚与担当，让"遇见冰雪遇见暖""不负美景不负情"变成全城热爱、自觉行动。

"哈尔滨的走红并非偶然，而是厚积薄发，已经为这波爆火做足了准备。"黑龙江省文化和旅游厅厅长何晶说，近年来，有丰富冰雪文化的哈尔滨，持续打造了一大批兼具民俗风情和文化特色的冰雪旅游场景，并不断丰富新业态，提高游客体验性、参与性，生动演绎"冰天雪地就是金山银山"，着力将"冷资源"变成"热经济"。

备受欢迎的"网红大雪人"按时回归；怕大家在室外寒冷，广场建起"温暖驿站"，志愿者自发免费送热茶为游客驱寒；一向以"分量大"著称的东北菜推出小份，连冻草莓都按个卖……

聚光灯下，政府部门、文旅企业、商家店主和普通市民"总动员"，以热情、善良、周到、细致的服务交上一份份热乎的"东北人式"答卷，网络好评接连袭来，再度为哈尔滨圈粉无数。

有评论称，这波持续多日的流量，是对哈尔滨全市上下齐心协力、以人为本精细服务、头脑风暴推陈出新、豪迈热情真诚待客的最好回报。

汲取"出圈"经验为东北振兴"加油"

2023 年是东北振兴战略实施 20 周年，推动东北振兴是党中央作出的重大战略决策。东北资源条件较好，产业基础比较雄厚，区位优势独特，发展潜力巨大。

哈尔滨的"走红"令基层干群和广大网民感到振奋，新时代新征程推动东北全面振兴，面临新的重大机遇，哈尔滨的"突围"为各界树立了坚定信心，起到了示范效应，并带来诸多启示。

中国旅游研究院发布的《哈尔滨冰雪旅游发展报告（2024）》指出，哈尔滨通过改造冰雪"老字号"、培育冰雪"新字号"，对外提前谋划、布局文旅IP 孵化，增加冰雪城市的影响力，对内加强产品和服务效能，提高冰雪旅游的接待能力。

"哈尔滨的'火出圈'关键在于传递了一个品质、温情和善意的城市形象。"在中国旅游研究院院长戴斌看来，包括推出免费"地铁摆渡票"、连夜更换公交站牌、给地下通道铺地毯等在内的举措，是城市与游客、市民的同频共振和良性互动。这说明，进一步改进工作作风、了解社情民意，破解发展难题、办好民生实事，能够有效提升东北地区民生福祉，留住并吸引更多优秀人才，不断增强城市发展后劲。

"解放思想、提振信心，主动服务和融入新发展格局，是东北振兴发展面临的重要课题。"中国人民大学国家发展与战略研究院研究员王水雄说，我国幅员辽阔带来了多样文化，公众对于文旅消费需求旺盛。东北地区抢抓机遇期，充分发挥比较优势，明确目标定位，革新发展观念，变价格洼地为"价值高地"，走出一条高质量发展、可持续振兴的新路。

从"网红"变"长红"、把"流量"换"留量"，不能停留于"做一锤子买卖"，要真正脚踏实地、稳扎稳打。东北农业大学公共管理与法学院讲师张娜认为，进一步扩大冰雪旅游创新投入，实施冰雪旅游创新驱动战略，夯实冰雪旅游基础，创新冰雪旅游品牌，是推动冰雪游高质量发展的当务之急。

"持续优化营商环境，才能把软实力转化成生产力。"哈尔滨伏尔加庄园文化旅游有限公司总经理韦敏芳认为，推进规范化、标准化建设，是文旅市场提档升级的必经之路。地方政府、经营主体和普通市民都要坚持尊重规则、公平交易、诚信经营，珍惜来之不易的发展成果"再上层楼"。从根本上来说，要努力提升基层治理体系和治理能力现代化水平，这也是未来东北地区仍需努力之所在。

（新华社记者杨思琪、刘赫垚、徐凯鑫）

扫码看视频｜何以热"雪"沸腾！透过
"尔滨"火爆出圈的硬实力与软技巧

今冬"顶流"何以"尔滨"

这个冬天，哈尔滨"火了"。天南海北的游客涌入"冰城"，欣赏北国风光，体验冰雪乐趣，感受冰雪文化。哈尔滨更是以饱满的热情和周到的服务，一次次在互联网火出圈。"'尔滨'，你还有多少惊喜是我不知道的？""讨好型'市格'"……关于哈尔滨文旅市场的热梗，这段时间被网友津津乐道。

数据显示，元旦期间，哈尔滨累计接待游客304.79万人次，实现旅游总收入59.14亿元，游客接待量和旅游总收入全面赶超2019年，达到历史峰值。相关人士预测，随着寒假、春节假期等时间节点到来，哈尔滨将迎来新的客流高峰。

氛围浓郁　吸引游客组团打卡

近日，来自广西的11位小朋友组团来到哈尔滨游玩，因为身穿橘色外套，广西又盛产砂糖橘，萌娃被网友亲切地称作"小砂糖橘"。他们在哈尔滨"打卡"了哈尔滨冰雪大世界、哈尔滨极地馆等地，所到之处受到热情欢迎和照顾，网友通过网络直播平台开启"云看娃"模式。

哈尔滨的魅力有多大？来自携程平台的数据显示，2023全国冰雪旅游热门城市TOP10中，哈尔滨居首位。"什么？你要去哈尔滨了！"眼下，如果身边哪位朋友要去哈尔滨旅游，那他一定会收获众人羡慕的目光。

在哈尔滨火车站、机场等地，目之所及的都是穿着浅色羽绒服，戴着可

2024 年 1 月 6 日，在哈尔滨极地公园，"小砂糖橘"与企鹅进行互动。（新华社记者张涛摄）

爱造型棉帽子的南方"小土豆"。他们"全副武装"、热情满满，迫不及待地探索这座城市。"一直在网上刷到关于哈尔滨的各种视频，心里早就'长草'了！红专街早市、冰雪大世界、中央大街，我都要去'打卡'。"广东游客吴郡楠对哈尔滨之行充满期待。

在热度颇高的红专街早市，拥挤的人潮充斥着并不宽阔的街道，叫卖声此起彼伏，空气中弥漫着食物诱人的香气，冻梨、冻柿子等冻货直接摆在室外卖，令很多外地游客感到新奇。在这里，人们一路"逛吃"，体验这份东北专属的"人间烟火气"。

漫步伏尔加庄园和索菲亚广场，欧式建筑与冰雪元素相得益彰，游客盛装打扮，在旅拍摄影师指导下，留下与这座城市的合影。有人因此戏称：哈尔滨的冬天，三步一个"公主"，五步一个"女王"。

在道里区音乐主题广场，约 18 米高、用雪量约 2000 立方米的网红大雪人吸引众多游客前来参观。大雪人头戴红帽子，扎着红围巾，笑盈盈地和人们"问好"，十分可爱。这几年，哈尔滨"限时版"网红大雪人备受关注，成为哈尔滨一张特色"冰雪名片"。

来哈尔滨怎么能不品尝当地特色美食？每到晚上，香坊区一家烧烤店内就高朋满座，服务员端着餐盘忙碌地为客人上菜，大油边、涮毛肚……烧烤的香气让人垂涎欲滴。"这几个星期，店里生意明显更红火了，每天能接待1000人次左右，半夜客人还很多。"烧烤店经营者孙秋丽说。

夜幕降临，中央大街彩灯通明，人头攒动，热闹非凡。游客观赏美丽典雅的欧式建筑，欣赏中外艺人的乐器表演，品尝正宗俄式风味西餐。记者采访了解到，中央大街以冰雪展示、冰雪文化、冰雪消费为主线，陆续推出中央大街冰雪艺术节、冰雪主题快闪中心、"冬日老街、创意小景"展示、冰雪时尚秀场等主题活动，为"百年老街"增添冬日新活力。

玩法新鲜　高效连接"吃住行游"

近日，第40届中国·哈尔滨国际冰雪节暨法中文化旅游年在哈尔滨冰雪大世界开幕，为哈尔滨文旅市场再添"一把火"。

据介绍，本届冰雪节以"激情迎亚冬·冰雪暖世界"为主题，布局相约在冰城、冰雪共欢歌、龙年合家欢、春雪迎春晖"四大篇章"，构建冰雪节庆、冰雪文化、冰雪艺术、冰雪体育、冰雪经贸、冰雪时尚、群众冰雪"七大板块"，推出百余项特色冰雪活动，促进冰雪运动、冰雪文化、冰雪装备、冰雪旅游全产业链发展，推动黑龙江特色文化旅游高质量发展。

夜晚的哈尔滨冰雪大世界仿佛"琉璃仙境"，绚丽多彩、惊艳夺目。游客徜徉在各种壮观的冰建筑之间游玩、拍照，体验刺激的超长冰滑梯和浪漫的雪花摩天轮，欢笑声此起彼伏。"震撼两个字根本不足以形容！"湖南游客孙殿感叹道。

哈尔滨冰雪大世界股份有限公司党委书记、董事长郭宏伟介绍，第二十五届哈尔滨冰雪大世界园区总体规划面积81万平方米，为历届规模最大，用 25 万立方米的冰和雪打造千余个冰雪景观。

与此同时，阔别已久的"哈冰秀"回归，来自美国、白俄罗斯、英国等 12 个国家的 50 位演员为观众带来精彩绝伦的视听盛宴。在室内剧场，演员们身着华服，轮番上演冰上杂技、歌舞等节目，在灯光和舞美的完美配合下，台下观众喝彩不断、掌声阵阵。

为期 4 天的第 26 届中国·哈尔滨国际雪雕比赛也于日前在哈尔滨太阳岛雪博会举行。来自俄罗斯、加拿大、西班牙、韩国、印度、蒙古等 12 个国家的 29 支代表队参赛，百余位雪雕艺术家献艺比拼。寒风之中，雪雕造梦人飞舞雪铲，为园区换上冬日盛装。

据悉，第 36 届太阳岛雪博会园区规划面积 100 万平方米，建设雪雕 232 处，总用雪量 15 万立方米，是雪雕数量最多的一届雪博会。"雪博会和冰雪大世界呈现出的是不一样的美，洁白精美的雪雕让我收获内心的愉悦和平静。"江苏游客强慈珍说。

在亚布力滑雪旅游度假区，游客尽享滑雪运动乐趣。作为国际知名的黑龙江冰雪品牌，亚布力是中国竞技滑雪运动的摇篮和大众滑雪旅游的肇兴地，被誉为中国"雪之门"。

数据显示，元旦假日期间，亚布力滑雪旅游度假区接待游客 3.58 万人次，同比增长 540%，收入 1794 万元，同比增长 680%。

"2023 年，哈尔滨成功申办第九届亚冬会，冬季运动氛围更足，冰雪经济潜力更大，产业融合前景更广。"哈尔滨市文化广电和旅游局副局长李韧介绍，新冰雪季，哈尔滨精心准备旅游产品，陆续开展采冰节、冰雪节、冰雪旅游论坛、冰雪美食节等系列活动。

同时，非遗展、泼雪节、少数民族歌舞互动等系列非遗活动将陆续在哈尔滨轮番上演，营造民俗文化氛围浓郁、旅游市场热闹非凡、"吃住行游购娱"全产业联动、冰雪经济全要素集聚的冬季文化氛围。

记者从哈尔滨市文化广电和旅游局获悉，为满足国内外游客的旅游需求，各大航空公司增加了运力，冬航季哈尔滨机场国内航线 186 条，净增航线 11

条。全市实施文旅服务质量提升工程，发展多样化、优质化的旅游产品和服务，让游客在哈尔滨吃得放心、住得舒心、行得安心、游得开心、购得称心。

花式"宠客"促进南北良性互动

哈尔滨冰雪季第一次被推到流量高峰，源于一场"退票事件"。2023年12月18日，为尽早满足游客游玩需要，哈尔滨冰雪大世界提前开园。当日，进园人数便达4万人次，景区当天下午宣布停售当日门票。部分游客没有体验到大滑梯等娱乐项目，景区予以退票处理，并于次日公布具体优化措施，尽力满足游客体验需求。

景区的暖心处理方式，赢得大量网友点赞，也让更多游客坚定了来哈尔滨游玩的信心。之后，哈尔滨仿佛打开了"任督二脉"，持续推出优质旅游产品，提供热情周到的服务，城市好感度倍增，成为互联网现场级"顶流"。

喜欢在索菲亚广场拍照？哈尔滨：再安排一个人造月亮，拍起来更出片！

冻梨不会吃咋整？哈尔滨：没关系，给你切成果盘。

在室外逛得太冷怎么办？哈尔滨：游客温暖驿站建起来，不能让"马铃薯公主"冻着。

还有松花江上方的热气球、长了"翅膀"的飞马、加了糖的豆腐脑、烤地瓜配的勺……为了让游客体会到宾至如归的感觉，"尔滨"秀出一波又一波新操作，把本地人都看呆了。网友纷纷调侃道："这还是我认识的哈尔滨吗？简直是'独在家乡为异客！'"

实际上，哈尔滨这波流量虽然来得突然，但绝不是偶然。1963年第一届哈尔滨冰灯游园会，1985年第一届哈尔滨冰雪节，1999年第一届哈尔滨冰雪大世界，哈尔滨的冰雪文化沉淀数十年，冰雪基因已经融入这座城市的各个角落。

在这个冰雪旅游季正式到来之前，黑龙江省文旅厅携各地文旅局相关人员、文旅推荐官、企业代表等，在全国多个省份进行"路演"宣传，向全国人民推介黑龙江优质冰雪旅游资源、产品和线路。

黑龙江省文化和旅游厅厅长何晶表示，当地利用新媒体平台，邀请文旅头部博主，多角度、多维度宣传黑龙江。同时，招募文旅体验官，着重收集游客意见和建议，及时改进不足，持续丰富服务和产品。

"人永远都是最美丽的风景。城市有温情，市民有善意，游客就可毫无违和感地丝滑融入。"中国旅游研究院院长戴斌表示，哈尔滨为远道而来的游客释放出更多的善意、温暖和品质。

遇见冰雪遇见暖，不负美景不负情。为感谢东北"老铁"对勇闯哈尔滨的"小砂糖橘"们的细心照顾和关爱，广西组织南宁、桂林、柳州等地的多批砂糖橘送往东北，黑龙江"回抱"广西的第一批蔓越莓也迅速运往广西南宁。冰雪游成就了这份特殊的缘分，促进了南北地区的良性互动。

点燃冰雪季，礼迎天下宾。这个冬天，哈尔滨以最大的诚意拥抱八方来客，"小土豆"和"大冻梨"的双向奔赴正在温暖上演。

（新华社记者刘赫垚）

扫码看视频｜哈尔滨可爱企鹅受游客欢迎　　扫码看视频｜哈尔滨：中央大街上演民族文化秀

从"五大安全"看新时代龙江振兴

　　黑龙江是我国重要的工业和农业基地，维护国家国防安全、粮食安全、生态安全、能源安全、产业安全的战略地位十分重要。多年来，黑龙江筑牢国家"五大安全"基石，抢抓发展机遇，释放全面振兴全方位振兴新动能。

　　作为边疆大省，黑龙江拥有 2981 公里的漫长边境线和我国最北、最东点，在持续强边固防、加强基础设施建设、推进兴边富民行动中，全力守好国门。

　　2022 年，黑龙江开展"组团式援边行动"，黑龙江省委组织部选派 300 多名优秀干部人才到全省 18 个边境县（市、区）工作，加强边境地区干部和人才力量，助推当地教育、医疗、产业发展。

　　漠河市援边工作队领队、漠河市副市长张平伟介绍，漠河市援边工作队努力推进北极村景区基础设施提升工程等项目，因地制宜指导乡村旅游发展，推动北极镇入选全国乡村旅游重点镇。

　　如今黑龙江省边境地区的教育、医疗、养老等基本公共服务主要指标达到全省平均水平。

　　受台风等影响，2023 年 8 月，黑龙江局部地区遭遇洪涝灾害。面对灾情，全省各地通过良种、良法、良技相结合的方式，努力提升作物单产，提高粮食综合生产能力，将受灾地区的粮食损失补回来。

　　近日，在黑龙江省牡丹江穆棱市秋粮收获现场，大型农机在田间往来穿梭，机器轰鸣声不绝于耳。穆棱市农业技术推广中心副主任李宜江介绍，穆

2024 年 1 月 10 日，在漠河市北极村，游客乘坐马拉爬犁。（新华社记者张涛摄）

棱市通过推广更为科学的抗旱耐涝种植技术和抗倒伏品种，全力克服洪涝灾害对农业生产的不利影响。

"今年大豆又迎来了大丰收！"看着丰满的豆荚，黑龙江省虎林市太平村村民耿双双满面笑容地说。为响应国家鼓励扩种大豆的号召，今年虎林市通过"讲政策、精技术、提潜力"调动农民种植大豆积极性，共播种大豆 74.18 万亩，入选全国大豆单产提升整建制推进县。

兴安莽莽，黑水汤汤。东北森林面积、湿地面积、自然保护区占比均居全国前列，是我国北方的生态安全屏障。视线移到地处小兴安岭的"中国林都"伊春，这里拥有亚洲面积最大、保存最完整的红松原始林。

56 岁的党向民是伊春森工乌马河林业局有限责任公司乌马河林场分公司的一名职工。随着全面停止天然林商业性采伐，他从伐木工变成了一名瞭望员。每到防火期，他每天都会爬上 22 米高的瞭望塔值守。"以前伐木是为国家作贡献，如今护林更是为国家作贡献。"党向民说。

能源安全是关系经济社会发展的全局性、战略性问题。2003年至今，大庆油田年产油气当量始终保持在4000万吨以上，是我国陆上最大油田，发挥着国家能源安全"顶梁柱"的作用。

大庆油田坚持高水平科技自立自强。油田首席技术专家伍晓林带队攻关，历经5600多次试验，实现三次采油技术重大突破，大庆油田采收率在二次采油技术基础上提高14至20个百分点。如今，更前沿的四次采油技术在大庆油田实现地质认识、驱油机理等多方面突破。

目前，大庆油田建成全球规模较大的三次采油生产基地，创造了领先世界的陆相砂岩油田开发技术，正在努力建设百年油田。

作为传统老工业基地，黑龙江把转方式调结构作为振兴发展的重中之重，

这是2023年7月17日拍摄的伊春林区景色。（新华社记者刘赫垚摄）

强化稳增长政策措施，提振市场信心，推动经济高质量发展，重点产业呈现良好发展态势。

工大卫星 5G 通信试验卫星研制并成功发射入轨，商业卫星覆盖国内 20% 的市场份额；雷达、半导体材料、激光通信、传感器等达到国内一流水平……黑龙江省工信厅副厅长王毅表示，黑龙江致力于将资源优势、生态优势、科研优势、产业优势、区位优势转化为产业振兴发展的新动能。

未来，黑龙江省将努力扛起维护国家"五大安全"的政治责任，朝着高质量发展、可持续振兴的方向奋力前行。

（新华社记者李建平、强勇、刘赫垚）

黑龙江：写好产业振兴"三篇大文章"

黑龙江正努力写好写实改造升级"老字号"、深度开发"原字号"、培育壮大"新字号"三篇大文章，一首无中生有、有中生优的"老与新的变奏曲"在黑土地上奏响。

绥化地处"黄金玉米带"，玉米年产量稳定在 1000 万吨左右。从玉米到酒精、淀粉、葡萄糖、氨基酸、维生素等产品，当地走出一条把玉米"吃干榨净"的原材料精深加工之路。

老工业基地的价值在"老"，出路在"新"。近年来，黑龙江聚焦高端装备制造、生物医药、战略性新兴产业等领域，加快培育"专精特新"中小企业，推动新兴产业从"盆景"向"风景"蜕变。

"大国重器"生产车间里，机器轰鸣透出老企业焕发的新活力；充满生机的黑土地上，一产接"二"连"三"激发新动能；产业园区内，专精特新、高新技术企业竞相涌现……如今，黑龙江高质量发展的"马达"动力十足。

党的二十大报告提出，推动东北全面振兴取得新突破。作为老工业基地和农业大省，黑龙江加快构建现代化产业体系，坚持以结构调整促进产业升级、推进动能转换，以产业振兴带动实体经济振兴、推动全面振兴，奋力走出老工业基地创新发展新路子。

如今，黑龙江正努力写好写实改造升级"老字号"、深度开发"原字号"、培育壮大"新字号"三篇大文章，一首无中生有、有中生优的"老与新的变奏曲"在黑土地上奏响。

"老字号"智能化转型走新路

"老"树发"新"枝。黑龙江用新理念、新机制、新技术让老企业焕发新活力，促进装备制造、能源、食品等传统产业向中高端迈进。

当电站主机设备在工作，另一个数字模拟设备同步运行，两者参数出现偏差时，模拟设备会预警，发现实体设备可能存在的问题。当前，这个名为"电站设备数字孪生课题"的重要科研项目在哈尔滨电气集团有限公司全面开展，将为客户提供智能制造、远程运维、全生命周期管理的系统服务。哈尔滨电气集团有限公司创新与数字化部总经理车东光说，"十四五"期间，哈电将投资10亿元建设"数字哈电"。

在百威哈尔滨啤酒有限公司中央控制室，数米高的大屏幕显示着啤酒生产、能耗、包装等全过程运行参数，实时跟踪设备状态，进行数据分析和远程操作，啤酒酿造几乎都由自动化生产线完成。"付出的体力劳动越来越少，脑力劳动越来越多了。"公司总经理张灵斌说，公司正加快打造"黑灯工厂"。

近年来，黑龙江发挥中国一重、哈电、哈飞等企业对国家战略力量、战略安全的重要支撑作用，坚持扩量调结构、创新促升级，提升制造业核心竞争力。持续加大技术改造力度，通过设备换新、生产换线、机器换人等方式，推动制造业提档升级。2023年上半年，黑龙江工业技术改造投资增势良好，同比增长达27.0%。

"老字号"赋能增效既离不开新技术加持，更需要新理念、新机制支撑。

"原来每月赚两三千元，现在六七千元。"早上8点，距上班时间还有半小时，哈尔滨变压器有限责任公司装配车间排铁组长柴东旭已经换好工装，走上岗位。

国有企业劳动、人事、分配三项制度改革，能够调动广大干部职工干事

2023 年 4 月 28 日，工作人员在哈电集团哈尔滨汽轮机厂有限责任公司车间内进行设备组装（新华社记者张涛摄）

创业的积极性、主动性，是国有企业能够持续释放创新活力的关键。这项改革让这家一度陷入经营困境的老国企"逆袭"，成为目前国内变压器行业的重点骨干企业，也让员工的精气神发生变化。公司装配车间主任芦峰说，原来一些急活、重活很难派出去。现在大家主动"要活"，偶尔有人请假，也会加班加点补回来。

用市场倒逼生产，是老工业基地企业"逆生长"的必由之路。黑龙江一众"老字号"企业加快从传统生产制造向智能制造转型，全面推进市场化改革的道路越走越宽，体制机制不断理顺，进一步筑牢全省工业经济的"四梁八柱"。

"原字号"开启精深加工之路

"没有一粒玉米可以完整地离开绥化。"在黑龙江省绥化市，这并不是一句玩笑话。

在位于绥化的黑龙江新和成生物科技有限公司生物发酵产业园二期，生物技术被广泛应用到玉米深加工领域。绥化经济技术开发区管委会办公室主任于凯宁说，产业园年加工玉米能力超过200万吨，辅酶Q10等保健食品的产出有效拉长了产业链条。

绥化地处"黄金玉米带"，玉米年产量稳定在1000万吨左右。从玉米到酒精、淀粉、葡萄糖、氨基酸、维生素等产品，当地走出一条把玉米"吃干榨净"的原材料精深加工之路。

产业链短、附加值低，曾是羁绊黑龙江"原字号"企业发展的拦路石。依托资源富集优势，黑龙江推动产业链条向下游延伸，抓实"油头化尾、煤头电尾、煤头化尾、粮头食尾、农头工尾"，深度开发"原字号"，把优势潜力释放出来、把内生动力激发出来。

近年来，黑龙江出台了《黑龙江省支持农产品精深加工业高质量发展政策措施》《黑龙江省加快推进农产品加工业高质量发展三年行动计划（2023—2025年）》等文件，推动农产品加工业发展。目前全省规上农产品加工企业发展到1929家，加工能力超过1亿吨，农产品加工业已成为拉动经济增长的重要产业。

煤城转型怎么转？"不能简单去'煤'化，要坚持推动传统产业转型升级，延伸壮大产业链条。"鹤岗市委书记李洪国开门见山回答记者的问题。

在煤城鹤岗，通过稳煤头、强化尾，构建起煤转电、煤制肥、煤制焦、煤制气、煤基多联产等5条主要产业链。中海石油华鹤煤化有限公司是东北重要的尿素生产基地，年产60万吨大颗粒尿素。公司党委副书记万辉说，不做好资源深加工，就难以把资源优势转变成经济优势。

在油城大庆，市委市政府成立"油头化尾"产业工作领导小组和26个单位成员组成的推进工作专班，推动"油头化尾"产业规模不断壮大。目前，大庆拥有规模以上石化生产企业78家，其中百亿元以上企业2家、超亿元企业28家。

在林城伊春，林区人在停伐后积极拓展林下资源空间，松子、黑木耳等

2023 年 2 月 17 日，在中建材佳星玻璃（黑龙江）有限公司车间内，智能生产线上的机械臂在作业。（新华社记者王建威摄）

产业由小作坊生产向工厂化、集约化、现代化跨越。

培育新兴产业壮大"新字号"

抢抓新一轮科技革命和产业变革新机遇，黑龙江根据资源禀赋谋定发展目标，主动服务和融入构建新发展格局，大力发展数字经济、生物经济、冰雪经济和创意设计等新兴产业，加快推进产业转型、动能转换、增长方式转变。

黑龙江把数字经济作为全省发展的"一号工程"，出台了《黑龙江省"十四五"数字经济发展规划》等多项政策，积极布局数字经济新赛道。

2022 年以来，黑龙江举办了全国工商联主席高端峰会、2022 世界 5G 大会等多项重要活动，与华为、百度、京东、腾讯、中兴等一批数字经济头部企业开展战略合作，签约总额超过 6000 亿元，新动能加速集聚。

在 2023 年 6 月举行的第三十二届哈尔滨国际经济贸易洽谈会上，哈尔滨爱威尔科技有限公司展位前人头攒动，参会者戴着 VR 眼镜，沉浸式体验工厂生产全过程。公司副总经理马宏宁介绍，爱威尔专注于虚拟现实、增强现实和元宇宙技术研发，近 4 年公司业绩累计增长幅度超过 700%，已为国内350 多家企事业单位提供虚拟现实产品和服务。

　　黑龙江科技教育资源富集，哈尔滨工业大学等 78 所高等院校、226 个科研院所为培育壮大"新字号"提供了资源优势。年初，哈尔滨工业大学联合有关部门、重点企业，成立"数字经济产业联盟"，将为"数字龙江"建设提供产学研用全方位解决方案。

　　老工业基地的价值在"老"，出路在"新"。近年来，黑龙江通过优化政策、融资、人才、信息服务等供给，聚焦高端装备制造、生物医药、战略性新兴产业等领域，加快培育"专精特新"中小企业，推动新兴产业从"盆景"向"风景"蜕变。

　　大庆思特传媒科技有限公司"90 后"工程师李庆欣，正在电脑前专注于"动感跑酷"互动类游戏的调试。这家专精特新中小企业，从事互动多媒体产品创意设计、人机智能交互等前沿技术研发，公司产品已出口 60 多个国家和地区。

　　目前，黑龙江共培育专精特新企业 864 家，这些行业佼佼者成为黑龙江迈向高质量发展的生力军。全省高新技术企业数量从 2015 年 693 家增至 2022 年 3605 家，2022 年黑龙江积极培育高新技术企业的典型经验做法获国务院第九次大督查通报表扬。

　　善谋者行远，实干者乃成。广袤的黑土地上，一批"老字号""原字号"不断迸发新活力，"新字号"快速成长，一幅攻坚结构短板、迈向高质量发展，推动全面振兴、全方位振兴的多彩画卷正徐徐铺展开来。

（新华社记者刘伟、王春雨、强勇）

扫码看视频｜黑龙江克东：
中草药花开产业兴

扫码看视频｜黑龙江穆棱：
小煎饼摊出大产业

中国东北边陲城市加快向北开放步伐

大列巴、伏特加、紫皮糖……走进黑龙江省黑河市的大黑河岛国际商贸城一楼，琳琅满目的进口商品整齐摆放在货架上，前来购物的游客熙熙攘攘。商场外，不少工作人员忙着打包快递，准备将商品派发到全国各地消费者手中。

位于中国东北边陲的黑河市处在东北亚区域的中心地带，是中国向北开放的前沿。

2019年中国（黑龙江）自由贸易试验区黑河片区挂牌成立，在自贸区辐射带动下，以跨境电商为代表的新兴业态在此顺势发展，为中国对外开放注入动力。

走进黑河市的跨境电商直播基地，一名主播正在通过电商直播平台售卖进口食品，她身后的一排排货架上，摆着各种进口商品。

中国（黑龙江）自由贸易试验区黑河片区对外贸易与合作中心主任战予诚介绍，黑河自贸片区利用国内外设立的跨境电商海外仓、边境仓、中继仓、前置仓，通过数据集成、货物集运，实现"多仓联动"，运输时间缩短、物流成本降低、货物快速运达，有效提高了跨境运输效率。

数据显示，2023年一季度黑河跨境电商产业园完成交易额2.6亿元，同比增长63.52%。

中国（黑龙江）自由贸易试验区黑河片区一角（无人机照片）。（新华社记者张涛摄）

近年来黑河市不断完善的跨境基础设施建设，也为区域经济发展带来全新动能。从黑河市区驱车前往黑河公路口岸，在路旁可以看到多个停放等待出口的自走机械停车场，内停有数百辆工程车。黑河市口岸办二级调研员张大庆介绍说，自黑河公路口岸 2022 年 6 月投用以来，出口的自走机械数量不断攀升。

为加快外贸发展，黑河市有关部门协助出口自走机械的企业对接境外经销商。黑河市利源达集团相关负责人说，过去单一水路运输，受季节影响严重，出口的自走机械要多次倒运换装，如今货物经过公路口岸直接出境，运输效率有效提升。

中国（黑龙江）自由贸易试验区黑河片区行政审批局局长张红介绍，黑河自贸片区不断优化服务举措，为无法来到黑河自贸片区登记注册的企业提供"全程网上办"服务，从 2022 年 4 月到现在已为 8 家外资企业完成了跨境审批，通过一站式集中受理模式，企业开办时间可缩短至半天左右。

黑河市宝康中草药材科技有限公司是一家进口中药材和加工中药饮片的企业，企业从筹建到投产，仅用时 3 个月。"如今跨境运输更方便，政府也提

在中国（黑龙江）自由贸易试验区黑河片区，黑河跨境电商园区智能仓储物流中心的工人在搬运货物。（新华社记者谢剑飞摄）

供了很多优惠政策，利于企业发展。"公司总经理徐凤玲说。

黑河市商务局副局长王秀波介绍，2023 年 1 至 4 月，黑河市对外贸易进出口总值完成 66.76 亿元，同比增长 54.7%。

中国（黑龙江）自由贸易试验区黑河片区党工委副书记、纪工委书记宋岩表示，黑河自贸片区互市贸易产业园项目等已建设完毕，随着跨境基础设施不断完善，黑河还将充分发挥区位、通道和政策优势，持续深化对外经贸合作，加快向北深层次开放步伐。

（新华社哈尔滨 2023 年 6 月 11 日电　新华社记者熊言豪、王君宝、刘昊东）

扫码看视频｜黑龙江黑河：边陲小镇的"消费国际范"

松花江畔的"高质量赶超"

—— 百年哈尔滨奋力闯新路、开新局

6 月的松花江畔，草木蔓发、暖意融融。从工厂车间到田间地头，从产业园区到建设一线，锚定高质量发展目标，哈尔滨推动老工业基地转型加速跑，松花江畔涌动着澎湃新活力。

创新赋能 产业的转型之翼

走进哈电集团汽轮机公司叶片分厂，一处作业单元格外显眼：一只机械臂从物料暂存区抓取 150 毫米汽道长度的叶片毛坯，精准放置到数控机床中，机床便运转起来。"以前靠工人手动上下料，三四十分钟就要操作一次，现在这套自动化设备只要六七个小时看一次就行。"车间工人赵子彬说。

公司工艺部副经理柳康介绍，这是 2023 年 3 月 1 日上线运行的中小叶片自动化加工示范单元。通过集成工业机器人、5G 传输、在线测量等先进数字装备及技术，示范单元实现了叶片全序全流程自动化加工，"不仅减少人员依赖，更重要的是提升了加工效率和质量"。

以数字化为装备制造赋智、赋能，提升产业基础能力和产业链现代化水平，在哈尔滨，自主创新正为老工业基地转型发展装上新引擎。

在松花江北岸，跨越 2800 公里的区域合作让一座"智造明日之城"渐渐兴起。深圳（哈尔滨）产业园投资开发有限公司副总经理许华介绍，目前园区科创总部累计注册企业 558 家、注册资本达 191.28 亿元，通过在行政审批、

城市建设、招投标等方面引入深圳的好经验、好做法，深哈产业园已初步形成以数字经济、生物经济等为核心的产业集聚发展趋势。

智慧种田　新农人"知天而作"

站在田埂放眼望去，在位于哈尔滨市郊区的北大荒集团黑龙江闫家岗农场有限公司的一处稻田里，嫩绿的水稻秧苗已长至约 15 公分高，蓝天白云倒映在百余亩稻田里。

"水稻长势可以通过智能设备实时监测，什么时候追施叶面肥，什么时候需要灌水或排水，监测数据里都有答案。"公司农业发展部工作人员田济南说。

在稻田边上，一个约两米高的方形设备会在夜晚发出蓝光，吸引小飞虫。"这是虫情测报仪，蓝光是用来诱虫的，被引来的虫子会被电死，几天后取出来还能给鸡鸭当饲料。"田济南说，一台虫情测报仪能吸引 100 亩左右范围内

2023 年 6 月 5 日在北大荒集团黑龙江闫家岗农场有限公司的一处稻田拍摄的叶龄诊断仪。（新华社记者戴锦镕摄）

的飞虫，是有机农业种植田间管理的"秘密武器"。

叶龄诊断仪、虫情测报仪、自动灌排系统、农田气象站……田间地头，物联网、大数据、人工智能等新一代信息技术悄然革新着传统的耕种方式，育秧智能化、肥药施用精准化、种管收无人化正引领农业生产走向未来。

"现在'下地干活'真是跟以前完全不一样。"农场种植大户陶云明感叹道。种地20余年，他见证了从背着喷壶在水田间喷洒农药到无人机植保的巨大变化。"一台无人机洒药一小时能作业100亩左右，比一个人一天的工作量还多！"陶云明说。

"哈尔滨市把加快科技农业、绿色农业、质量农业和品牌农业发展作为推动乡村振兴、打造'现代农业之都'的重要抓手。2022年，全市农林牧渔业总产值实现1259.2亿元，同比增长2.6%，粮食总产量达到254.3亿斤，实现'十九连丰'，现代农业发展质量效益得到稳步提升。"哈尔滨市农业农村局农村社会事业促进处处长陈鑫介绍。

老街见证　百年哈尔滨走向未来

千余米，百余年，几代人。在中国，很多城市都有一条自己引以为傲的大街，但很少有像哈尔滨这样，把中央大街深深融入城市文脉，见证中国近代百余年开放之路。

走进中央大街，万国洋行、非遗老字号市集、红霞特色美食街、艾豪丽音乐花园在这里坐落，西餐美食节、冰雪艺术节、阳台音乐会、哈夏音乐节等活动在这里举行，让人联想起20世纪20年代中期中西文化在这条老街上交融绽放的场景。

"如今，中央大街正在打造全国示范步行街。"中央大街建设发展有限公司经济招标部部长王一博说，中央大街高品质步行街创建工程正是2023年哈尔滨城建"十大工程"之一。通过实施中央大街周边规划调整、道路优化、景观设施维修等改造工程，一条风格独特、充满活力的创意老街跃然游客眼前。

这是 2023 年 5 月 20 日拍摄的哈尔滨中央大街。（新华社记者戴锦镕摄）

2024 年 1 月 8 日，游客在哈尔滨市道外区中华巴洛克历史文化街区内游玩（无人机照片）。（新华社记者张涛摄）

　　如果说中央大街储存着哈尔滨的百年记忆，那么在距离其约 3 公里处的中华巴洛克历史文化街区，则是历史与现实重叠的所在。走在靖宇街的步道上，一侧是熙熙攘攘的改建后"修旧如旧"的街区，另一侧是被标有"巴洛克三期"围挡保护起来的风格各异的老建筑。据哈尔滨市道外区委书记杨慧介绍，中华巴洛克三期工程将更新改造 80 个院落、207 栋特色建筑，改造面积 18.6 万平方米，致力于打造历史文化旅游新名片。

　　在道外区北三道街附近的一条小巷里，"松光电影院"等老地标，吸引着一些年轻摄影师前来创作。在他们的镜头中，青砖灰瓦、雕栏木梯的古老建筑，饱含着这座城市百年的深沉底蕴，而身后人们的欢声笑语，则激扬着这座城市走向未来的弦歌。

（新华社记者陈聪、金地、戴锦镕）

扫码看视频｜感受东北营商
环境的变化

龙江沃野，万象"耕"新

这里是名副其实的"大国粮仓"，粮食产量连续13年位居全国首位，全国每九碗饭就有一碗来自这里……5月，黑龙江广袤的黑土地上，处处涌动着耕耘的欢乐和对丰收的向往，人们抢抓农时，播下希望，种下未来。

农业强国，是拼出来、干出来、奋斗出来的。新理念、新思维加持，低碳农业助力打造"绿色天堂"、智慧农业让种地变得越来越轻松、"新农人"在沃野纵横驰骋、多种经营模式让小农户得以"攀亲"大农业……

春种一粒粟，秋收万颗子，中国饭碗牢牢端在自己手中。

调种植方式
低碳春耕书写更多"优粮"答卷

在位于五常市的黑龙江省秸乐农业科技发展有限公司，生产车间里机器轰鸣，水稻秸秆堆成了一座座小山。这里的秸秆经过粉碎、搅拌、筛选、发酵、热磨等多道工序后，变成了仅有1毫米多长的秸秆纤维素，用于生产有机地膜、水稻育秧盘、育苗钵等产品。

公司董事长王宏说，秸秆制浆技术的核心是"原汤化原食"，通过对水稻秸秆进行多元利用，从稻草秸秆提取纤维纸浆，生产出有机地膜、秸秆酵素营养液等产品。一根稻草完全实现了从土地中来，到土地中去。

在离生产车间不远处的温室大棚内，一株株豆角秧苗从有机地膜中钻出头来，枝条顺着搭建的架子向上攀爬。这间暖意融融的棚室内还种植有白菜、萝卜等多种农作物。

"这种地膜功能可不少，能抑制杂草生长、保墒，两个月内自动降解，以肥料的形式融入泥土，增加土壤有机质含量。"王宏说，在水稻插秧前，只需在水田里铺上一层地膜，透过地膜插秧即可。

"这间温室大棚是我们的'样板间'，其中组合使用了秸秆有机地膜和秸秆酵素营养液，客户可以来感受我们产品的功效，再决定是否选用。"王宏说。

五常市是中国优质稻米主产区，年产优质五常大米14亿斤。在整地阶段，记者在当地一处稻田看到，拖拉机载着几个蓝色的塑料桶在田间缓缓前行，一桶桶棕褐色的酵素营养液随即被抛洒在田间，在插秧前起到肥田除草的作用。

经过8年试验和推广，秸乐公司迎来了"大单"，与五常市一家大米企业达成合作，为对方所种植的1万亩"稻花香"水稻提供秸秆有机地膜和秸秆酵素营养液产品，助力在"中国优质稻米之乡"产出更高品质的大米。

设立在北大荒集团红星农场有限公司的亲民有机专属种植基地，已经完成了春整地工作，肥沃的黑土地生机勃勃、静待耕种。

"再有一个月左右，白菜就能播种了。我们种的白菜，农药、化肥都不用，是真正的有机白菜，吃起来和小时候的一个味儿。"北大荒亲民有机食品有限公司总经理李霞告诉记者。

李霞说，有机专属种植基地严格按生产流程规范种植，禁止使用农药、化肥，只使用认证的有机肥和生物菌剂，还建设了农产品质量追溯系统，最大限度保障了原料的安全和优质。

"在种植过程中，我们组织机车、人力对有机白菜进行除草、生物防虫防病等作业，为作物生长创造有利条件。"李霞说，好原料是生产优质有机酸菜的关键，他们坚持高标准种植管理有机作物，从源头把控产品质量。

在有机酸菜的加工车间，一派忙碌景象。"我们使用直径4.5米、高6米的不锈钢罐体来腌制酸菜，单罐能腌出60吨酸菜。"北大荒亲民有机食品有

2022 年 8 月 20 日，游客在北大荒集团闫家岗农场有限公司农业现代化示范区游览。（新华社记者张涛摄）

限公司酸菜分公司经理徐峰松说，白菜经过严格的入厂检验，喷淋清洗后，人工去除老帮和老根，腌制 45 天左右便可销售。

"随着公司品牌推广力度不断增加，产品品类也不断丰富，从最初的单一产品有机酸菜，拓展到现在的有机酸菜、有机面粉、有机挂面、有机豆酱、有机杂粮五大类近百种产品。2022 年，公司实现营业收入 1.27 亿元。"李霞说。

2023 年，黑龙江省粮食作物目标播种面积为 21900 万亩，其中绿色、有机食品认证面积预计达到 9400 万亩。截至 5 月 9 日，黑龙江省旱田农作物已播 12739.6 万亩。

插科技翅膀
智慧春耕让种地变得越来越轻松

5 月初，黑龙江垦区水田泡田整地正酣。在北大荒集团建三江分公司七星农场有限公司，农业服务中心主管刘建国一早就来到地头。

他拿出手机轻轻一点，地里一台"大家伙"迅速开动起来。直行、转弯、掉头，动作连续、干净利落，"大家伙"走过之处，黑土和水均匀地掺混在一起，水田变得平整，微风吹过，水面波光粼粼。

"它配备了北斗卫星自动导航驾驶系统，通过5G网络传输，可实现一键操控、无人作业。"刘建国说，这台"大家伙"叫无人搅浆平地机。有了它，搅浆作业可以解放双手，相较于传统驾驶，既提高了作业效率、降低了人工成本，还能让作业更标准、增加粮食产量。

"通过无人搅浆机作业的水田，平整度高低差在正负3厘米之内，可达到寸水不漏泥的状态，确保秧苗成活率。"刘建国说，每台无人搅浆机至少节省两名工人，解决农忙时节劳动力短缺的问题。

近年来，七星农场有限公司开发了智能管控平台和无人农场管理系统，目前已建成百亩试验区、千亩示范区和万亩推广区，辐射智慧农业种植区50万亩。

2022年，北大荒集团建三江分公司实现水旱田耕种管收少人、无人化作业达851.56万亩，集成推广应用具有前瞻性、引领性的农业创新技术22项，实现亩均降本增效150元左右。

从十几马力小型拖拉机满地跑到数百马力的大型拖拉机大行其道，再到如今的智慧农业，这不单纯是耕作手段的简单变化，更是农业生产力水平不断升级的体现。

记者来到黑龙江省绥化市北林区国家区域性水稻良种繁育基地的"5G育秧大棚"时，水稻秧苗已经长至三叶一心，只要天气合适就可以进行插秧作业。

"这里有南繁回来的香米原种，还有已经审定使用的香米品种'绥粳309'。"老农技员卢国臣说。

为确保良种繁育安全，这个基地采用了"大数据5G技术"分析育苗。大棚里配备了智能喷灌系统、全自动控温棚帘、排风系统和采集温度、湿度

2021 年 5 月 11 日，在北大荒集团红卫农场有限公司智慧农业先行示范区内，工作人员将水稻秧苗装进无人驾驶插秧机。（新华社记者张涛摄）

及土壤 pH 值的测控系统。"这些设施设备实时将监测数据传递到手机上，动动手指就能完成浇水、控温、放风等方面的管理。"卢国臣说。

在高科技的加持下，种子繁育穿上智能的"外衣"。卢国臣告诉记者，这栋"5G 育秧大棚"一共 5000 多平方米，有效育苗面积 4000 平方米，可种 30 多公顷水稻，能产出 54 万斤优质香稻良种。

在北大荒集团黑龙江闫家岗农场有限公司的一处稻田旁，记者看到厂商派来的技术人员缪雨清正抱着电脑，调试刚刚安装好的气象监测设备。"这套设备可以监测风向、风速、雨量、光照强度等信息，通过物联网传输、汇总到平台，为农场的农业生产提供准确的气象信息。"缪雨清说。

"以前信息技术还没有在农业生产中广泛应用，也没有这些智能监测的设备，我们在农场工作就是满地头跑。"闫家岗农场水旱田负责人田济南说，现在农场部署了智能化设备，为种植户提供更好的田间管理服务。

黑龙江垦区各地充分利用气温回升的有利时机，加速规模化格田改造，提升现代农业产业化发展水平。

不久前，记者在北大荒集团军川农场有限公司川北管理区格田改造现场看到，大型推土机、北斗卫星平地机、铲运机等协同作业，减梗、扩池、平地，一气呵成。

军川农场有限公司农业发展部总经理陈龙介绍，作业中使用了北斗测量仪和 RTK 定位仪，可以实现高精度定位和高程信息精准平地，一些通过 5G 和卫星定位技术实现无人作业的大型机械也被广泛应用，使耕地达到田成方、梗成线的高标准规模格田布局。

"稻田池变大，方便了农机作业，田埂减少还让有效种植面积增加。"军川农场有限公司川北管理区种植户宋勇刚指着身边一片水田说，这块地有 390 亩左右，以前有 50 多个稻田池，现在改完变成 18 个稻田池，平均每个约 22 亩，让后续的农业生产工作更便利。

转经营理念
"新农人"逐梦沃野变"兴农人"

下得了地、出得了镜、种得了葡萄、酿得了美酒……在广袤的黑土地上，涌现出越来越多的"新农人"，他们主动掌握农业新技能，积极拥抱互联网。

"万年火山喷发，岩浆顺势流淌，形成了 220 平方公里的熔岩漫滩，冷却后形成了火山岩石，又经过风化腐蚀形成了 20 至 40 厘米厚的腐殖土。"在黑龙江省宁安市渤海镇上官地村，站在直播镜头前，"新农人"陈雨佳向网友介绍当地大米生长的土壤条件。

渤海镇上官地村是"火山岩稻米之乡"，得益于独特的自然环境，这里所产的石板大米也独具特色。2016 年陈雨佳辞掉市里高中体育教师的工作，回到村里和母亲一起种水稻、卖大米。

"我们村里的石板田很珍贵，就是黑土地中的大熊猫，村民像保护眼睛一样保护着它们。"陈雨佳说，只有打造大米品牌，将独特的石板大米卖上好价格，才能让村民们一年的辛劳得到应有回报。

从一名教师到种米姑娘的转变并不容易。穿着靴子走进稻田插秧，与赛道上跑步的畅快感不同，在田里迈开脚都十分困难。而如何打开石板大米销售渠道、卖出更好的价钱，更是成了摆在陈雨佳面前迫切需要解决的问题。

"我家里用过的电饭锅就有 20 多个。"陈雨佳说，她和母亲曾背着电饭煲和大米去展会上推销自家种出的大米，还和村里的年轻人重新设计了大米的包装，尝试通过直播拓宽大米的销路。

"理想总是美好的，曾经以为拍一拍视频、发一发朋友圈就能将大米卖出去，但实际却没那么简单。"陈雨佳说，只有扛住压力，不断尝试，才能蹚出一条路。

她带领村民举办了插秧节，将城里人邀请到村内的种植基地体验田间插秧，感受农耕生活。人们可以在插秧之余，喝一喝咖啡，仰望蔚蓝的天空，享受乡间的"慢时光"。

随着各项推广活动的举办，当地大米的名气与日俱增。如今陈雨佳的大米专业合作社已经吸引上官地村及周边村民 100 余户自愿入社，石板田有机水稻种植规模从最初的 50 亩扩大到近 2000 亩，并吸纳附近村屯 6000 多亩石板田加入了绿色水稻订单种植。

"村里石板大米和乡村旅游的产业发展好了，村民日子就会越来越好，增收致富的渠道就多了。"陈雨佳说，今年他们还要在村内打造美食一条街，把大米加工成各种干粮，丰富农产品的品类，提升附加值，让更多村民从乡村产业振兴中获益。

在黑龙江，很多"新农人"不仅带来了新的经营理念，延长了产业链条，还赋予了黑土地新的活力。

在双鸭山市宝山区的青谷酒庄，第三代"少庄主"顾寻走进酒庄的地下酒窖，轻按开关，灯光缓缓亮起，数十个橡木大桶中储存着酒庄所酿造的白兰地酒，美酒正在与橡木桶的日夜相伴中获得风味加成。

"橡木木质细腻，会给酒带来迷人的金黄颜色，而且还会软化酒里面的单宁，赋予酒木质的香味。"顾寻说，白兰地被称为"时间的朋友"，在橡木桶中静静地沉睡，若干年后会给大家带来惊喜。

顾寻曾在国外留学，也曾在外企工作过。2021 年，她选择回到家里的酒庄酿造葡萄酒，并以"酒农阿寻"为昵称在短视频平台上介绍自家酒庄和所出产的葡萄酒。正如她在视频中所说，酒庄没有"996"，只有风景和分明的四季。

酒庄地处小兴安岭南麓，温暖的风肆意歌唱，千余亩有机葡萄从沉睡中苏醒。"酒庄已经有 16 年历史了，我们种植的是黑龙江所特有的葡萄品种，是由野生品种驯化而来的，皮厚粒小，保留了自然风味的葡萄能酿出好酒。"顾寻说，他们为酿造的葡萄酒产品打造了"太阳之印"和"DoubleDuck（成双）"两个品牌。

"'成双'是以家乡双鸭山来命名，走年轻个性化路线，采用了传统香槟的酿造方式，是市面上很少见的红葡萄起泡酒，口感清爽甜美，就像东北人的性格，热情而浓烈。"在拍摄的短视频中，顾寻如数家珍般地介绍起酒庄的葡萄酒产品。

"施用农家肥、除草，葡萄的整个生长周期都需精心照料。"顾寻说，每年 9 月下旬，葡萄园便会开始收获第一批葡萄。

"春天的鲜活，夏天的甜美，秋天的浪漫还有冬天的浓郁都浓缩在这杯葡萄酒里了。"顾寻说，冬天来临时，他们会剪掉接近木质化的老藤，新发的芽才能结出更好的果实。一年四季在酒庄内忙碌，也收获了别样的风景。

"离开家乡 20 多年，我们这群漂泊在外的年轻人，看过五湖四海的群山，看过大千世界的繁华，带不走也忘不掉的是故乡的北国风光，所以我选择回到家乡，在北纬 45 度的土地上闯出自己的一番天地。"顾寻说，她会经营好家里的酒庄，让美味的葡萄酒为更多人带来味蕾的享受。

变组织模式
新型托管让小农户"攀亲"大农业

杨柳抽绿田间忙。黑龙江省绥化市北林区东富镇正抢抓农时进行玉米播种。站在地头望去，只见一台 240 马力大型拖拉机牵引着一台 6 垄 12 带的智能电控播种机正在 1.2 米宽的大垄上进行双行播种，另一台大型拖拉机牵引着全自动液压镇压机工作。

"一天就能种完 1200 亩,两天就能把在北林区的托管地块全部种完。"北大荒集团绥化分公司农业发展部副部长吴装说,这两台大型拖拉机都配备了北斗导航系统,还能对播种地块的垄距、株距等信息进行智能化掌控。

"大机器播种速度快,作业标准高,这比农民自己种强多了。"东富镇东富村党总支书记徐立君说,这大农机让人一看心里就高兴,这几天总有村民来地头看热闹,又好奇又兴奋。

2023 年,北大荒集团绥化分公司持续加强垦地融合发展,加大现代农业社会化服务范围。北大荒集团绥化分公司区域农服中心、北林区政府、北大荒集团绥棱农场有限公司三方共同签署了 2500 亩土地托管合作协议,发挥农垦系统作业的标准化、规模化、机械化优势,促进农业增效、农民增收。

在黑龙江省抚远市浓江乡生德库村,本是农忙时节,却有不少村民安心在外地务工。村党支部书记万仁军说,这些变化与北大荒农服集团佳木斯区域农服中心的托管服务密切相关。

2022 年开始,北大荒农服集团佳木斯区域农服中心在生德库村开展全程托管业务,农民从种到收都交给区域农服中心,腾出精力搞副业增加收入。2023 年生德库村计划对全村 4 万亩耕地全部实行托管。

万仁军说,2022 年有 70 多户村民把地交给区域农服中心后,外出务工或被区域农服中心聘为农机手,户均增收 5800 多元。"不仅增加收入,还节省开支,去年部分托管地块农资实现了统供,议价后仅此一项就节省了 4 万多元。"

土地托管后,节约了耕种成本,农民有了更多增收渠道,粮食产量也大幅提升。万仁军说,托管地块一改以往六七十厘米宽的小垄,全部采取大垄密植技术,平均增产 15%。先进的种植技术带来实实在在的增收,村民的积极性也被调动起来。

面对农村农业生产力水平低、人口老龄化等问题,北大荒集团提出在黑龙江省打造 100 个示范点,使水稻、玉米和大豆平均亩产提高 100 斤、托管面积达到 1000 万亩、平均亩产达到 1000 斤，即"双百双千"工程，生德库村就是示范点之一。

在黑龙江省桦川县苏家店镇，新胜村村民刘少良 2022 年也把地交给北大荒农服集团佳木斯区域农服中心托管。"以往大豆亩产只有 300 斤上下，去年达到了 470 斤，今年还得托管。地种得好，多打粮食。"他笑着说，如果把地流转出去，只能获得流转效益，托管地块的经营权还在自己手中，自己还能享受卖粮的效益。与流转相比，土地托管让自己有了更多增收空间。

金戈铁马齐上阵，万象"耕"新播种忙。在黑龙江省望奎县莲花镇宽四村大豆种植地块内，大型机械正在进行连片播种。如今，大马力机车代替了被称为"蚂蚱"的十几马力小型机车，一家一户分散经营的模式也被土地托管集约化经营模式所替代。宽四村有耕地 2.85 万亩，目前已有 1.6 万亩实现了连片托管。

宽四村党总支书记刘振国介绍，宽四村土地托管的不同之处在于，全村托管地块，由全体被托管地块村民表决决定种植结构，按照每种农作物种植比例给被托管地块村民分配种粮收益。"打破了小农户之间的地块界线，村民只知道自己有多少地，应该分多少钱，不用在意分到手的收益究竟是哪块地产出的粮食卖来的，达到农户增收，村集体积累增长的双赢局面。"刘振国说。

"去年我们村托管地块大豆平均亩产达到 430 斤，比前年多了至少 70 斤。"刘振国说，以前村里种大豆用的都是 65 厘米的小垄，每家都十亩八亩的，大型农机具根本用不上，去年开始托管地块都利用大农机进行了深翻，采用 110 到 120 厘米宽的大垄，透气、抗涝、保墒，最好的地块亩产能达到 450 斤，"现在每天能播种 1200 亩，很快就能完成全部播种。"

（新华社北京 2023 年 5 月 23 日电　新华社记者管建涛、黄腾、孙晓宇）

扫码看视频│在五常，一碗好大米
是怎样诞生的

播种在希望的田野上
—— 东北黑土地耕作新观察

现代化农机播下丰收的希望、可持续耕作催生更多优质粮、多形态惠民政策提升种粮积极性……5月，广袤的东北大地生机勃勃，一场稳面积、转方式、促增收的耕作交响曲正在奏响，黑土地上的耕耘画卷徐徐展开。

科技赋能：从"会"种地到"慧"种地

在黑龙江省宝清县七星河乡一望无垠的黑土地上，几台大马力拖拉机牵引着精量播种机匀速行驶，机车轰鸣声由远而近。

"人歇车不歇，借助这些现代化农机，我们4天就播完了1.7万亩玉米，都播在了丰产期。"宝清县丰收人谷物种植农民专业合作社理事长梅长伟说。

东北地区是我国最大的粮食主产区，东北三省粮食产量占全国逾五分之一。现在，东北正处在一年一度最忙碌的播种时节。

在吉林省乾安县大遐畜牧场农业综合开发有限公司的一处玉米地块，一条条手指粗细的滴灌带浅埋在地表，土壤里夹杂着秸秆碎末。

"品种和农艺结合好，玉米产量会大幅提高。"公司副经理胡明强说，公司经营的8万亩地选用耐密植玉米品种，每公顷可种7万至8万株，再应用水肥一体化技术，让水和肥及时顺着滴灌带流到作物根系，预计每公顷增产4000斤。

从"会"种地到"慧"种地，先进的农业技术给农业插上科技翅膀，种

图为 2023 年 4 月 26 日拍摄的黑龙江省庆安县数字农业指挥中心平台。（新华社记者张涛摄）

田变得更轻松。

在辽宁省铁岭县蔡牛张庄玉米新品种推广专业合作社的一片广阔田野里，几台"铁牛"来回穿梭，一次性完成开沟、施肥、播种、覆土等工序。

"合作社引进了北斗导航定位的无人驾驶系统，安装在免耕播种机上，可进行大面积无人播种，加快春播进度。"合作社理事长赵玉国说。

2023 年我国提出加力扩种大豆油料，并支持东北地区开展粮豆轮作。

"省里很快释放了大豆扩种政策信号，大豆生产者补贴每亩将达到 350 元以上，加上轮作补贴，种大豆收益有保障。"黑龙江省集贤县永胜农机合作社理事长刘明坤站在地头，看着一粒粒大豆种子播撒在田间，脸上露出笑容。

黑龙江 2022 年大豆种植面积超过 7000 万亩，约占全国大豆面积一半。2023 年这个省增加耕地轮作试点补助面积和资金规模，大豆播种面积预计继续超过 7000 万亩。

吉林也采取了激励措施，2023 年加大对高油高产大豆支持力度，预计大

2023 年 4 月 20 日，在吉林省公主岭市秦家屯镇王家窝堡村，农民驾驶农机在田间进行整地作业（无人机照片）。（新华社记者许畅摄）

豆播种面积将达到492.8万亩，比上年增加28万亩，油料作物播种面积保持稳定略增。"可以感受到国家对农民种植大豆的鼓励。"吉林省公主岭市东兴隆农机作业服务专业合作社理事长李振军说。

统计显示，黑龙江省旱田农作物已播1亿余亩，吉林省玉米播种超九成，辽宁省粮食作物播种超六成。

绿色播种：从"多打粮"到"打好粮"

不仅多打粮，还要打好粮。

"这是我们今年采购的有机肥和生物菌剂，可满足2400亩有机水稻种植需求。"黑龙江省庆安县方胜水稻种植农民专业合作社理事长窦方胜说，他们已连续6年开展水稻有机种植。

"以前为了增产，上了很多化肥、农药，但稻米口感越来越差。现在不使用除草剂，用生物菌剂去预防虫害，大米产量没减少，含钙量却在提升。"窦

2023年4月26日，在黑龙江省庆安县东禾久宏现代农业水稻示范园区育秧大棚内，农民在进行秧苗养护。（新华社记者张涛摄）

方胜说，虽然投入相对高了一些，但大米品质好，能卖上好价钱。

随着人们生活水平提高，高品质的农产品正得到越来越多的追捧。在东北粮食主产区，绿色有机种植方式越来越普遍。

在辽宁省盘锦市太平凯地农机服务专业合作社，5000平方米的棚室内，2万多个规格统一的钵盘排列整齐，一株株水稻秧苗即将移栽到田间。

"插秧后还要向田间投入河蟹，稻蟹共生不但提高了稻田利用率，还能改善稻米品质。"合作社理事长郭凯说，种植蟹田大米收益比较可观，除了稻米收入，养蟹每亩还能赚500元。

耕地是粮食生产的"命根子"，黑土地则是"耕地中的大熊猫"。保护好黑土地，是东北地区粮食生产中的关键一环。

这几天，在吉林省梨树县的一块万亩玉米试验田里，一台台大型机械正在播种玉米，清茬、播种、施肥一气呵成。经过多年试验和推广，吉林省梨树县逐渐形成了"梨树模式"，即以秸秆覆盖还田免耕栽培技术为核心保护黑土地。

"秋收时把秸秆粉碎铺在地里，春播时不用翻地起垄，秸秆覆盖在地表，少耕、免耕，最大程度上降低土壤水分和养分流失。"中国农业大学吉林梨树实验站副站长王贵满说，当地实施"梨树模式"的地块，土壤有机质含量每年正在以0.1%的速度增长。

"你看，这些就是白浆土所在的区域，这种土三江平原就有2100多万亩。"站在北大荒农业股份有限公司友谊分公司一处农田旁边，中国科学院东北地理与农业生态研究所研究员刘焕军点开手机上的监测平台，借助遥感影像向记者展示黑土地耕地质量监测的最新成果。

"通过黑土地耕地质量'天空地'立体监测技术，可以了解不同地块的耕地，到底哪里变瘦了、变薄了、变硬了。"刘焕军说，他们的工作就像给黑土地做CT，可以摸清黑土地耕地质量"家底"。

2023年耕种时，专家对"跑水、跑肥、跑土"的地块有针对性地研发了等高宽埂、等高环播等保护性耕作措施，以实现高产稳产。

图为 2023 年 4 月 27 日拍摄的北大荒集团闫家岗农场有限公司农业现代化示范区内的智能化设备。（新华社记者张涛摄）

惠农增效：为农业生产保驾护航

田间道路宽阔平坦，路两侧的防渗渠平整美观，大小沟渠纵横相连……这一幅"田成方、林成网、渠相连、旱能灌、涝能排"的现代农业画卷，是辽宁省盘锦市高标准农田建设的写照。

"村里的高标准农田建成后，输配水过程中的跑、冒、漏、渗等问题都解决了。"盘锦市盘山县太平街道仙水村党支部书记孙文斌说，水稻每亩预计可增产近 60 公斤，2000 多村民受益，"粮田"变成了"良田"。

农业基础设施不断完善，为粮食生产增加了"硬件"保障，不断发展的社会化服务则为粮食安全增添了"组织"保障。

"为了把托管的土地种好，今年我们投入 2000 多万元购置大马力农机，覆盖耕种管收各个环节。"黑龙江省勃利县恒山玉米种植专业合作社理事长单庆东对记者说，他们托管了勃利县永恒乡恒山村绝大多数土地，去年净利润达 1000 余万元，带动全村 400 余户村民增收致富。

"我把土地交给合作社管理省心，大型农机作业增加了保苗率和产量，我们的收入也随之增加。"谈及 2022 年的收成，恒山村村民周文玉高兴地对记者说。

为小农户提供代耕代种、病虫统防统治、肥料统配统施等服务……在东北大地上，合作社等新型农业经营主体正通过发展社会化服务降本增效，为农业农村发展增动力、添活力。

吉林省舒兰市金星米业有限公司大米生产车间正开足马力生产。作为"吉林大米"的领军企业之一，这家企业已从最初的水稻加工发展成为集规模化种植、收储、加工、销售于一体的稻米企业。

"目前我们拥有有机水稻 1460 亩，与农户签订订单 1.2 万亩，企业提供相应技术标准，带动农民们共同增收。"吉林省舒兰市金星米业有限公司经理

2023 年 5 月 5 日，在吉林省长春市九台区龙嘉街道水乡村，农民驾驶农机进行春耕作业。（新华社记者张楠摄）

孟佳宁说。

"人均一亩三分地、户均不过十亩田的小农生产方式，是我国农业发展需要长期面对的基本现实。"中国人民大学国家粮食安全战略研究院院长程国强说，发展农业社会化服务，将先进适用的品种、技术、装备等现代生产要素有效导入小农户生产，能够促进小农户和现代农业有机衔接。

2023年中央一号文件指出，逐步扩大稻谷、小麦、玉米完全成本保险和种植收入保险实施范围。

"我今年投保了玉米完全成本保险，如遇自然灾害，每亩地最多可赔付911元。"黑龙江省杜尔伯特蒙古族自治县广胜村村民焦红军说，保险理赔就可以覆盖大部分土地和农资成本。

"去年全县完全成本保险投保面积达44万多亩。"杜尔伯特蒙古族自治县农经中心负责人周晓红说，今年县里加大资金匹配力度，农民投保积极性也越来越高，完全成本保险投保面积增加到108万亩，为更多农民开展农业生产保驾护航。

忙碌的农机和勤劳的身影，犹如跳动的音符，在5月的黑土地上奏响了耕作的交响曲。黑土粮仓将继续为筑牢粮食安全"压舱石"贡献东北力量。

（新华社哈尔滨2023年5月9日电　新华社记者刘伟、姜潇、管建涛）

扫码看视频｜科技创新再出发 黑土
地健康守护者

"百年煤城"摘下"白菜价"标签

从无人问津的东北小城，到屡上热搜的热门之地，黑龙江省鹤岗市一次次地被突如其来的流量推到风口浪尖。在斑驳陆离的滤镜之下，这座"百年煤城"正在从吃煤炭"资源饭"的老路转向绿色发展，走出一条独特的转型路线。

卸了妆的鹤岗

17万元，77平方米。这是29岁的鹤岗人安立辉位于鹤岗市工农区的新房。"每个月好好干能赚1万元左右，少了也能有七八千元，在鹤岗足够了。"2018年，安立辉从长春回到家乡鹤岗，现在是一名外卖配送员。安立辉说，从长春回来后，生活压力小了很多，终于有底气把结婚提上日程。

在这座有百年煤炭资源开采历史的资源型城市，曾经几乎每个鹤岗家庭，都有亲属在煤矿上班。安立辉54岁的父亲安发群在鹤岗的一处煤矿做矿工，因为年纪稍大，他做的多是搓煤、清货等强度较小的工作。安立辉说，现在煤矿的安全系数高了，工作环境和以前相比变好了，每个月父亲能挣六七千元。

一些像安立辉这样的"90后"的回归，逐渐更新着鹤岗的消费方式和业态。鹤岗市美团外卖安全督导刘岩告诉半月谈记者一组耐人寻味的数据：2017年鹤岗市的美团"骑手"仅有40多人，现在增加到了200多人，日均订单也增长了5倍以上。

鹤岗市一家烧烤店内，店员正在烤串。（新华社记者戴锦镕摄）

"骑手指数"增长的背后，是鹤岗带给"鹤漂"们的便利生活。

在当地有名的葛记海波肉串店里，半月谈记者也找到了亲民物价的例证。这里的烤串价格便宜、食客络绎不绝。店里的牛肉片、瘦肉筋、五花肉、腱子肉等烤串价格均为 1.5 元一串，烤臭豆腐、烤鲜蘑菇、烤菠菜等的价格为 8 元一盘。

除了 1.5 元一串的鹤岗小串，在鹤岗也能找到大城市里流行的付费自习室和"密室逃脱"。咖啡店在这里也出现"内卷"，位于市中心的时代广场商圈就坐落着六七家咖啡店，年轻人成为咖啡的忠实拥趸。

凡此种种，让鹤岗在一定程度上摆脱了落寞、衰败的煤城"刻板印象"，吸引着一批网络上的"数字游民"。

"白菜价"并非全貌

"网上说的两三万元一套房子有点夸张,那只占市场的很小一部分。"鹤岗市金鹤回巢房地产中介有限公司房产经纪人马延明说,来这里买房的人预算大多在十几万元,根据地理位置、房子新旧程度等条件,鹤岗的房子从二三十万元到两三万元一套都有,平均房价在每平方米 3000 元左右。

鹤岗市区的核心区是向阳区和工农区,"鹤岗 CBD"时代广场就在工农区。半月谈记者咨询鹤岗市万顺房地产经济服务有限公司一位房产经纪人了解到,在时代广场附近,高层建筑 180 多平方米的精装修房产,最贵能卖到 99 万元,"都是电梯房,每平方米算下来 5200 多元,也不便宜"。

半月谈记者了解到,2008 年,鹤岗市启动了煤矿棚户区、采煤沉陷区棚户区改造等项目。截至目前,鹤岗累计改造棚户区 111159 套,居民房屋资产显著增加,刚性住房需求走低。不少居民把面积较小、位置不理想或楼层高的房产低价出售,这成为鹤岗低房价的原因之一。

鹤岗市庆恒房产有限公司房产经纪人张伟的客户中有不少外地人,有从浙江、河北、海南等省份过来的。"有外省的客户都不过来,网上看房后就买了,剩下的手续让我代办。"张伟说,有客户刚退休就来鹤岗买房,准备在这边养老,夏天避暑冬天玩雪。"以前是咱们东北人去南方,现在南方人愿意到东北来,冬天屋里暖和,待着舒服。"

对于"白菜价"标签,张伟说:"要么将就钱,要么将就房,不可能兼得。"她说,鹤岗市中心区域的房子多数是二手房,新开发的楼盘基本上是期房,房价在 3000 元到 5000 元一平方米。

一个城市的新方向

眼下,鹤岗正在用行动剥离网络世界赋予它的"白菜价"标签。

半月谈记者了解到,鹤岗一方面立足煤炭资源优势,在煤炭产品精深加工、发展现代煤化工方面"做文章";另一方面依托资源优势大力培育新兴产

鹤岗国家矿山公园里的矿工雕塑（新华社记者陈聪摄）

业，探索煤与非煤产业多轮驱动。

在位于鹤岗市萝北县的中国五矿集团（黑龙江）石墨产业有限公司云山石墨矿内，生产运输车辆来来往往，矿区内还有无人驾驶纯电动矿卡在测试区测试。中国五矿集团（黑龙江）石墨产业有限公司萝北县云山龙兴石墨开发有限公司生产技术部部长李增达说，中国五矿正在全力推进从资源端到材料端、应用端的全产业链建设，打造石墨产业集群。

石墨有"黑金"之誉，作为全国最大的石墨精粉产地和天然石墨原材料基地，鹤岗近年来对石墨矿产资源进行有效整合，采用"集中开采、统一供应"的石墨资源开发模式，提升资源开采规模化和集约化水平，初步形成了涵盖采选、球形、高纯石墨及负极材料等石墨深加工产业的"资源＋产能＋技术＋新材料"的发展格局。目前，鹤岗市共有石墨企业 37 户，引进中国五矿集团等世界 500 强企业，形成了年产石墨矿石 600 万吨的产能，石墨产业成为仅次于涉煤产业的第二大产业。

李增达说，鹤岗的石墨资源丰富、有一定产业基础，企业也能享受到当地一些政策支持，这是集团选择在鹤岗投资建设石墨产业项目的原因。

（新华社记者陈聪、戴锦镕、杨轩）

扫码看视频 | 黑龙江鹤岗：应用前
言科技 不断创新石墨产业

龙粤"牵手"助力东北经济振兴

"我们现在实行'哈尔滨研发+深圳制造'的新发展模式,在哈尔滨总部进行物联网的软件系统产品开发,在深圳子公司进行配套的智能硬件制造,形成了整体的行业产品战略布局。"哈尔滨海邻科信息技术有限公司副总裁丁福生说。

这家成立于深圳的高新技术企业 2021 年将总部迁至哈尔滨,目前公司科研人员占员工总数的 7 成以上,多数是黑龙江的高校毕业生。

2023 年 4 月 22 日,"黑龙江—广东产业合作与开放交流大会"在深圳市举办,共同探讨龙粤合作新机遇。大会共签约 192 个项目,签约总额 982.38 亿元;现场签约产业项目 32 个,签约金额 292.93 亿元。项目涵盖数字经济、生物经济、冰雪经济、创意设计等领域。

近年来,黑龙江、广东两省坚持把产业合作作为对口合作的支撑点和着力点,发挥双方比较优势,不断探寻两省产业互补的契合点。黑龙江省商务厅副厅长贺松介绍,中国(黑龙江)自由贸易试验区"带土移植"广东省、深圳市先进的发展理念、改革经验,引进广东省多家高精尖企业入区发展,为黑龙江经济发展和自贸试验区建设贡献新力量。

2019 年开工建设的深圳(哈尔滨)产业园是深哈对口合作的鲜明例证。"园区已推动深圳 75 项成熟政策和先进做法'带土移植'到哈尔滨。"深圳(哈尔滨)产业园投资开发有限公司副总经理许华介绍,目前园区注册企业达 552 家,注册资本 190.86 亿元。

深圳（哈尔滨）产业园航拍图。（受访者供图）

　　"经过不懈耕耘，龙粤合作的规模逐渐扩大、机制持续完善、基础愈发牢固、成果日益丰硕。"黑龙江省政府相关负责人介绍，黑龙江已先后派出400余名干部到广东省直单位及结对城市挂职，组织各类专题培训、讲座300余次，近万人参训，促进了两省干部观念互通、思路互动、作风互鉴、办法互学。同时，黑龙江借鉴广东经验，相继制定出台了《黑龙江省优化营商环境条例》等192项相关法规政策，促进了黑龙江省"放管服"政务服务水平的提升。

（新华社记者朱悦）

昔日国际商埠焕新生 哈尔滨奋力打造向北开放之都

春光明媚，万物复苏。在中国铁路哈尔滨局集团有限公司哈尔滨国际集装箱中心站，吊机轰鸣、货箱起落，工作人员忙着调运集装箱进行装车作业，一列列中欧班列往来穿梭，忙碌而有序。

百年前，哈尔滨成为国际性商埠，数十万外国人侨居于此，彼时商贾云集，热闹非凡，有着"东方莫斯科""东方小巴黎"之称。

百年后，作为我国向北开放枢纽城市，哈尔滨正立足区位优势，以开放的胸怀向世界招手，"朋友圈"不断扩大，贸易量不断增长，焕发出新的活力与生机。

瞄准"向北开放""朋友圈"不断扩大

2023年3月2日20时5分，承载着25.3吨货物，首架直飞加拿大的货运包机从哈尔滨太平国际机场起飞，目的地是温哥华。自此，黑龙江省首条哈尔滨—加拿大国际货运航线正式开通，国内至北美航空货运效率进一步提升。

"哈尔滨海关对包机货物实行'7×24'小时预约通关，即到即检即放，不仅通关效率大幅提高，也帮助企业节省了运营成本。"黑龙江省华贸供应链管理有限公司总经理肖东兴说。

中国（黑龙江）自由贸易试验区哈尔滨片区夜景。（新华社记者张涛摄）

　　作为向北开放的"桥头堡"，哈尔滨市不断扩大"朋友圈"，加深与欧洲、俄罗斯、韩国等国家和地区的交流与合作。

　　通过构建跨境"大通道"，中国（黑龙江）自由贸易试验区哈尔滨片区对俄合作区域已由毗邻的远东地区延伸到俄罗斯中部和欧洲部分地区，对俄合作领域已由初级商品贸易延伸到科技合作、物流运输、农产品深加工、先进制造等领域。目前，哈尔滨片区集聚了哈俄班列、俄运通科贸、哈尔滨航路等跨境物流企业，开通运营了以哈尔滨为集散中心面向俄罗斯的航空货运、铁路班列、公路货运，辐射俄罗斯 123 个城市、19 个海外仓及场站。

　　2023 年 2 月，由韩国创业加速器协会等商务机构和多家韩国预备独角兽企业、创新型企业组成的韩国中小企业投资合作考察团应邀来访黑龙江，同哈尔滨宾西经济技术开发区、哈尔滨新区开展对接交流，与严格集团、哈尔滨博实自动化股份有限公司等开展项目及技术合作对接洽谈，哈尔滨在对韩合作方面取得新进展。

"我们要深入落实党中央关于推进高水平对外开放的战略部署,充分发挥区位优势,发扬对俄合作传统,着力打造'向北开放之都'。"黑龙江省委常委、哈尔滨市委书记张安顺说,当前,哈尔滨市正在加快推进哈尔滨新区、自贸试验区、综合保税区联动发展,加紧建设国际航空货运枢纽、出口消费品加工区,用足服务贸易创新发展试点、二手车出口试点等政策,用好中俄博览会平台,进一步巩固对俄合作中心城市地位,大幅提升对外开放水平。

优化对外服务　提升外资吸引力

优惠的政策支持、免费的办公场地、舒适的居住条件——对于来自韩国的创业者南廷和来说,近三年来在哈尔滨市的创业经历让她收获不少惊喜。

"中小企业没有很强的风险承担能力,但可塑性和成长性比较好。我们在这可以享受政策讲解、工商注册、劳动用工等商务服务,以及签证办理等生活服务。"南廷和说,如今自己正致力于开展语言、文化、职场规划等方面的中韩跨国培训业务,希望为中韩两国深度交流与合作贡献力量。

这是哈尔滨不断优化对外开放服务的一个缩影。围绕重点产业,哈尔滨片区出台"黄金30条""新驱25条""助企纾困10条"等政策,开展产业链集成创新,打造更加开放、更具韧性、更有活力的制度体系;建立政策落实"直通车"机制,累计兑现政策资金27.95亿元,惠及企业超千家。

"我们始终将'两个市场'作为对外开放合作的'最前沿',全力畅通双循环节点,做市场开放的服务者。"中国(黑龙江)自由贸易试验区哈尔滨片区专职副主任甄长瑜说,哈尔滨片区在打通产业链、科创链、金融链、物流链上持续发力,不断提升开放型经济水平。

对125项事项进行分类改革,优化审批服务61项,累计精简审批要件156项,总体压缩审批时间达到71.91%……"一枚印章管审批""证照分离"全覆盖、政务服务"最多跑一次"等改革措施,已在哈尔滨片区试行,行政审批集中度居全国前列,为进一步吸引外资创造良好条件。

为解决政府"不该管、管不了、管不好"的问题，哈尔滨片区成立对俄企业联盟、文旅行业协会、医药零售企业协会等互益性社会团体，利用 WTO 争端解决机制，协调规范各行业企业行为，实现社会治理体系与治理能力的提升。

成立三年多以来，哈尔滨片区 GDP 年均增速 6.5%，招商引资超 3000 亿元。2022 年，哈尔滨片区新开设企业 6800 户，同比增长 32.65%；实现进出口总额 76.34 亿元，同比增长 13.9%，高于全国 6.2 个百分点；实现对俄进出口总额 20.86 亿元，同比增长 116.8%，高于全国 87.5 个百分点，高于全省 75.5 个百分点。

开放引领发展　增强经济新引擎

2023 年 3 月 24 日，凯斯纽荷兰工业集团中国区总裁卢卡·马纳蒂一行来到哈尔滨。抓住哈尔滨从农业大市向强市转变的机遇期，地企双方共谋打造国际一流的高端智能农机装备制造基地、农机应用示范区。

卢卡·马纳蒂表示，接下来将进一步加大投资、加强研发、加力布局，不断提升农机装备高端化、智能化、市场化水平，在拓展国际国内市场中助力扩大哈尔滨影响力，提升哈尔滨知名度。

作为向北开放的新高地，哈尔滨正在世界贸易舞台上发挥着独特作用。2023 年新年伊始，哈尔滨市企业和投资服务局副局长孔雪辉便前往广东深圳，在黑龙江—广东"向北开放"经贸合作交流会上推介哈尔滨。围绕数字经济、平台经济、新能源汽车等多个领域，孔雪辉一行与科研院所、行业协会、企业进行深入交谈。本次活动中，共有 24 个项目签约，总额达到 100 亿余元。

深度融入共建"一带一路"，一项重要任务就是"资金融通"。一直以来，哈尔滨新区积极支持金融机构开展国际金融业务，特别是支持哈尔滨银行成立专门金融结算机构。据统计，人民币跨境支付系统上线以来，累计处理跨境人民币业务超 650 亿元，其中在 2022 年，累计处理跨境人民币业务超

593 亿元，是去年同期业务量的 9 倍。

2023 年初，哈尔滨市将"在扩大对外开放合作上实现新突破"写入新一年的政府工作报告。哈尔滨将不断完善开放通道和平台建设，加快综保区保税加工、集货出口等业态升级，推进跨境电子商务综合试验区和临空经济区航空制造产业园建设，扩展与日本、韩国、欧洲以及"一带一路"沿线国家在数字经济、绿色农业等领域合作。

"开放是发展的不竭动力，我们要抢抓历史机遇，主动对接国家开放战略，坚持在开放中促进发展、在发展中扩大开放。"哈尔滨市委副书记、市长张起翔说，未来哈尔滨将聚焦建设"开放龙江"，扛起省会担当，以高水平开放促进全面振兴、高质量发展。

（新华社北京 2023 年 4 月 12 日电　新华社记者杨思琪、侯鸣）

黑龙江围绕五大关键词做足文旅文章

2023 年 3 月 21 日，百家媒体助力黑龙江省文旅品牌宣推活动在哈尔滨举行，黑龙江省文化和旅游厅党组书记、厅长何晶及近百家媒体代表出席活动。围绕"提振信心、树立形象、宣推品牌、助力产业、服务群众"五大关键词，黑龙江省文化和旅游厅与各主流媒体和优势自媒体进行交流，共话"北国好风光，美在黑龙江"品牌提升之道。

关键词一：提振信心

严寒天气阻挡不住来自全国各地游客到黑龙江旅游的热情。2023 年春节期间，哈尔滨冰雪大世界、亚布力滑雪旅游度假区、哈尔滨冰雪嘉年华以及齐齐哈尔雪地观鹤和冬捕节等特色项目与活动吸引了大量的游客，滑雪爱好者飞掠过的身影，孩子们欢快的笑声为这个春节增添了不少生机与活力，冰雪旅游季迅速升温。

借助冰雪产业优势，黑龙江省各级政府顺势而为，积极拓展冰雪产业链条、打造冬季旅游产品和文化精品，大大提振了旅游文化市场消费信心，擦亮了黑龙江省冰雪经济特色品牌。据黑龙江省文化和旅游厅发布的数据，2023 年春节假日期间，黑龙江省出行人数 1104.9 万人次，同比 2022 年春节上涨 45.1%，恢复至 2019 年同期水平的 92.1%，高于全国平均恢复水平

3.5 个百分点；旅游收入 117.7 亿元，同比 2022 年春节上涨 105.7%，恢复至 2019 年同期水平的 80%，高于全国平均恢复水平 6.9 个百分点。

"北国好风光，美在黑龙江"品牌美誉度和影响力的提升，吸引了更多的海内外游客到黑龙江旅游观光。据了解，2023 年春节假日期间，亚布力滑雪旅游度假区累计到访 3.7 万人次，同比增长 308.7%；哈尔滨冰雪嘉年华累计到访 8.4 万人次，同比增长 113.2%。2023 年春节在冰雪旅游的带动下，黑龙江文旅客源市场优化、市场迭代升级，外地游客创造增收明显，旅游市场高开稳升、复苏有力，文旅市场实现"开门红"。

关键词二：树立形象

天蓝、山青、水绿、土净，得天独厚的文旅资源是黑龙江的一张靓丽名片。如何使黑龙江成为全球游客的旅游目的地？近年来，黑龙江省文化和旅游厅在树立文旅形象上下足了功夫。

黑龙江省文化和旅游厅围绕"北国好风光，美在黑龙江"旅游总品牌，推出"印象龙江""红色文旅"、春季赏花观鸟、夏季避暑度假、秋季赏五花山、冬季"冰雪之冠"等主题内容，持续开展旅游资源推介宣传。

在黑龙江省文化和旅游厅与社会各界的高度关注与支持下，黑龙江省各类旅游资源推介宣传活动获得了多项荣誉。"千车万人驾游龙江"大型自驾游系列活动获第九届中国旅游影响力营销案例，"滑雪吧！少年""漠河舞厅"获文旅部国内旅游宣传推广优秀案例，哈尔滨极地公园获第 11 届"艾蒂亚"最佳主题公园旅游营销金奖，"黑龙江冰雪非遗盲盒"获中国品牌营销数字化领域专业奖项第十三届虎啸奖，此外黑龙江省文化和旅游厅还借助新华社等中央媒体的传播优势，不断树立黑龙江文旅良好形象。

关键词三：宣推品牌

憨厚的爽爽虎，萌呆的"淘"学企鹅……这些可爱的动物形象一上场就吸引了在场观众的注意，它们都是黑龙江省各级文旅部门通过对旅游产品进行深度挖掘后，精心打造的文旅 IP，代表着独特的品牌形象和文化内涵。这些文旅 IP，亮点不断，吸睛无数。"淘"学企鹅到各冰雪景区巡游被媒体广泛关注，巡游活动场场爆满。

在活动现场，黑龙江省文化和旅游厅为爽爽虎、"淘"学企鹅、嘟嘟和木木、呦呦和逗逗、北吉鹿、虎娃和雪妞、萌萌和油油、抚抚和远远、七彩家族、西烯家族十个文旅 IP 举行授牌仪式。

抖音平台联合黑龙江各地文旅系统通过打造 # 畅玩雪乡冬游记、# 这个冬天，DOU 遍龙江、# 跟我探境去黑河、# 一路向北去漠河、# 滑雪就来亚布力、# 抖 in 美好伊春等多个创意内容话题，让大美龙江在抖音崭露头角。

新浪微博依托 # 带着微博去黑龙江 # 作为 # 带着微博去旅行 # 的重要一站，围绕黑龙江文化旅游重要资源和产品、重大节会活动，努力将黑龙江深厚的历史文化、丰富的旅游资源进行深度挖掘、整体包装和线上推广。

何晶表示，通过与媒体深入合作，黑龙江文旅品牌形象越来越深入人心，主流媒体和优势新媒体、自媒体发挥各自优势，共同助力黑龙江文化和旅游发展。

关键词四：助力产业

登上冰雪大世界"网红"大雪花摩天轮，在伏尔加庄园骑上大红马、登上古帆船、滑到海神湾，在极地公园观看"淘"学企鹅冰雪巡游，到中央大街看阳台音乐会、吃马迭尔冰棍，到哈药六厂一睹"小卢浮宫"风采，与索菲亚教堂合影拍几张"出国游照片"，已成为中外游客的新时尚。文旅品牌宣传为文旅产业融合发展提供了流量支撑。全省各地还通过项目引进、政策支持，为文旅产业发展不断注入动力。

牡丹江市文广旅局党组书记、局长鄂艳娟介绍，近年来，牡丹江市产业升级步伐加快，总投资 1.05 亿元的北欧康养小镇、轻奢帐篷营地等项目引进落地，总投资 25 亿元的林海雪原风景区二期、唐长城国家文化公园等重点项目启动推进，文旅产业迎来崭新的发展机遇。

游客在北极村"最北邮局"打卡拍照。（新华社记者徐凯鑫摄）

据齐齐哈尔市文化广电和旅游局党组书记田志峰介绍，"两节"期间，该市以"千里嫩江·雪域鹤乡"为主题，陆续推出"雪地观鹤节""冬捕季""滚冰节""冰球节"等近百项特色活动，吸引了大量游客，创造了不菲的经济效益。

携程集团副总裁张旭表示，近两年携程着力深耕黑龙江省及周边客源市场，针对"自驾龙江"IP，共同发起"千车万人驾游龙江"系列活动，面向全国乃至全球的年轻一代游客，通过营销造节促进消费转化，让游客在黑龙江的"旅行＋体验"的方式更加多元化，助力产业发展。

大兴安岭地区塔河县于2023年3月23日举办黑龙江省首届"时尚春雪节"——塔河鄂伦春文化服饰实景展演。据塔河县文体广电和旅游局局长都波介绍，实景展演将旅游、文化、时尚多种元素有机融合，与著名设计师和知名模特联手，为游客带来一场全新的视觉盛宴和旅游体验，探索文旅产业场景化发展新路。

关键词五：服务群众

黑龙江省文旅产业的发展不仅带来可观的经济效益，同时也取得了显著的社会效益，实现了让百姓得实惠、为城市添动能的多重目的。

据鄂艳娟介绍，牡丹江青少年冰雪运动中心、海东青冰雪研学园区、穆棱劲道冰雪综合体验馆、绥芬河鸿徒体育气膜运动馆和冰雪对俄冰雪装备展销（出口）中心等 5 个冰雪项目于 2022 年投入运营，为开展冰雪旅游、服务群众提供有利条件。

据介绍，大庆市国家公共文化服务体系示范区建设不断取得突破，大庆文化中心、全域旅游综合服务中心、大庆市美术馆等重点文旅项目相继投用，76 个县级文体广场新建改建完毕。该市把全省旅发大会筹备的过程转变为民生改善的过程，通过企业自筹和争取债券为主、政府配套投入为辅的方式，共计维修改造道路 71 条，综合治理湖泊 7 个，改造老旧小区 40 个，滨水绿道建设惠及沿线 20 万群众。"为民导向鲜明、资源布局均衡、品牌效应凸显"的公共文化服务"大庆模式"不断被外界认可。

"北国好风光，美在黑龙江"。随着黑龙江省文旅工作融合创新力度不断加深，文化和旅游产业相互赋能，品牌效应持续扩大，蓬勃发展的黑龙江文旅产业一定能够成为东北振兴的新引擎。

（编辑魏松波）

扫码看视频 | 齐齐哈尔："冰雪热"带动冰雪装备产业发展

抓经济　蓄动能
油城大庆推动经济回暖"亮实招"

"表彰是对过去成绩的认可，更是对今后再添干劲的鼓舞。"在 2023 年 1 月 28 日举行的大庆高质量发展大会上，大庆亿鑫化工股份有限公司工程师吴奇超手捧奖励的沃尔沃车钥匙和证书，兴奋不已。

近年来，黑龙江省大庆市创新服务，为企业发展"搭跳板"，不遗余力提供服务、优化营商环境，培育了一批优质企业，走出了一条资源型城市转型发展的新路。

成立于 2010 年的大庆亿鑫化工股份有限公司，是大庆市首批高新技术企业，拥有先进的双加氢工艺，是烷烃类产品的国内优秀企业。在"油头化尾"等一系列政策支持下，亿鑫化工开足马力，10 万吨废矿物油循环再生综合利用装置等项目相继投产。2022 年，亿鑫化工营业收入 30 亿元，顺利通过国家级专精特新"小巨人"认定。

据了解，大庆市聚焦政务服务提速提标、要素供给充足充分、政策扶持精准精细，以一流营商环境引资，培育优质企业，助推地方经济发展。"企业将迎着大庆新一轮高质量发展热潮，抓牢'油头化尾'项目，做优烷烃类产品，做大废矿物油转化润滑油，完全转型为一家科技环保型企业，在全国叫响大庆民营化工企业品牌。"面对未来，吴奇超信心满满。

抓经济、蓄动能，大庆市快马加鞭、力道十足。为助力经济复苏回暖，

这是 2023 年 9 月 19 日拍摄的大庆油田星火水面光伏电站局部（无人机照片）。（新华社记者王建威摄）

2023 年大庆市贯穿全年开展包含 13 项具体内容的"活力大庆"系列行动，充分释放大庆市加快恢复经济社会活力的强烈信号。

13 项具体行动有"千企万店"喜迎消费系列行动，组织"舌尖上的大庆""夜色中的大庆""直播间的大庆"等一大批系列活动；"三百"招商对接系列行动，组织"庆商引商""百商入庆""百企招商"活动等；工业企业增产上产行动，给予"上产奖""稳产奖""复产奖"以及"增产奖"等；工业企业贡献奖励行动，对表现突出企业给予奖励；服务业市场主体新增上限奖励行动，对商贸服务业年度新增达到限额以上一次性奖励 30 万元；以及减税降费助企纾困系列行动、房地产促销复苏行动、"引客入庆"促文旅消费行动、项目建设"开春即开工"行动、金融助企激励行动、创业担保贷款助创业行动、大庆拥抱新市民行动、稳经济促发展政策落实兑付行动。

一系列行之有效的举措共同发力，为大庆市提振全年经济开了好头。下一步，大庆市将继续捕捉新机遇、挖掘新潜力，持续为经济企稳回暖加力。

（编辑董云竹、才萌）

扫码看视频｜"油城"向"游城"——探访第五届黑龙江省旅游产业发展大会承办城市大庆

贰

形象篇

冰城百年老街如歌漫卷

——火车拉来并带"火"的一条街，见证中国开放之路

千余米，百余年，几代人。

在中国，很多城市都有一条引以为傲的大街，但很少有像哈尔滨这样，把中央大街深深融入城市文脉和市民血液，见证中国近代百余年开放之路。这是一条怎样的街？厚重的路石和斑驳的老建筑里藏着哪些故事？2023 年 6 月 15 日，第三十二届哈尔滨国际经济贸易洽谈会在这座"冰城"举办，世界各地客商汇聚于此，一睹百年老街芳华。在中国东北，品读中央大街，打开尘封记忆，中国近代对外开放的历史画卷也徐徐展开。

铁路带"火"的大街

哈尔滨，中国最北省会城市，有"冰城""音乐之都""丁香之城"等美誉。然而，对于许多外地游客来说，如果没有逛过中央大街，就仿佛没有来过这座城市。这条大街究竟有何魔力？

松花江畔，江水奔涌逐前。江上矗立的中东铁路桥，诉说着这座曾经的小渔村的沧桑变迁。故事还要从一个多世纪前说起，历史车轮滚滚向前，一张张记忆的碎片不断拼接，勾勒出一座城市的前世今生，构筑了有血有肉的哈尔滨。

先前，有人把这片土地叫"傅家甸"。而在元朝，这里只是一个驿站。如果没有"中东铁路"，这座如今的国际化都市也许无缘出现在地图中。

中央大街风光。（新华社记者王建威摄）

1896 年，李鸿章与沙俄代表在莫斯科以"共同防日"名义签订了《中俄密约》，规定俄国可以在中国吉林、黑龙江两省建造铁路。沙俄曾将铁路定名为"满洲铁路"，李鸿章坚持"必须名曰'大清东省铁路'，若名为'满洲铁路'，即须取消允给之应需地亩权"。因此，这条铁路又称中国东省铁路，简称"中东铁路"。

松花江畔的哈尔滨是其中一站。1898 年，中东铁路工程局由海参崴（符拉迪沃斯托克）迁到哈尔滨，这个年轻的城市开启了国际化步伐。关于哈尔滨名字的由来，作家阿成在《哈尔滨人》一书中有这样一段记载：有的说是蒙古语"平地"的意思，有的说是"晒网场"的意思，也有的说哈尔滨是"阿勒锦"的谐音，是女真语"光荣"与"荣誉"的意思等等。

无论名字因何而来，这里最初都只是一个松花江畔的小渔村。与中国很多城市不同，它没有传统的高大城墙，反而有各类欧式建筑林立其间，沙俄、英、日、法、美等国侨民来此聚居，外国领馆众多。当时，这里被称为"东方莫斯科"和"东方小巴黎",是远东地区的经济和文化中心之一。

中央大街管委会主编的《中央大街》一书中这样介绍这条街:"起点经纬街,终点松花江江沿,全长1450米。中国最早、亚洲最长的步行街。历史可追溯至1898年。"是否为"中国最早",各地仍有不同争论;是不是"亚洲最长"的步行街,也众说纷纭。但是,这条百年老街的声名远播,却是不争的事实。

人们常说,哈尔滨是"火车拉来的城市",而中央大街则无疑是火车拉来并带"火"的一条街。100多年前,中东铁路率先将哈尔滨与世界连接。

铁路带来了货物,也带来了移民,形形色色的人口和大量资金快速涌入,哈尔滨迅速成为一座华洋杂处的大都市。最为繁盛时,这里曾拥有19个国家的领事馆,许多知名建筑就在中央大街两侧拔地而起。

商贾云集"中国大街"

中央大街,最初名为"中国大街"。《中央大街》一书中这样记载:"当时的沙俄殖民者,就像给自己民族的底层社区起名为'懒汉屯','中国大街'这个名字里其实不无偏见和歧视。中央大街在1899年的时候看上去很糟糕,近乎沼泽河滩地,到处是烂泥塘,街道两侧是中国劳力居住的棚户区。"

1905年日俄战争结束后,很多犹太裔士兵就地转业,大部分留在了哈尔滨。当时,俄国境内反犹势力猖獗,而在哈尔滨这块开放包容的土地上,非但没有反犹土壤,市政当局还实行了一系列吸引移民的开放优惠政策。

犹太人与生俱来的敏锐商业嗅觉,使他们迅速找到第一处"金矿"——中国大街。很快,街道两旁的草棚茅屋更换了主人,比如马迭尔品牌创始人约瑟夫·卡斯普,就是一名退伍兵,因收购地皮而暴富。"马迭尔"取意摩登、时髦,转瞬百余年,"马迭尔冰棍"和"马迭尔宾馆"热度不减,无论炎炎夏日还是滴水成冰的三九天,都有人排着长队购买冰棍、拍照留念。马迭尔宾馆是一座充满自由与浪漫色彩的"新艺术"风格建筑,充分体现了20世纪初的潮流。建筑上方棕绿色的穹顶、孟莎式的屋顶、多姿多彩的女儿墙造型，处处散发着迷人的魅力，这里也成了哈尔滨的象征之一。

由于街道建在沼泽上，每年春夏之交，化冻后松软的路面常常使车辆深陷其中。1924 年 5 月，由俄国人掌控的哈尔滨市自治公议会开始铺设石砌路面，工程设计兼监工是俄国工程师科姆特拉肖克，路面用 18 厘米长、12 厘米宽、形状如面包的花岗岩石竖立着砌造而成。老辈人说，当时一块面包石价值一银元，一银元够穷人吃一个月——"中国大街"堪称"银元大道"。这些往事虽已不可考，但大街确实成了黄金宝地。

1928 年，"中国大街"更名为"中央大街"。20 世纪 20 年代中期的中央大街，俨然小型世博会，这里能找到当时世界最时髦的商品，俄国的毛皮、法国的香水、德国的药品；这里能触及最时尚的文化，电影院、舞厅、西餐馆、音乐厅；这里能汇聚金融活水，大量资金在此流动，成为东北亚的金融重镇；这里能领略西方建筑艺术的百年精华，大街两侧建有欧式、仿欧式建筑 75 栋，汇集了文艺复兴、巴洛克等多种风格。

走在中央大街上，就像行走在建筑艺术博物馆里。只要来了外地宾朋，哈尔滨人总要津津乐道地介绍这条街和每个老建筑背后的故事，"洋气"曾是这座城市开放的历史见证。

萧红萧军朱自清胡适瞿秋白曾在此徜徉

一年四季，中央大街游人如织。夏日，被日光染成浓淡不一的道旁树，犹如一张张伞，让行人身感阵阵清凉；秋日，午后阳光慵懒地洒在脸上，踏着街上随风飘落的树叶，漫步老街沉浸于浓浓秋意；冬日，雪花簌簌飘落，走着走着就"白了头"。与自然景观相比，更多人还是喜欢抚摸老建筑光影婆娑的外墙，在夜幕下寻找阳台音乐会等多元文化符号……中西文化在这里交融绽放。

20 世纪二三十年代的哈尔滨，已发展成为开放包容、华洋杂处、经济发达的国际化都市。当年，女作家萧红和恋人萧军曾居住在距离中央大街不远的欧罗巴旅馆。二人常在街上散步，身旁驶过洋人高头大马的斗子车，马蹄敲击石头路面发出"哒哒"的声响，震得两侧参差耸立的欧式建筑发出清脆回音。

朱自清认为哈尔滨是个"有趣的地方"，他在《西行通讯》中写道："这至少是个有趣的地方……道里纯粹不是中国味儿。街上满眼是俄国人，走着的，坐着的；女人比哪儿似乎都要多些。你黄昏后在中国大街上走，瞧那拥拥挤挤的热闹劲儿。这里的外国人不像上海的英美人在中国人之上……能和中国人混在一起，没有什么隔阂了……这里有很高的文明，待一两个礼拜，甚至一个月，大致不会叫你腻味。"

胡适站上中央大街时感慨万端，说自己发现了东西文明的交界点。他在《漫游的感想》里说："哈尔滨本是俄国在远东侵略的一个重要中心。当初俄国人经营哈尔滨的时候，早就预备要把此地辟作一个二百万居民的大城，所以一切文明设备，应有尽有……'道外'街道上都是人力车。一到了'道里'，只见电车与汽车，不见一部人力车……人力车代表的文明就是用人做牛马的文明，摩托车代表的文明就是用人的心思才智制作出机械并代替人力的文明。"当年的车水马龙可见一斑。

瞿秋白则怀揣着"为大家辟一条光明之路"的信念来到中央大街，写下《饿乡纪程》的前几章，一边是商业崛起的繁荣景象，一边是贫困的中国人民，对比何其鲜明。他也是在哈尔滨第一次听到了《国际歌》并着手翻译。8年后，他再次北上，与党员同志们途经哈尔滨远赴莫斯科参加中共六大。

马迭尔宾馆一楼的历史长廊中，陈列着建设之初的原始物件，以及部分曾在此下榻的名人照片。《红星照耀中国》作者、美国记者埃德加·斯诺，就曾在1934年来到哈尔滨，撰文揭露了日本帝国主义侵略的丑陋行径。

马迭尔宾馆当年聚集了很多外籍人士和社会名流，也成为中共地下工作者和敌人进行谍报战的主战场。《马迭尔旅馆的枪声》《夜幕下的哈尔滨》《悬崖》等抗战题材的影视作品都曾在此取景拍摄，让观众得以重温当年那场没有硝烟的斗争。

米黄色油漆的墙壁、厚重华丽的欧式门窗、璀璨的吊灯……马迭尔宾馆二楼一号会议室呈现一派奢华的欧洲宫廷风格，这里就是中共中央代表与在哈民主人士进行三次会谈的会议室。沈钧儒、谭平山、蔡廷锴、章伯钧……知名爱国人士纷纷下榻于此，新政协曾从这里出发。如今，修缮如初的会议室已被用作爱国主义教育基地，记录着那段令人心潮澎湃的红色烽火。

百年老街上的每一块方石就是一个故事、一段历史。这里曾走过抗美援朝保家卫国的志愿军士兵、开垦北大荒的战士、工业会战的大军，还走过改革开放的闯将……历史风云清晰地镌刻在中央大街粗犷的脊梁之上，文化间的交融也在此润物无声。

百年老街如歌漫卷

市井的千姿百态在老街的烟火气中氤氲，时代的风起云涌也在老街的喧闹声中升腾。如今，百年老街在如歌漫卷的烟火中寻找着"新生"。

"走啊，上江沿儿啊！"在无数个琐碎的日常，抑或在每一个大小节日，从经纬街头走到防洪纪念塔广场的江沿儿，吹一吹江风，看一看落日，心中纷扰便会一扫而光。如今的老街，在一个个新旧"网红"景点的加持下，正向游人敞开怀抱。

统计数据显示，2023年4月，哈尔滨太平国际机场完成运输起降1.2万架次、旅客吞吐量161.5万人次。2023年"五一"假期，中央大街区域总客流量约571万人次。来自世界各地的游客再次汇聚中国东北角，在中央大街漫步的同时，也感受中国对外开放的最北加速度。

"一根冰棍见证了改造升级'老字号'，也蕴含了高质量发展带来的幸福滋味。"中央大街管委会主任孙悦春举例说，人们怀念着马迭尔冰棍的老滋味，也惊讶于它的"新口感"。

与奶茶品牌联名推出抹茶和西柚口味雪糕、与哈尔滨啤酒推出啤酒口味雪糕、与哈尔滨冰雪大世界推出摩天轮主题雪糕……马迭尔冰棍与众多知名IP联名，凭借着独特创意渐渐"出圈"。

作为一条商业步行街，中央大街两旁店铺鳞次栉比，这里日平均客流量约 30 万人次，最高日客流量达到 140 万人次。就在中央大街与十二道街交叉口，有一家名为"何所有"的书店，工艺考究的桦树皮画、做工精致的布老虎、俄式风格的冰箱贴……除图书之外，消费者还可选购各式与黑龙江、哈尔滨相关的特色文创产品。店家告诉记者，他们正依托中央大街的巨大客流量，向消费者展现美好生活的"打开方式"。

新产品、新模式、新业态的涌现，让老街越来越"新"，一幢幢老建筑、一件件老物件也都"活"了起来，尤其是两侧辅街，犹如一双双翅膀，振翅释放着老街的活力。马迭尔西餐厅、华梅西餐厅等"老字号"备受追捧，一些"新字号"也受到青睐。

"端街"原意为"短街"，曾是中央大街最短的辅街。120 多年前，外侨聚集于此，如今这里分布着咖啡馆、俄餐、古着店等几家开在历史建筑里"小而美"的店铺。

高高的木窗子、飘逸的白纱帘、古朴的钢琴、屋子中间的大拉桌、漆着厚厚油漆的宽大地板以及茶几案台上的钩织台布……在端街一家开在二楼的咖啡馆，细细端详当年的老物件，让人仿佛穿越时空，重温俄侨生活场景。楼下的老俄侨餐厅内，红菜汤、烤奶汁杂拌、罐虾等俄式菜肴，丰盈着食客的味蕾。

"二楼咖啡厅的露台成了网拍地，人多时拍照都得排队。"哈尔滨历史研究学者、城史文物收藏家宋兴文是这两家店铺的主人，他对"端街"上的历史建筑情有独钟。"历史建筑越老、越远，大家就越有新鲜感。"宋兴文说，"活化"老建筑要找"老味道"，让百年建筑重拾风韵，在保护和商业化中取得平衡，助推城市发展。

老街，可享千滋百味，新元素也在不断涌现。中央大街上的"哈工大中心"，是由哈尔滨工业大学和哈尔滨道里区政府共建的品牌形象店。"从哈工大一共走出 113 位两院院士，149 位大学书记和校长，450 余位航天国防总师……他们或万众瞩目，或隐姓埋名，共同挺起了中国科技的脊梁。"哈工大学生刘东杭向游人动情讲述，希望在青年游人心中埋下科技兴国的种子。

夜幕降临，暖黄色路灯缓缓点亮，百年老街烟火如歌漫卷——香喷喷的红肠、刚刚沾完糖浆的冰糖葫芦、热腾腾的烟囱面包配上冰激凌……一家店铺二楼的阳台上，表演者用小提琴演奏着优美动听的音乐，层层叠叠的人群用手机灯光互动，美好如约而至。

与防洪纪念塔一江之隔的，是 2015 年国家批复设立的哈尔滨新区。树立"最北自贸区"品牌、打造对俄合作"试验田"、成为中国向北开放的"新名片"……自 2019 年 8 月挂牌成立以来，黑龙江自贸试验区哈尔滨片区被寄予厚望，也不负众望。成立 3 年时间，黑龙江自贸试验区哈尔滨片区交出亮眼成绩单：已累计新设立企业 12226 家，内资企业 12175 家，外资企业 51 家，进出口总额由设立之初的 16.84 亿元增至 67.59 亿元，年均增速超 100%。

老街，连着过去，也衔着未来。百余年来，饱经时光摩挲，街上行人来了又走，留下欢声笑语、喜笑忧愁，也留下城市不断前行的歌。"松花江水，静静地流淌，梦里依稀看到她奔腾的波浪，点点白帆的水面那船歌嘹亮……"歌手李健用一曲《松花江》咏叹这座城市的母亲河，用深沉而朴素的情感抒发游子对故乡的追寻。

奔腾的大江大河涵养了城市大气爽朗的性格，也见证着对外开放"先行先试"的担当。这里的人们坚信，在哈尔滨这片中西文化交融碰撞的黑土地上，蕴藏着无限潜力。其脚下生机勃勃的东北亚经济走廊，如同百年老街一样涌动着"新生"的渴望，也寄托着一个国家对合作共赢的向往。

（新华社北京 2023 年 6 月 15 日电 新华社记者刘伟、邹大鹏、孙晓宇）

用花瓣的温柔说一声"谢谢"

校园的草坪上，老师弹着吉他，学生唱着歌。音乐是老师给乡村孩子的礼物，孩子们的笑容是快乐成长最好的证明。孩子给老师别上一枝丁香花，"爱出者爱返"花香沁入心间。

这是我连续第三年来到黑龙江省安达市任民镇中心小学，采访"村里的孩儿"音乐班。2019 年，两位热爱音乐的特岗教师李平、张雨一拍即合，成

2023 年 5 月 29 日，在安达市任民镇中心小学校园的草坪上，音乐班的孩子在练习合唱时把丁香花别在音乐老师李平的耳朵上。

"我们在，'村里的孩儿'就在。"李平向我笃定，只要孩子们愿意唱，他和张雨就会一直把乡村音乐教育做下去。

立这个音乐班，立志用音乐培养这群留守儿童和单亲家庭孩子们的家国情怀，给他们打开一扇通往广阔世界的窗。

两位老师以流行音乐为载体，把歌词改编成热爱家乡、家国情怀、中国传统文化等主题内容再教给孩子们。在短视频平台上，"村里的孩儿"演唱的歌曲获得很多点赞和评论，许多人从孩子们的歌声中感受到温暖和力量。

开班4年多来，"村里的孩儿"从参加安达市春晚、去哈尔滨录制电视节目，到前往首都北京，登上中央电视台的舞台……纯净动人的歌声中，"村里的孩儿"走出教室，用歌声编织他们的梦想。如今，"村里的孩儿"音乐班已有4批孩子毕业。我感叹孩子们成长得真快，两年前镜头中那个缺了两颗门牙的小女孩牙齿已经长齐，在音乐班放声歌唱时，笑容灿烂。

（新华社客户端2023年6日6日电　新华社记者谢剑飞）

扫码看视频 | 用花瓣的温柔
说一声"谢谢"

深化能力作风建设，黑龙江这么干

坚持把改进干部作风作为振兴发展的重要保证，锚定"既能扛起大项目、又能解决小家事"的目标加快发展步伐……

2022 年以来，黑龙江省相继在全省开展"能力作风建设年"、深化能力作风建设"工作落实年"活动，不断锤炼干部勇于解放思想、敢于攻坚克难的作风能力本领，着力解决制约振兴发展、阻碍工作落实、损害群众利益的突出问题。

2023 年一季度，黑龙江全省地区生产总值增长 5.1%，增速居全国第 9 位（并列）。全省外贸进出口总额比 2022 年同期增长 29.6%，增速高于全国 24.8 个百分点。

思想之变：发展"等不起拖不得"

走进黑龙江省高级人民法院深化能力作风建设办公室，一块硕大的电子屏正滚动展示该院创优争先工作推进情况，红蓝黑榜单根据指标排名变化实时更新。法院政治部主任罗继广介绍，2023 年，院党组以"纵向争晋位、横向争站位、工作争创品牌"为总抓手，推动全省法院工作再上台阶。截至 5 月 19 日，已有 14 项指标位列全国法院第一，19 项指标实现同比晋位，审判工作助力高质量发展成效明显。

不久前，针对上市公司奥瑞德光电股份有限公司及其子公司申请破产重整，哈尔滨市中级人民法院运用"预重整工作＋破产重整制度"，经 31 天审理结案，引入战略投资 18.33 亿元，有效盘活资产 64.71 亿元，妥善化解债务 43.78 亿元。

思路决定出路。过去一年间，黑龙江省深入开展"解放思想、振兴发展"研讨及"回头看"，共查摆思想层面问题 1287 个、具体问题表现 2060 项，解放思想成果不断丰富、成效日益显现。

"我们深刻认识到黑龙江省'边疆转身，就是前沿'的时代机遇之变，必须乘势而上。"黑龙江省发展改革委负责同志说，进一步明确在重大规划政策设计、纾解经济运行困难问题、服务市场主体需求等 10 个方面"马上就办"事项，2022 年，全省制定产业振兴、数字经济、生物经济等系列规划计划，争取中央预算内投资同比增长 11.3%。

动起来的黑龙江省坚持"开春即开工、夏季大会战、猫冬变忙冬"，以高质量项目支撑高质量发展。为抢前抓早拼起步，2022 年入冬前就开始谋划 2023 年任务，截至 2023 年 3 月底为全年储备了超 1 万个开复工项目，其中省级重点项目 1000 个。

2023 年 4 月 7 日，黑龙江全省 2023 年高质量发展重点项目集中开工，省市两级"开春即开工"重点项目 2541 个，同比增长 33.6%。截至 4 月 30 日，省级重点项目已开复工 677 个，开工率达 67.7%，提前 1 个月完成开工率过半的目标。

重大项目不再"装到篮子里就是菜"，而是紧跟产业变革趋势谋划，数字经济、生物经济、冰雪经济、创意设计产业正成为黑龙江产业发展的新引擎。

奋勇争先的精气神正转化为一系列高水平的经贸交流活动。2022 年，黑龙江举办世界 5G 大会、全国工商联主席高端峰会等，吸引华为、华大基因等一批行业领军企业落户，签约项目 700 多个、总额超 6600 亿元。2023 年年初以来，黑龙江省举办第二十三届亚布力论坛年会暨黑龙江产业投资与开放合作大会，签约项目 131 个，签约金额超 1511 亿元；举办黑龙江—广东产业合作与开放交流大会，签约项目 192 个，签约金额超 982 亿元。

黑龙江省委书记许勤说，深化能力作风建设，关乎推动黑龙江高质量振兴发展，关乎践行初心使命增进民生福祉。就是要拿出抓铁有痕、踏石留印的韧劲，一年接着一年打好这场硬仗，全面提振干事创业精气神，更好地建设黑龙江、贡献国家、造福人民，以奋发有为的精神状态谱写高质量发展新篇章。

作风转变：直面问题迎难而上

黑龙江省把集中开展攻坚破难行动作为"磨刀石"，引导各级领导干部带头承压担责，2022年推动解决892项振兴发展难题，更好扛起维护国家"五大安全"的政治责任。

眼下，三江平原腹地，农耕季的黑土地上又沸腾起来。瞄准更好维护国家粮食安全，佳木斯市从全市66项重点突破性工作中选出20项作为攻坚破难项目，确保以重点突破带动整体提升。当地打破机制壁垒，与北大荒集团成立联合指挥部，加速垦地生产、技术等全面融合植入，2022年全程托管的42.5万亩土地，单产平均提高10%左右，2023年双方进一步扩大托管规模至190万亩。

佳木斯市还不断延伸农业产业链条，加快创建高端智能农机制造示范园区，聚焦农机研发、生产、应用、销售、运维服务、金融保险支持等产业环节，成立了智能农机产业联盟，智能农机北斗导航仪项目已实现量产。2023年一季度，全市规上农机生产企业产值同比增长43%。

在老工业基地城市齐齐哈尔，当地确定以"链"式思维赋能产业升级，启动12条重点产业链供应链行动计划，在数控机床、轨道交通、新能源及装备等领域，实行"总链长＋双链长＋工作专班"推进机制，突出产业链上游"追根溯源"、中游"强筋健骨"、下游"顺藤摸瓜"，带动一批协作配套企业发展。

2022年，齐齐哈尔市链上重点企业达179户、产值增长10%。位于当地的中国一重、中车齐车本地配套额同比分别增长72.2%和172.2%。齐齐哈尔市被工业和信息化部确定为全国首批12个开展产业链供应链生态体系建设试点城市之一。

"过去存在随大流心态，现在不甘落后，都要创优争先。攻坚破难就是要一改以往遇见难题绕路走，挪开面前的'绊脚石''木桩子'，敢与大的比，敢向高的攀。"黑龙江省委常委、组织部部长杨博说。

构建亲清政商关系，黑龙江省市县领导干部走访包联企业 1.2 万余户，帮助解决一批生产经营难题，层层带头推动工作格局由小向大、工作节奏由慢向快、工作态度由粗向细、工作方法由虚向实、工作导向由说向做、工作标准由低向高转变。

红脸出汗："不能把说了当做了，做了当做到位了"

在深化能力作风建设过程中，黑龙江省明确提出，干工作"不能把说了当做了，做了当做到位了"，释放出鲜明信号。

能干不想干、想干不会干，都要"红脸出汗"。过去一年，黑龙江省坚决纠治和查处设障勒卡、官商勾结、利益输送等破坏营商环境问题 1118 个。黑龙江省高级人民法院"刀刃向内"，6 人因审判质效四档暂缓晋升法官等级。奖惩分明，2022 年以来，黑龙江省发展改革委提拔在关键时刻、急难险重任务面前冲得上去的处级干部 39 人。

聚焦发展办实事、瞄准问题出实招、服务群众得实惠。在鸡西市，干部带头"走城区"到群众中间去，发现问题现场办公、建立台账，推动立行立改，跟踪问效。2022 年以来，鸡西市全力解决涉及群众利益的教育、医疗、就业、老旧小区改造等急难愁盼问题。全市民生支出 184.5 亿元，占一般公共预算支出 82.6%。

鸡西密山市把百姓关切已久的"饮用水质量不高问题"一以贯之对接争取，积极推进城市供水工程项目，2022 年投用后惠及当地 10 余万市民。"现在喝的是母亲河的水，这是好水，放心水。"密山市阳光小区居民王虹捷说。

为更好提升基层治理效能，佳木斯市构建起城镇扁平化网格工作体系，明确网格工作事项清单和处置流程，60 家单位职能进网入格，筑牢社会治理坚实"底座"。过去一年，市县乡村四级网格化协调指挥中心互联互动、接诉即办，受理网格内各类事项52.7万余件，办结率97.4%。

黑龙江省致力于做好人才智力储备，出台新时代龙江人才振兴60条及系列配套措施，加大从国内高校定向招录选调生，向基层一线选派。新老队伍互济"既补短板，又教方法"，推动专业能力不断提升，吸引各类要素为振兴发展服务。系列政策落实以来，过去一年从省外、海外引进的高层次人才数量是此前6年总和的4.4倍，全省高校高级职称人才由净流出转向净流入。

针对百姓深恶痛绝的电诈犯罪，黑龙江省公安部门坚持打防并举，推行精准预警劝阻和技术反制，2022年案发同比下降19.42%，避免589万名群众受损，挽损1.22亿元。仅2023年3月份以来，就累计处置平台高危预警信息5.3万余条，成功阻止4.5万名群众被骗。

（新华社北京2023年5月28日电　新华社记者刘伟、闫睿）

打造寒地特色全域旅游打卡地目的地

——专访黑龙江省文化和旅游厅党组书记、厅长何晶

做为我国最北端省份的黑龙江，在高擎"冰雪旅游的游客热门打卡地、目的地"金字招牌的同时，多措并举创新打造寒地特色全域旅游的新标杆、新模式、新高地，实现黑龙江寒地旅游由冬夏"两季旺"到一年"四季兴"的华丽蜕变。新华财经记者就如何打造黑龙江寒地特色旅游新高地等相关话题专访黑龙江省文化和旅游厅党组书记、厅长何晶。

新华财经：黑龙江省冰雪旅游是我国寒地旅游的最大特色和优势，在过去的2022—2023冰雪旅游季，黑龙江省在冰雪旅游人数、旅游收入、社会效益等方面均有超预期表现。黑龙江省文化和旅游部门在推动冰雪旅游高质量发展方面采取了哪些行之有效的措施？

何晶：首先，感谢广大游客对龙江冰雪旅游的关注和支持。2023年的冰雪季，黑龙江开门迎客、诚挚待宾，用最美的景观、最优的服务、最严的监管、最佳的体验，实现了"开门红"，赢得了"好口碑"，形成了龙江冰雪旅游火爆"出圈"的蓬勃发展态势。

一是打造"有温度"的旅游服务。站在游客角度换位思考，持续优化冬季旅游全链条服务。开通对省外游客落地短信温馨提示和重点区域风险提醒，增设交通提示和引导标识，组织全省旅游行业协会发布正负面清单"双十条"、旅游服务质量承诺书和倡议书；优化景区管理服务，增设取暖场所，

增加重点景区工作人员和车辆班次，满足旅游需求；坚持明码标价，统一下调套票价格；强化安全保障，规范旅游包车安全运行，加大景区及周边涉旅餐饮服务单位抽检监测力度，全面排查景区大型游乐设施安全和消防安全隐患，让游客玩得开心、放心。

二是打造"有标识"的旅游品牌。以"冰雪之冠·童话龙江"为主题，推出三大冰雪旅游主题产品、五个重点冰雪旅游城市、十条冰雪旅游精品线路、十五个冰雪旅游必到必游地。南下杭州、重庆等主要客源地，全面推广龙江冰雪，引南方"冰雪客"到龙江"冰雪游"；开展全方位、立体式、多角度宣传，构建新媒体宣传矩阵，发布各类视频作品 5000 多部，播放浏览量达 2.9 亿人次，在国内外新媒体等指数排名进入全国前十。

三是打造"有震慑"的旅游监管。组织《黑龙江省游客出游体验问卷》调查，收集有效问卷 1.7 万份，深入分析研究游客需求，及时改进游客反映问题，着力提供优质旅游产品和服务；开展"冰盾护游 2022—2023"冬季旅游市场综合监管专项行动，实施省市县和景区四级联动"拉网式"排查，规范冰雪旅游市场。2023 年 1 月 1 日至 3 月 11 日，全省共接待游客 3007.24 万人次，同比 2022 年增长 86.73%；实现旅游收入 226.14 亿元，同比 2022 年增长 91.56%。

新华财经：寒地全域旅游离不开具有北方特色的文化赋能，而文化元素的注入又赋予旅游以持久的生命力。黑龙江省在加强文化和旅游深度融合方面做了哪些可供借鉴和参考的工作？

何晶：在加强文旅深度融合方面，2023 年黑龙江省文化和旅游工作重点围绕"六项行动"推进展开。一是实施文艺繁荣行动。相继推出一批弘扬社会主义文化、展现黑龙江地域特色、服务振兴发展大局的艺术佳作；组织国有文艺院团"全员大练兵"活动，加强大师传承、委托代培和"一对一""一对多"个性化培养机制；大力推进演艺进旅游景区、进商业街区、进文化场馆，打造"相声百乐会""周末剧场""每月一戏"等本土演艺品牌。

二是实施文化惠民行动。推进城乡公共文化服务体系一体化建设，研究针对老幼妇残等特殊群体的特别公共文化服务，推动公共文化资源走进群众身边、走进百姓生活。举办"云遇龙江"文旅农融合类文化 IP 传播活动，实施文化惠民"蒲公英计划"，建设"汇文采"文化惠民行动计划试点，打造文化服务新亮点。

三是实施保护传承行动。开展第七批省级文物保护单位认定，拍摄文物考古纪录片《玉见小南山》，加大实证黑龙江文明链条代表性古遗址宣传力度；编制革命文物保护利用总体规划、东北抗联革命文物保护利用片区规划，推进非遗保护工作动态管理，推动全省非遗工坊建设，办好"非物质文化遗产交流系列活动"，打造"不落幕"的文旅盛宴。

四是实施产业振兴行动。深入实施百个重点文旅产业项目，续办第五届全省旅游产业发展大会，召开第二届古驿路文化旅游联盟工作会议、第五届湿地旅游联盟会议，推动旅游资源共享、抱团发展。打造"七彩旅游"，开展全省 A 级旅游景区、旅游度假区、旅游休闲街区、S 级旅游滑雪场评定及复核，指导齐齐哈尔扎龙国家级自然保护区争创黑龙江省第 7 家国家 5A 级景区。

五是实施交流互鉴行动。梳理全省文旅营销推广公众号、视频号、微博号等宣传资源，实现一屏尽览、一键直达。围绕全省文化和旅游形象 LOGO、吉祥物"爽爽虎"等标志物，开发配套衍生品；结合筹办"哈夏音乐会""哈尔滨国际冰雪节"，创新举办中俄文化艺术交流活动。筹办第十三届中俄文化大集，办好以色列特拉维夫中国文化中心对口合作、中国冰雪旅游联盟推广等活动。

六是实施市场护航行动。筹建黑龙江数字旅游集散中心，实施黑龙江导游转型升级引导计划，举办导游职业技能大赛，提高旅游服务质量；建设全省文旅信用监管平台，制定出台旅游诚信基金管理办法，推动监管力度不断增强；常态化组织体检式暗访、机动执法检查和网络集中巡查，健全跨区域、跨部门执法协作机制，持续深化文化市场综合执法改革，开展综合执法队伍规范化建设观摩会，全面提升执法效能。

新华财经：随着经济复苏，全国各地都在积极布局文旅产业，黑龙江也提出了文旅产业振兴行动以增强经济活力，黑龙江在这方面有哪些政策支持？

何晶：全省文旅系统、行业协会和广大文旅人将抓住有利契机，加大政策储备和供给，以最优的营商环境推动文旅产业加快振兴发展。一是把助企惠民做实。鼓励全省国有景区免首道门票，省、市（地）在年度消费券资金内给予一定补贴；加大"引客入省"旅游支持力度，实施旅游服务质量保证金缓缴；引导银行机构推出符合文旅企业需求的金融产品，多形式开展银企对接活动；安排专项资金，对符合条件的文旅产业项目进行奖补。

二是把业态创新做足。鼓励景区及文化场所延长开放时间，以哈尔滨为重点打造夜游产品，打造夜间文化和旅游消费新场景；争创国家文旅产业融合发展示范区、文化产业赋能乡村振兴试点，总结复制推广消费新场景、新模式；实施数字化文旅战略，优化升级智慧文旅平台和"趣龙江"App功能，打造智慧图书馆、智慧博物馆和智慧景区，积极引导云旅游、云演艺、云娱乐、云直播、云展览等新业态发展，培育"网络体验＋消费"新模式。

三是把顶层谋划做细。结合贯彻落实全域旅游发展总体规划、冰雪经济发展规划、冰雪旅游产业发展规划，系统梳理当前全省旅游业发展形势和存在问题，研究制定旅游业高质量发展规划和配套落实政策措施，有机整合衔接各项规划重点任务，全面推动规划目标和措施落地，着力解决黑龙江省旅游业发展瓶颈性问题。

四是把标准体系做优。统筹制定完善涉旅行业准入、管理标准，做优冰雪、避暑旅游等重要旅游线路和景区，建立动态退出机制；探索实施专家评估与听证相结合等方式，指导冰雪景区景点高品质建设管理、价格合理制定等，坚决铲除劣质景点、质价不符、欺客宰客、强推强卖、虚高价格捆绑销售的突出问题和滋生土壤。

（新华财经哈尔滨 2023 年 5 月 19 日电　新华社记者邢路续）

一盘烤肉背后的"消费账"

傍晚时分，在黑龙江省齐齐哈尔市建设街上，华灯初上，人头攒动。

"今天的餐位早已全部订满，现在就开始排号等桌了。"齐齐哈尔烤肉产业协会执行会长、杨小佳烤肉小酒馆负责人郭旭一边忙着招呼客人一边说。

2023年"五一"以来，以烤肉闻名的齐齐哈尔食客骤增，借助一盘盘烤肉，这座老工业城市不时传来食客们的欢声笑语……

在齐齐哈尔市一家烤肉店，市民正在用餐。（新华社记者唐铁富摄）

走在齐齐哈尔烤肉美食街——东四道街，一个个烤炉散发出阵阵热浪，牛肉在烟火逼迫下散发出热气腾腾的香气，再融合上各种香料的味道，浓郁的肉香味扑面而来。

"高品质牛肉配上特制的调料，味道简直逆天了！"来自长春的食客顾全说。

"烤肉我们从小吃到大，已经成了市民生活的一部分。2022 年，世界中餐业联合会还授予齐齐哈尔市'国际烤肉美食之都'称号。"齐齐哈尔市商务局副局长周韬说，为减少烤肉给城市环境造成的影响，齐齐哈尔烤肉店按照要求配备了相应的油烟净化设备。同时，齐齐哈尔烤肉产业协会提倡商家规范经营，在符合城管、环保要求的情况开展外摆和室外促销活动。

周韬给记者算了一笔账：现在齐齐哈尔市域内有烤肉门店 6200 多家，预计 2023 年上半年总营收将达 40 亿元，可解决本地近 20 万人就业，平均月工资 4000 元以上。

正在加工半成品烤肉的烤肉待业从业者。（新华社记者唐铁富摄）

在黑龙江省齐函杨佳清真肉业有限公司，带货主播正在直播。（新华社记者唐铁富摄）

　　实体门店火爆同时带动了线上销售。在黑龙江省齐函杨佳清真肉业有限公司，带货主播展示手中的半成品烤肉；包装车间里，一箱箱包装好的冷链烤肉产品正被传送带送进快递公司的货车。

　　"3年前，齐函杨佳清真肉业有限公司开始探索网络销售新模式，在各大网络平台开店试水。"企业负责人杨宁说，2022年，齐函杨佳品牌位居黑龙江生鲜食品网络销量第二名，营业额达1.7亿元，线上销售额占比在70%到80%之间。

　　截至2023年5月，齐齐哈尔的烤肉电商企业有50多家，2023年上半年电商网络零售额有望达8.3亿元，同比增长25%。

　　"齐齐哈尔烤肉名声在外，得益于多年打造的烤肉产业链。"齐齐哈尔市政府副秘书长赵军说。

　　走进位于齐齐哈尔市龙江县哈拉海乡的龙江元盛食品有限公司的牛舍，一首首钢琴曲美妙动听，用来给牛按摩的圆柱体滚刷均匀分布在牛舍中。

齐齐哈尔一家畜牧企业养殖的肉牛。（受访者供图）

"这些牛是听着音乐长大的，在吃饱喝足后，按按摩、散散步，肉质更加鲜美。"龙江元盛和牛产业股份有限公司董事长林紫柏介绍，养殖基地肉牛存栏量达 1.35 万头，已发展成规模庞大的和牛繁育和冻精生产基地。

记者采访了解到，为深入挖掘烤肉产业，将"齐齐哈尔烤肉"品牌做强做大，多年来，齐齐哈尔市从繁育养殖、配套种植、交易屠宰、分割加工、调料配置、酒水伴侣、冷链物流、超市门店、电商销售等环节，持续推动烤肉全产业链行动计划。

"如今，全市优质肉牛饲养量近 200 万头，全国'齐齐哈尔烤肉'门店总数超过 1.2 万家。"赵军说。

据了解，2022 年，齐齐哈尔烤肉全产业链规模达到 200 亿元，2023 年有望冲击 300 亿元。

（新华社记者梁冬、唐铁富）

都波：塔河美在原生态 鄂伦春文化是瑰宝

前不久，黑龙江省大兴安岭地区塔河县文体广电和旅游局局长都波身穿鄂伦春民族服饰，饰演"白鹿仙子"火出圈。在 2023 年 3 月 23 日举行的黑龙江首届"时尚春雪节"——塔河鄂伦春文化服饰实景展演活动现场，她以"冰雪女神"的新造型精彩亮相，再次为家乡代言。新华网一行独家采访都波，请她回答网友关心的问题。以下是访谈实录：

新华网：很多网友对您在黑龙江"时尚春雪节"上的新造型很期待，能给大家介绍一下这个服饰的特点吗？

都波：本次"时尚春雪节"准备了两套鄂伦春民族文化元素服饰，一套是大家熟悉的"白鹿仙子"，还有一套是配合本次春雪节活动的"冰雪女神"。白鹿是鄂伦春民族心中的神鹿，传说此生有幸遇见白鹿仙子，一定会吉祥、美满相伴。

"冰雪女神"这套服饰象征着冰雪的纯洁、浪漫，自然是想衬托我们（黑）龙江雄浑壮美的大冰雪。当我穿上这样的鄂伦春民族服饰，心中祥和、宁静和博爱的情感就会油然而生。

新华网：鄂伦春民族服饰整体的特色是什么，春天服饰与冬天有何不同；您对时尚的理解是怎样的，春雪与时尚的结合在您看来会碰撞出怎样的火花？

都波：鄂伦春民族的服饰以宽肥大袍为主，作为北方最古老的民族之一，他们在服饰纹样上保留了浓郁的历史气息，在领口、袖口、襟边、大袍开衩处有刺绣、补花等装饰，常用云纹、鹿角纹等。戴的犴皮帽上常缝有各种装饰和彩穗，姑娘们头戴缀有珠子、贝壳、扣子等装饰的头带。

不同季节所穿的衣服及制作方法有多种，冬季以皮衣为主，夏季会着布衣。传统的狍皮服饰是鄂伦春人经常上身的，因秋冬两季的狍皮毛长而密，皮厚结实，防寒力强；夏季的狍皮毛质稀疏短小，适宜做春夏季的衣装。

"时尚"顾名思义就是当今流行的风尚。我对时尚的理解就是传承兼具创新而不另类。少数民族风情与非物质文化遗产历来是中华文化的瑰宝，与现代工艺相结合，尽可能将民族文化与非遗元素展现出来。

与其说春雪与时尚的碰撞，不如说是我们兴安秘境自然环境与人文特点的碰撞，鄂伦春民族文化和冰雪都是塔河重要的旅游资源。依托（黑）龙江早春冰雪的特点、以民族文化和民族服饰为载体，给大家带来这场感受文化、体验生态、畅游边境、美艳视觉的组合盛宴，既是对文化的传承，也是想展现我们塔河优质的文化旅游资源。

新华网：当地有多少鄂伦春人，平常就穿这样的服饰么？

都波：塔河目前常住鄂伦春同胞四百人左右，日常穿着以现代服饰为主，在重要的民族节庆活动中，像古伦木沓节、春节，他们会穿上民族服饰载歌载舞，共同庆祝节日。

新华网：游客来到大兴安岭，除了到漠河"找北"，在塔河能看到什么、吃到什么，带走什么？

都波：塔河和漠河距离二百多公里，在自然环境、人文风情、农副产品、饮食风格方面没有什么差别。区别就是漠河是祖国的"北极"。在塔河你可以感受界江森林、极致冰雪、黄金古驿、鄂乡传奇。

春天你可以品尝到山野菜，像柳蒿芽、蕨菜；夏天你可以来条冷水鱼，"三花五罗十八子"；秋天有野生浆果和菌类；冬天当然就是东北特色酸菜五花肉、冻梨冻柿子、黏豆包。还可以带走鄂伦春非遗传承人制作的精美手工

"冰雪女神"与设计师一起走来。

艺品，真的是收获满满。

新华网：我们了解到您花了很大力气在搞新媒体运营，最近的"局长换装"成了爆款，您总结它火出圈的原因是什么，哪些题材能火？

都波：做短视频已经有三年的时间了，风格从才艺衬托风景逐渐转向了文旅推介，"局长换装"成为爆款，从侧面说明了广大游客对我们文旅行业的关注，他们喜欢文旅局长们接地气的表达，拉近了与游客的距离。

从数据来看，除了"局长换装"这个题材，网友们对我们"雪地火箭""冰滑梯"等视频也十分感兴趣，我觉得题材要创新才能火，未来我们也会继续创作优质视频，大家会从我的视频里了解到原汁原味的黑龙江、原汁原味的兴安（岭），也期待着广大网友身临其境来感受北国好风光。

新华网：下山定居 70 年后，鄂伦春人的生产生活方式有什么变化？

都波：下山后，鄂伦春同胞开始学习、掌握新技能，比如种庄稼、搞养殖。

现在，他们的生活条件越来越好，也更加重视保护和传承民族文化，依托丰富的非物质文化遗产发展起村集体经济，批量生产民族特色手工艺品，从靠山吃山的游猎生活方式，转向走生态资源、林下资源、文化资源和民族资源的文化传承、绿色发展之路。

（新华网客户端黑龙江频道 2023 年 3 月 26 日电　编辑颜秉光、李硕）

探访大兴安岭腹地鄂伦春族"最后的猎人"

　　一场春雪让地处大兴安岭腹地的塔河县银装素裹。黑龙江首届"时尚春雪节"——塔河鄂伦春服饰实景展演于 2023 年 3 月 23 日拉开序幕。伴随着鄂伦春族"赞达仁"曲调，模特向观众展示着一件件鄂伦春元素的文化服饰。

　　舞台上两位穿着打猎服的老人，身前摆放着巨大的桦皮船。他们是大兴安岭呼玛河流域的最后一代猎人，也是第一代下山定居的鄂伦春人郭宝林、戈晓华夫妇。

　　鄂伦春意为"山岭上的人"，鄂伦春人世代居住于大兴安岭腹地，以打鱼和狩猎为生。1953 年，在政府的号召下，鄂伦春人走出深山开始在山下定居，如今已过去整整 70 年。

　　近日，记者来到郭宝林夫妇家中，听老两口讲述过去山上的狩猎岁月和下山后生活的巨变。

　　走进郭宝林夫妇的院子，只见房屋外墙上有一块木牌，上面写着"鄂伦春'最后的猎人'郭宝林之家"。

　　郭宝林在 6 岁那年随父母下山定居，后随父亲骑马打猎。全面禁猎、猎枪上收后，"一匹烈马一杆枪"的狩猎生活成为永远的回忆。为了鄂伦春民族文化的传承，他从一个摸惯了扳机的猎手变成了拿起刀斧做桦树皮船的工匠。

　　桦树皮船是鄂伦春人特有的交通工具。"这种船很轻便，航行起来也没什么响声，夏天我们就在船上打鱼。"郭宝林说，制作桦树皮船不需要一根铁钉，但选材和制作手法需要长时间探索与实践。

郭宝林培养了自己女儿郭红霞在内的 20 多名徒弟，将桦树皮船的制作工艺倾囊相授。2012 年，郭宝林被授予国家级非物质文化遗产项目桦树皮制作技艺（鄂伦春族桦树皮船制作技艺）代表性传承人称号。女儿郭红霞也于 2019 年被认定为鄂伦春桦树皮船制作技艺县级传承人。

"看到桦树皮船制作技艺能后继有人，我很欣慰。老祖宗传下来的手艺绝对不能丢。"郭宝林说。

郭宝林家门口的木栅栏上有一块巨大的展板，上面有张老两口在山里骑马的照片，一旁写着"走进鄂伦春家庭民俗展馆"。

走进屋，只见客厅内陈列着当年吸引猎物用的"鹿哨"、野兽皮毛制成的帽子，还有桦树皮制作的工艺品等。墙上挂满了郭宝林打猎和制作桦树皮船的照片。

早年间，郭宝林在桦皮船上打鱼。（新华社发　受访者供图）

　　戈晓华指着墙上的照片和玻璃柜里的手工艺品，滔滔不绝地讲起了当年的往事。早年间丈夫负责外出打猎，戈晓华负责照护孩子，做刺绣和皮衣鞋帽等。虽然山林生活很自在，但也充满危险，尤其让人感到不方便的是缺医少药。

　　"早年很多鄂伦春人50多岁就过世了。下山后生活条件、医疗条件越来越好，我公公活到94岁。"戈晓华说。

　　戈晓华对70年间居住条件的变化也如数家珍：早年在山上打猎时他们住"斜仁柱"，一种用长桦树杆或柳木杆支成锥形、再用桦树皮或兽皮包裹起来类似帐篷的简易房屋；1953年下山定居时，国家给他们盖起更加结实耐用的"木刻楞"；1983年，国家无偿盖起砖瓦房供他们居住，后又升级改造，通水供暖。

　　"真的很感谢国家，我们的居住条件越来越好了。"戈晓华说。

　　2019年，郭宝林夫妇将他们的住宅打造成家庭民俗展馆，每年来参观的

2022年，戈晓华在网上教授鄂伦春语。（新华社记者魏弘毅摄）

游客络绎不绝。"我们想让更多的人了解鄂伦春文化。"戈晓华说。

虽然现在郭宝林夫妇过上了衣食无忧的定居生活,但有件事一直让他们忧心忡忡:鄂伦春族的语言只有发音,没有文字,现在已经面临失传危机。

"年纪大了,发现身边会鄂伦春语的人越来越少,就想到能不能把自己保留下来的鄂伦春语教给想学的人。"戈晓华说,为了保留鄂伦春语,她曾到黑龙江大学、齐齐哈尔大学录制鄂伦春语言,协助学校建立鄂伦春语言数据库。

2020 年,戈晓华偶然发现可以在手机微信群里用直播的形式给大家上课,就琢磨着开个小课堂,夫妻俩一起在网上教大家说鄂伦春语。

戈晓华说,现在课堂里陆续增加了不少人,有年轻人也有比较年长的,"只要他们感兴趣,我都会教"。

"希望有更多类似'时尚春雪节'的活动举办,让更多人了解鄂伦春文化。"郭宝林说,他和老伴想在有生之年尽己所能,让后人看到鄂伦春、了解鄂伦春、爱上鄂伦春。

（新华社哈尔滨 2023 年 3 月 25 日电　新华社记者刘昊东）

哈尔滨冰雪大世界：魅力冰雕引客来

　　哈尔滨冰雪大世界举办的"玉兔迎春"冰雕艺术创作比赛于 2023 年 1 月 7 日正式闭幕。本次冰雕艺术比赛共有 12 组专业冰雕团队参赛，冰雕师们展示出高超的冰雕技艺，吸引来自全国各地的游客观赏。

2023 年 1 月 5 日，游客在哈尔滨冰雪大世界园区欣赏冰雕作品。（新华社记者谢剑飞摄）

在哈尔滨冰雪大世界园区，评委观看参赛冰雕作品。（新华社记者谢剑飞摄）

这是在比赛中获得二等奖的冰雕作品《舞者》。（新华社记者王建威摄）

哈尔滨：企鹅"巡游"引客来

　　隆冬时节，"冰城"哈尔滨市正值冰雪旅游季。哈尔滨极地公园的企鹅每天都会外出"巡游"，吸引许多游客前来观赏。

2023年2月12日，哈尔滨极地公园的企鹅外出"巡游"。（新华社记者王建威摄）

2023 年 2 月 12 日，哈尔滨极地公园的企鹅外出"巡游"。（新华社记者王建威摄）

"华夏东极"冬韵

　　隆冬时节，"华夏东极"黑龙江省抚远市展现出特别的活力。抚远市是我国大陆最东端的市，被称为中国陆地上最早迎接太阳的地方，这里生活着"守望太阳的民族"赫哲族。抚远市又被称为"中国淡水鱼都"，有着具有百年历史底蕴的东极鱼市。

　　游客在"东极"观日出，在市内赏美景；赫哲族群众进行冬捕和各项冬季传统民俗文化活动；当地居民在鱼市上忙着采购……"华夏东极"的冬日别有一番韵味。

2023年1月14日，在抚远市东极阁，游客在日出时玩"泼水成烟"。（新华社记者王建威摄）

2023 年 1 月 11 日拍摄的抚远市乌苏镇抓吉赫哲族村的赫哲新居（无人机照片）。（新华社记者王建威摄）

2023 年 1 月 11 日，在抚远市乌苏镇抓吉赫哲族村，赫哲族青年在雪地上娱乐。（新华社记者王建威摄）

2023 年 1 月 11 日，在抚远市东湖，赫哲族群众展示刚捕上来的鱼。（新华社记者王建威摄）

冰情雪韵一甲子 浪漫"冰城"吸引八方来客

　　冬日里，"冰城"哈尔滨市正值冰雪旅游"黄金季"。夜晚流光溢彩的冰雪大世界、太阳岛雪博会精美的雪雕、松花江畔趣味十足的冰雪嘉年华……冬日的"冰城"，城市和冰雪元素交融结合，用独特的魅力吸引天南海北的游客前来观赏游玩。

2023 年 1 月 3 日，游客在哈尔滨太阳岛雪博会园区观赏游玩。（新华社记者谢剑飞摄）

在哈尔滨太阳岛雪博会园区，第二十三届黑龙江省雪雕比赛参赛选手进行雪雕创作。（新华社记者谢剑飞摄）

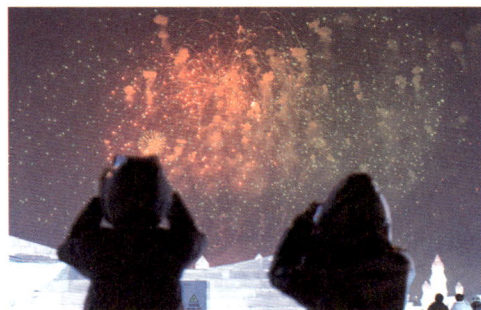

游客在哈尔滨太阳岛雪博会园区内观赏大型雪雕。（新华社记者谢剑飞摄）

游客在哈尔滨冰雪大世界拍摄第 39 届中国·哈尔滨国际冰雪节开幕式焰火。（新华社记者谢剑飞摄）

扫码看视频 | 冰情雪韵一甲子 浪漫"冰城"吸引八方来客

黑龙江甘南县：辽阔黑土地呈现秋收好"丰景"

　　金秋时节，黑龙江省齐齐哈尔市甘南县进入收获季，辽阔肥沃的黑土地上一派秋收好"丰景"的繁忙景象。据甘南县农业农村局农情调度显示，2023年当地总播种面积461.1万亩，截至目前已完成秋收313万亩。

2023年10月19日，收割机在齐齐哈尔市甘南县中兴乡绿化村的一处大豆地收获大豆（无人机照片）。（新华社记者张涛摄）

2023 年 10 月 19 日，在齐齐哈尔市甘南县中兴乡绿化村的一处大豆地，收割机卸下刚刚收获的大豆。（新华社记者张涛摄）

2023 年 10 月 19 日，收割机在齐齐哈尔市甘南县中兴乡绿化村的一处大豆地收获大豆。（新华社记者张涛摄）

黑龙江：稻"画"香里说丰年

黑龙江北大荒农业股份有限公司友谊分公司第五管理区第二作业站和富锦市万亩水稻科技示范园内用彩色作物种植出的稻田画，主题丰富多样，构成一道靓丽的风景。

这是 2023 年 9 月 20 日在位于双鸭山市友谊县的北大荒农业股份有限公司友谊分公司第五管理区第二作业站拍摄的稻田画（无人机照片）。（新华社记者石枫摄）

黑龙江省富锦市万亩水稻科技示范园拍摄的巨型 3D 稻田画。（新华社记者石枫摄）

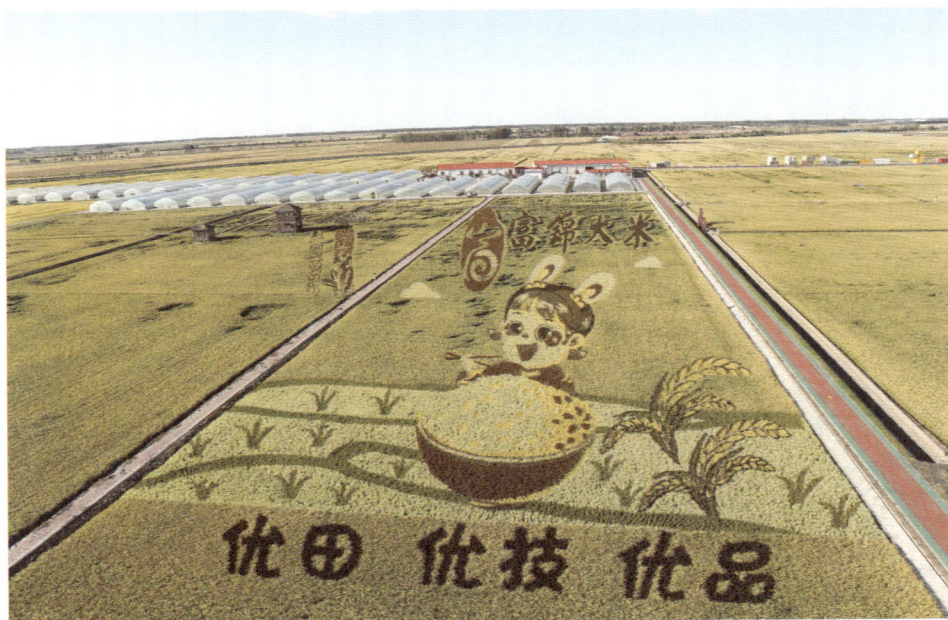

黑龙江省富锦市万亩水稻科技示范园拍摄的巨型 3D 稻田画。（新华社记者石枫摄）

黑龙江：综合施策保护"耕地中的大熊猫"

在北大荒集团新华农场有限公司青山管理区 21-6 号地块，用无人机俯瞰，垄形弯弯曲曲，与周边直垄形成鲜明对比。垄形直通常被认为代表起垄作业标准高，但在这个地块却不是。

站在地头，北大荒集团新华农场有限公司农业生产部总经理王泽阳用手指着地块中央说："看那里，明显低洼，以前每到夏季雨水都把旁边坡地上的土冲进去后流走，大有发展成侵蚀沟的趋势。"

为遏制水土流失，新华农场有限公司 2023 年在这个地块尝试接近等高线起垄，让垄的走向与等高线走向大体一致，能将大部分水土直接拦在垄沟里。"如果形成侵蚀沟，危害并不仅在这一时，侵蚀沟会不断扩大，水土流失速度会越来越快。"王泽阳说，为了适应新垄形，农技人员将这个地块使用的农机适当减少了垄宽和马力，以便灵活作业，"预计产量能提升 3% 到 5%，我们拭目以待"。

近年来，黑龙江各地不断加强黑土地保护工作，从坡耕地治理、秸秆还田和农药化肥减量等多方面采取措施，让黑土粮仓"更绿""更肥""更持久"。

"春翻秋翻，垧差一千，这绝不是开玩笑。"在黑龙江省绥棱县长山镇，众鑫农业专业合作社社员丛树海告诉记者，近几年合作社添置了不少大马力

2023 年 5 月，北大荒集团新华农场有限公司青山管理区 21-6 号地块。（新华社记者黄腾摄）

农机，秋收效率大幅度提升，秋整地也有了更充足的时间和更高的作业水平。"这也为秸秆还田提供了可能。"丛树海说。

丛树海回忆，早年农村机械化水平低，大马力拖拉机少，翻地深度只有十几厘米，秸秆粉碎翻埋深度不够，会影响第二年作物生长。"现在有了大型农机，翻地深度在 35 厘米以上，即便粉碎的秸秆冬季不腐烂，也不影响第二年作物生长。"丛树海说，长期看还能提升土壤有机质含量，培肥地力，提高产量。前些年合作社玉米平均亩产 1700 多斤，2022 年在 2000 斤以上，这里面秸秆还田的功劳不少。

绥棱县农业农村局局长国立锋说，绥棱县 20 多家农机合作社有 600 多台大型农机，每年秋季都统一调度作业，在推进秋整地的同时，为秸秆还田创造条件。

"前些年施肥越多地越硬，产量下降，为求高产又多施肥，形成恶性循环。"北大荒集团鸭绿河农场有限公司种植户武凤斌说，最近几年，他在农场的倡导下，通过粉碎深翻等方式对农作物秸秆进行还田，提高了土壤有机质，培肥了地力。"结合起这几年农场搞的测土配方施肥，地力和耕作条件都上升了，产量也提高了不少。"

化肥农药减量让农产品附加值更高。在北大荒集团二道河农场有限公司，种植户时东青在稻田里发展起螃蟹养殖，在得到种植效益的同时还可以得到养殖效益。时东青总结，他的"致富秘诀"在于一个"绿"字。"稻田里养螃蟹，如果用了化肥和农药，螃蟹就得死，谁还敢用？"时东青说，他的稻田里化肥和农药一概不用，取而代之的是有机肥和生物菌剂，虽然种植成本有所增加，但综合效益大幅提高。

"有机大米吃起来口感好，更健康，在市场上更受欢迎。"时东青说，绿色有机种植为他打开了致富门路，也让黑土地更"绿色"。

（新华社记者黄腾）

解密虎啸山林的"科技密码"

　　头顶夏日烈阳，东北虎豹国家公园管理局绥阳局巡护员徐子财和藏鹏正在黑龙江省东部的一片密林中穿行。

　　在一棵碗口粗的红松前，他们停下脚步，熟练地卸下背包、清理杂草，用铁链把一个"铁匣子"固定在红松齐腰高的地方。

　　"这就是我们虎豹公园所使用的红外相机，每当动物经过发出红外信号，它就会开机拍摄，这样就能捕捉到林中各种动物的活动踪迹。"藏鹏介绍，他所处的这片密林属于东北虎豹国家公园绥阳局管辖。在辖区 24.37 万公顷的森林中，这样的红外相机有 300 多台，它们构成了东北虎豹保护监测的一张

东北虎豹国家公园内监测到的东北虎幼崽。（新华社发）

"天网"。

2023年7月29日是第14个"全球老虎日"。作为森林生态系统的旗舰物种之一，东北虎曾广泛分布于中国东北，对于维护生态平衡与物种多样性起着重要作用。近一个世纪前，由于种种原因，野生东北虎种群急速萎缩。

为帮助东北虎重返故乡，中国自2017年起划出1.41万平方公里的土地建设东北虎豹国家公园。随着保护工作持续开展，各种创新技术正为公园内的东北虎撑起科技"保护伞"，虎啸山林的景象正在重现。

"最开始干巡护的时候需要安装维护的相机不多，我们最重要的工作就是在山里'清套'。"藏鹏说，"清套"就是清理森林中的捕兽夹和猎套。

据他回忆，由于一些林区居民曾有捕猎习惯，各种捕兽工具曾经被大量遗留在公园区域内，成为威胁东北虎生存的"雷区"。而在广袤的林海里搜索、清除这些捕兽夹，难度堪比大海捞针。

藏鹏说，公园建立后开始使用的SMART巡护系统成了"清套"难的解决办法。"通过SMART综合软件，我们可以录入、分析巡护过程中收集的物种信息、'清套'位置等等数据，巡护实现了无死角、全覆盖。"藏鹏说，SMART巡护系统帮助巡护员有针对性地进行巡护工作，工作效率大幅提高。

在藏鹏和巡护员同事们的不断努力下，东北虎豹国家公园的东北虎数量不断提升。仅在绥阳局，野外相机就曾拍摄到野生东北虎影像资料415次，监测到不同个体的成年野生东北虎10只。在位于吉林省的东北虎豹国家公园天桥岭林区，监测人员惊喜地发现一只雌虎带着四只幼虎茁壮成长。

与日益增加的猛兽为邻，巡护员们的工作危险性也在上升。藏鹏的搭档徐子财说，同事巡护时曾经遇到过豹子，距离只有二三十米远。

东北虎数量的增加不仅是生态环境改善的指向标，同时也是人与动物冲突的预警器。目前，东北虎豹国家公园内仍生活着上万居民。随着东北虎、豹的活动范围不断扩大，东北虎豹国家公园探索运用技术手段建立预警制度，防范人虎冲突。

跟随藏鹏和徐子财驱车约一小时，东北虎豹国家公园管理局绥阳局的办公楼出现在眼前。在位于办公楼四层的监控室，藏鹏打开电脑操作起"天地空一体化监测系统"终端，东北虎、东北豹等动物的活动区域、活跃时间立刻被投放到大屏幕上。

"我们共有 4039 台红外相机和位于主要路口的 72 个监控摄像头接入'天地空一体化监测系统'，可以实现全天候监控。"一旁的东北虎豹国家公园管理局绥阳局东北虎保护局副局长梁卓说，他负责管理这里的监测系统。

梁卓介绍，这些摄像设备可以通过信号基站实时无线传输图像，巡护员或值班人员一旦发现野生动物靠近村屯或农田，就能及时通知当地居民回避临近区域，有效避免危险的发生。

2017 年以来，越来越多的科技成果不断融入东北虎豹国家公园建设，这里正逐渐恢复虎啸山林的往日雄姿。

东北虎豹国家公园管理局的相关数据显示，公园内野生东北虎、东北豹的数量已分别增长至 50 只和 60 只，均处于繁殖高峰期和种群快速增长期，至少超过 50% 的东北虎幼崽能存活至成年。

东北虎豹国家公园如今成为生物多样性富集的物种基因库。据不完全统计，虎豹公园分布有陆生野生脊椎动物约 355 种，分布有种子植物 884 种，森林蓄积量也增加到 2.23 亿立方米。

眺望林海，苍翠的红松、青杨正与归来的"林中王者"们共同成长。当被问起成为巡护员的原因时，藏鹏汗水淋漓的脸上透出笑容："我喜欢在大山里待着，看着自己努力能让野生动物越来越多，挺好！"

（新华社哈尔滨 2023 年 7 月 28 日电　新华社记者杨轩、戴锦镕、邵美琦、刘昊东）

金秋虎趣

位于黑龙江省海林市的横道河子东北虎林园是世界最大东北虎人工饲养繁育基地——中国横道河子猫科动物饲养繁育中心下属的三个虎园之一，目前有东北虎 400 余只。

2023 年 10 月 1 日，横道河子东北虎林园的幼虎在草地上玩闹。(新华社记者王建威摄)

在横道河子东北虎林园散放区拍摄的东北虎。（新华社记者王建威摄）

横道河子东北虎林园的幼虎在草地上玩闹。（新华社记者王建威摄）

新时代中国乡村志：雪乡不是童话

2022 年 12 月 14 日拍摄的雪乡景区傍晚景色。（新华社记者谢剑飞摄）

40多年以前，在中国东北部的长白山脉，有一个小乡村，现在人们称它为雪乡。它拥有举世罕见的美妙雪景，却深藏在冰雪与高山之间，无人知晓。

是谁发现了雪乡？又是谁敢于走前人未走过的路？

从"第一家民宿"到"与世界共享"，雪乡如何走出一条"因雪而兴"的产业振兴之路？它的成功又将带来什么？

《秀我中国》走进冰天雪地，跨越半个世纪，发掘不一样的新时代乡村振兴故事。

扫码看视频 | 新时代中国乡村志：雪乡不是童话

在四季流转间"邂逅"最美亚布力

每一个冬天，都是滑雪爱好者的欢乐季，一副雪板就可以承载整个冬天的快乐。在畅滑中领略雪板上的独特风光，感受速度与技巧带来的无限激情。

在东北，有这样一个小镇，这里的山川林海都被厚厚的白雪包裹着，别有一番景致。世界各地的滑雪爱好者争相到这里体验打卡，无论你是驰骋雪场的高手，或是初学者，这里都有适合你的滑雪道，让你尽情驰骋，一展身手。

这就是亚布力，年积雪期 170 天，滑雪期 120 天，无论从雪道的数量、长度、落差，还是其他各项滑雪设施及综合服务水平来看，亚布力滑雪场都处于国内领先水平。亚布力体育训练基地拥有高标准的高山滑雪、U 型场地、越野滑雪等场地，曾承办过亚冬会、世界大学生冬季运动会、单板滑雪世界杯等多项国际比赛。

亚布力不仅是世界闻名的滑雪胜地，雪地远足、篝火晚会、滑雪圈、狗拉雪橇……在亚布力，有 N 多种雪地新玩法等待你去解锁。或者你也可以前往亚布力镇，在慢享时光中感受具有鲜明时代印记的绿皮森铁和老月台，在实景和记忆的交融碰撞中重拾旧岁月，让回忆慢慢涌上心头。

2001 年，我国一批民营企业家在亚布力创立"亚布力中国企业家论坛"，迄今论坛已发展成为国内具有较大影响力的企业家交流平台之一。

赴一场冰雪运动之约，感受这里的蓬勃发展之力，无论是哪一种打开方

2022 年 1 月 21 日，在黑龙江亚布力体育训练基地，一位滑雪运动员在进行训练。（新华社记者谢剑飞摄）

式，亚布力都是世人关注的焦点。

亚布力的美更体现在四季流转的季节之美。这里的夏天没有空调，夏季平均气温 23℃，是休闲度假、避暑养生首选地，享有"果木园"美称。夏季徒步穿行于亚布力的山川林海，听风声阵阵，看云卷云舒，一步一景一画卷，可以尽情体验"慢享小镇"的舒适和惬意。

鎏金盛夏，遇见美好。这个夏天，让我们开启一场浪漫之旅，在亚布力"邂逅"最美的时光！

（新华社客户端哈尔滨 2023 年 7 月 27 日电　编辑刘丽）

这就是

ZHEJIUSHI
HEILONGJIANG

黑龙江

叁

品牌篇

哈尔滨冰雪大世界，一张耀眼的"名片"

有一座冰雪王国，

晶莹洁白，又五彩斑斓；

冷得透彻，又热得蒸腾。

你在这里停留，然后走过四季，

又期待下一次在这熟悉又惊艳的城堡相遇。

这就是哈尔滨冰雪大世界！

一块冰的升华

每年的 12 月份，松花江水封冻结实，大自然为冰雪王国的"造梦师"们准备好了开工的原材料。

采冰前举行了传统的采冰仪式，震天鼓、出征酒、系红绸，以此祈福新的一年吉祥安顺。"采头冰喽""噢"……采冰人粗犷的采冰号子声在冰雪覆盖的松花江上回荡。

一车车通过检验的超级冰块运入园区。

此时，在冰雪王国里，近万名建设者集结。刚刚过去的冬天里，15 天左右时间，15 万立方米冰雪，聚冰成塔，"造梦师"一刀一铲手工打磨，用智慧和巧思，建成上百个冰雪景观，为游客打造了一座梦幻之城。

复合冰材料让冰雪结构不断延展，LED点光源晕染出炫丽"冰花"，创意造型赋予冰雪建筑现代审美……一系列新材料、新技术、新理念为冰雪大世界增添迷人光彩。

哈尔滨冰雪大世界创办于1999年，最初是为了让当地人在寒冷的日子舒解身心、鼓舞精神，如今，勤劳坚韧的冰城人把冰雪之梦延续了24个冬天，建成世界最大的冰雪主题乐园。

冰雪大世界，是哈尔滨一张耀眼的"名片"。

邂逅一次"冰雪奇缘"

冬天总要来一次哈尔滨吧？请撒欢冰雪大世界，沉浸式感受独特的冰雪魅力，感受极致的冬天。

踏雪而行，感受天地之间的纯粹和清冽。

欣赏冰雕艺术，畅玩冰上自行车、雪圈、爬犁、冰爻，说不定还能遇到"淘"学企鹅。

2024年1月1日，游客在哈尔滨冰雪大世界园区内游玩。（新华社记者谢剑飞摄）

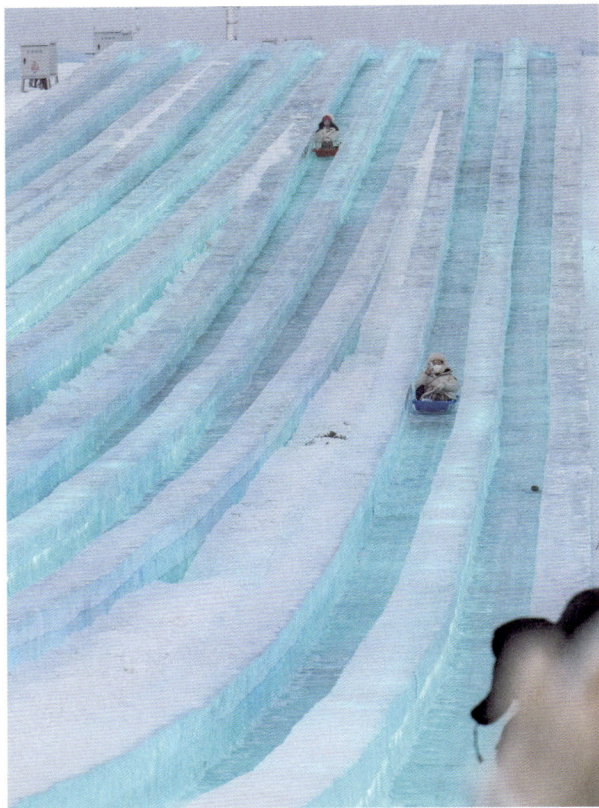

游客在哈尔滨冰雪大世界园区体验超级冰滑梯。（新华社记者谢剑飞摄）

来一场"魔法"大比拼吧！冰雪王国里迎来冰雕赛事。冰雪无言，但有灵气。气温零下十几度的园区，来自国内外的"魔法师"们连续数天精心雕琢，同场竞技，手中的工具也如同拥有魔力一般，为冰块赋予了生命。

冬日夕阳下，整座梦幻冰雪王国焕发着迷人的光彩，在晶莹剔透、流光溢彩的冰雕前打卡拍照，你就是世界的主角。

从超长大滑梯上滑下来是一种什么体验？8条滑道、长度500米，世界最长冰滑梯实至名归。全冰块堆砌，高低落差约21米，相当于7层楼高。500米仅需50秒，在尖叫声中畅滑而下，仿佛一下穿越回到童年的快乐时光。

冰里有鱼！松花江的鱼悄悄"游"进了冰雪大世界。"快来看！"发现它的人不禁惊呼起来。从大江到大世界，小鱼儿经历了怎样的奇遇。

乘坐高120米的雪花摩天轮，俯瞰整座冰雪大世界，观赏松花江两岸冰雪风光。跨年夜，数万名游客一起敲响新年的钟声，烟花升空绚丽绽放，在摩天轮上静享一场视觉盛宴，这绝对是这个冬天最浪漫的体验……

2023 年 12 月 31 日，在哈尔滨冰雪大世界园区，游客参与跨年互动活动。（新华社记者张涛摄）

等下一个冬天

2023 年 2 月 25 日 22 时，第 24 届哈尔滨冰雪大世界正式闭园。

营业 71 天，接待游客数量达 80 余万人次。

梦想大舞台演出 310 场，冰上芭蕾秀演出 56 场，暖心玩偶剧 516 场，餐饮馆乐队演出 265 场。

首次打造的冰雪欢乐汇，首次推出的房车营地，还有梦幻冰雪馆餐饮馆，高颜值的雪糕、帽子、玩偶等文创产品火爆出圈。

我们带着满满回忆，暂时告别。

怀揣着梦想，期待在下一个冬天遇见更好的自己，遇见更有活力和魅力的世界。

还是有点舍不得？

哈尔滨冰雪大世界将加紧建设四季冰雪项目，把冬日里的美景和欢乐延展到四季，打造一座永不落幕的冰雪乐园。

未来可期！不见不散！

（新华社客户端 2023 年 3 月 29 日电　编辑董哲鑫）

哈尔滨：音乐增添"音乐之城"文旅休闲新魅力

在哈尔滨音乐主题公园，孩童抚摸着音乐大师的雕塑。孩子的妈妈笑着说："这里富有人文和艺术气息，随处可见的音乐元素感觉也会给孩子潜移默化的影响呢。"

花香袭人，鸟语啁啾。位于松花江南岸的哈尔滨音乐主题公园，将东西方不同的音乐形式采用雕塑具象化呈现。许多游客在这里流连忘返，细细品读着"宫商角徵羽"的介绍，与音乐名人的雕塑合影……在音乐文化的熏陶下，游客们的打卡式旅游变为了"沉浸式""沉淀式"旅游。

"目前，哈尔滨音乐主题公园承载了大量公益活动，日均游客量近 10000 人，高峰期人数每日可达约 50000 人。"哈尔滨市道里区园林局管理建设负责人谈毅说。

哈尔滨音乐主题公园里的音乐元素，跃然成为哈尔滨这座"音乐之城"的一个"音符"。

走进哈尔滨音乐博物馆，民族乐器二胡、革胡，西方乐器小提琴、钢琴等"齐聚一堂"。一张张照片、一段段文字记录着这片黑土地上悠久的音乐历史，讲述着优雅、开放、多元的城市故事。

哈尔滨音乐博物馆馆长苗笛介绍，哈尔滨是中国最早引入西方音乐的城市之一，1908 年诞生了中国第一个交响乐团哈尔滨交响乐团。作为中国历史

夜色中游客们在哈尔滨音乐主题公园拍照。（新华社记者朱悦摄）

最久、届次最多的音乐盛会，中国·哈尔滨之夏音乐会，如今已举办 35 届。

高质量的音乐文化产品供给与丰富的群众文娱活动相融合，使得游客的体验感更加丰富，为哈尔滨文旅产业发展标注了"音符"。

在位于哈尔滨市的格拉祖诺夫音乐艺术学校，经常会看到不同职业、不同年龄的音乐爱好者在一起练习，动听的音乐在老建筑内回荡。"音乐已经成为哈尔滨市民文化生活的一部分。"哈尔滨文化旅游资产经营公司总经理祝金萍说。

在哈尔滨，音乐是暖风沉醉的松花江畔业余合唱团的铿锵歌声，是在百年老街上潺潺流泻的《莫斯科郊外的晚上》，是哈尔滨音乐厅中西乐器交相辉映的万马奔腾，是西餐厅里荡气回肠的小提琴旋律，是商业街里热情奔放的鼓声，是夜色阑珊中公交车站旁的琴音袅袅，是哈尔滨冰雪大世界里巨型冰制"奥运圣火"下的劲歌劲舞……

哈尔滨音乐厅内的音乐演出。（新华社记者朱悦摄）

在百年老街中央大街，随处可见的"阳台音乐会"每次上演时，都会有大量游客驻足欣赏。

马迭尔集团营销总监刘富彬介绍，马迭尔阳台音乐始于 2008 年，是公益性音乐表演，每年邀请来自多国的艺术家参与演出。"我们希望通过文化演出活动吸引人群观光旅游，并将演艺活动带来的人流逐步引导到旅游景点、酒店等消费链条，凸显出演艺经济对文旅消费的助推作用。"刘富彬说。

（新华社记者朱悦）

哈尔滨的红肠为何火?

在黑龙江省哈尔滨市一旅游区,几位露营的游客掰开根根红肠喝着啤酒大快朵颐。诱人的香气弥漫萦绕,瘦肉干爽,肥肉不腻,这就是风味独特、历史悠久的舌尖美味——哈尔滨红肠。

在哈尔滨中央大街西七道街举行的"2023哈尔滨红肠文化宣传季"活动现场,多家品牌联袂出场,选购者络绎不绝。来自重庆的石女士带着7岁的儿子在排队选购红肠。"这次带孩子来哈尔滨旅游,让他尝尝正宗的哈尔滨红肠,再买一些送给亲戚朋友。"她说。

不仅土生土长的哈尔滨人爱不释手,许多外地游客也慕名尝鲜,哈尔滨的红肠究竟为何如此火爆?

品牌多样 风味独特

哈尔滨市红肠食品产业协会副会长徐长波介绍,据不完全统计,哈尔滨有红肠生产资质的企业达60余家,年产值十几亿元。整个哈尔滨红肠产业已呈现头部企业带领、众多品牌集结、百花齐放的发展态势。

哈尔滨大众肉联食品有限公司副总经理刘珂介绍,哈肉联生产的传统型红肠以猪的前槽和后鞧鲜肉为主料,使用质量上乘的大蒜,明火果木熏烤,原料肉经过静腌呈自然的玫瑰红色后方可灌肠熏制。肉香、蒜香、果木熏香有机结合,口感回味绵长。

"秋林里道斯红肠采用欧洲传统工艺,硬杂木和炭火两次熏烤,口感肉质

图为哈尔滨红肠。（新华社记者朱悦摄）

图为红肠炒饭。（新华社记者朱悦摄）

细密，肥肉量很足，鲜而不腻。"哈尔滨秋林里道斯食品有限责任公司品牌经理刘晖说。

哈尔滨红肠色泽枣红，表皮起皱，富有弹性，可以直接食用，也可以煎烤、炒菜、煮汤等，做法十分丰富，无论是家庭聚会还是馈赠亲友，都是人见人爱的美食。

历史悠久　匠心传承

红肠在哈尔滨已经有超过一百年的历史。据《哈尔滨市志》记载，随着中东铁路工程的开展，俄商在香坊开办秋林商会，附设灌肠作坊，成为哈尔滨生产欧式肉灌制品最早的加工厂。

刘晖介绍，哈尔滨红肠的熏制过程很有讲究，硬杂木中的油脂用火一熏，随着烟飘散的方向转移到了红肠上，使其色泽更为亮丽。季节、湿度和炉温有丝毫的变化，老匠人都要改变木材摆放的形状。在充满木桦烟气的熏房内，二遍熏制的红肠被炉火蒸腾掉表皮的水分，时间的魔法为红肠带来硬杂木燃烧所释放的熏烤芳香。

科技赋能　与时俱进

过去哈尔滨红肠受制于手工作坊生产模式，效率一直不高。近两年，红肠生产企业通过对车间的数字化改造，逐渐形成现代数字化和手工技艺相结

图为烤红肠。（新华社记者朱悦摄）

合的一套工序，生产效率大大提高。

据介绍，目前秋林里道斯从产到销都实现了数字化管理、精细化控制。除了打通线上线下销售网络，构筑出全渠道销售网，还利用互联网大数据画像，相继研发出更符合当下年轻人口味和需求的新品。

"为让游客在直营店里吃到新鲜、正宗、地道的哈尔滨红肠，我们将烟熏炉架到店内，对红肠半成品现卤现熏，将生产现场移植到销售终端，特别受欢迎。"刘珂说。

红肠在哈尔滨经过一百多年的传承与发展，逐渐成为哈尔滨闪亮的城市名片，并与这座城市在不断融合的过程中飘香全国。

（新华社哈尔滨 7 月 25 日电　新华社记者朱悦、刘昊东）

哈尔滨的面包故事

"面包像锅盖，抗咬抗嚼又抗拽，好吃又好带，搁上十天半月都不坏。"这个顺口溜里的面包就是哈尔滨的大列巴。

百余年前，随着中东铁路的修建，大量俄国人移居哈尔滨，俄式传统食品大列巴也随之而来。1900 年，俄国商人伊万·雅阔洛维奇·秋林创建了秋林洋行哈尔滨分行，设立面包坊等食品作坊。

"列巴"是俄语"面包"的意思。据哈尔滨秋林食品有限责任公司办公室主任孙红梅介绍，大列巴用啤酒花自制液体酵母进行发酵，具有诱人的啤酒花芳香。采用传统的三次发酵工艺，使面团在充分发酵的同时产生丰富的芳香物质，最后用硬杂木桦烘烤，使面包外壳微焦而脆，内芯松软可口，整个操作过程中没有任何添加剂。

每天凌晨三四点，生产面包的工人们已经在车间里忙碌。经过 16 个小时的啤酒花发酵、和面、揉面、称重、装炉、出炉、包装等多道传统手工工序后，大列巴准时出炉了。

大列巴可以切成片，烘热后，抹上果酱，夹上香肠片，配上格瓦斯、热牛奶、咖啡或红菜汤等，别有一番风味。

"大列巴承载了我满满的温馨记忆，小时候最快乐的事就是全家去公园野餐，拿出切好的大列巴，配上格瓦斯和红肠。现在每次出游也必带这三样。"哈尔滨市民李先生说。

漫步哈尔滨中央大街，不同种类的大列巴比比皆是，众多老式面包、新

式特色面包琳琅满目、令人目不暇接。

揉好的面团缠绕在圆柱上，用慢火烘焙，边转边烤，顾客目睹面包的外层逐渐变为金黄微焦，一阵阵香气扑面而来，面包呈圆筒形，犹如烟囱。哈尔滨万国洋行有限公司经理张明昊介绍，这是捷克泰德罗烟囱面包，1930 年被德国商人带到了哈尔滨。

"太好吃了！"在哈尔滨红专街列巴造型的座椅上，一个小女孩正津津有味地品尝夹有小怪兽造型冰淇淋的菠萝包。

红专街原名面包街，1903 年，俄籍犹太人在此开设了一家面包厂。如今，红专街休闲广场已成为面包文化市集，市民游客可以从这里充满异域风情的老建筑里买到多种样式的面包，还可以坐到面包车里拍照，鸽子在街上悠闲地踱来踱去，满街弥漫着面包的香气。

马迭尔餐厅的蔓越莓福谷斯面包、中华巴洛克历史文化街区里的一元老式面包、松浦西餐厅的列巴圈面包……在哈尔滨，面包的故事还有很多。

（新华社哈尔滨 7 月 24 日电　新华社记者朱悦、刘昊东）

齐齐哈尔："烤肉之都"是怎样炼成的

齐齐哈尔是达斡尔语，意为"天然牧场"，位于黑龙江省西南部，地处世界三大黑土带之一的松嫩平原腹地，优质的地域环境孕育出品质极佳的肉牛。

齐齐哈尔烤肉借鉴了多民族的烤肉、烤串技艺，形成了自己特有的风格，不仅被列入非物质文化遗产，更带来了"国际（烤肉）美食之都"的美誉。

烤肉的香味与炭火的噼啪声是很多齐齐哈尔人铭刻于心间的味觉记忆。经过几十年的发展变化，这盘衍生于市井，在改革开放和百姓生活变迁中不断丰富的齐齐哈尔烤肉，擦亮了齐齐哈尔"国际烤肉之都"的名片，逐渐走向全国、走向世界。

从地方名片到香飘全国

"师傅，去烤肉一条街。"

"朋友，齐齐哈尔的烤肉，不止一条街。"

穿梭在黑龙江省齐齐哈尔市区的街道上，就会明白出租车司机所言非虚。

在齐齐哈尔市内很多商业街，每隔几十米就能看到一家烤肉店，网红风烤肉、街边烤肉、家庭拌肉等不同特色的店铺分布其间，不同口音的游客在店铺门口排着长队。这也成为齐齐哈尔街区独特的风景。

"周五晚上从哈尔滨坐高铁到齐齐哈尔，下车直奔马佳烤肉。周六早上去早市吃火烧，中午去梅里斯烤肉小镇吃陈家大片肉，下午去扎龙湿地观鹤，晚上再坐高铁回哈尔滨。"像哈尔滨市民刘佳佳一样，有很多来自周边城市的游客周末乘坐"烤肉专列"。

牛肉经过烤制变得外焦里嫩，香气浓郁，鲜嫩多汁，肉上附着木炭所产生的炭香味。餐桌上菜品摆盘考究，丰富的烤品、菜色的搭配，一天的疲惫，在这方寸烤盘前烟消云散。

"高品质牛肉配上特制的调料，味道绝了！"刘佳佳说。

2022 年 6 月 18 日，在"2022 齐齐哈尔烤肉美食节"启动仪式上，世界中餐业联合会授予齐齐哈尔"国际（烤肉）美食之都"称号。如今，烤肉对于齐齐哈尔来说，就像北京烤鸭、天津狗不理包子、哈尔滨锅包肉一样，成为一张城市名片。

"烤肉，齐齐哈尔人的待客之道"——烟火气齐齐烤肉店的招牌上，这句广告语让食客倍感温馨，争相拍照打卡。

走进烤肉店，满屋食客大快朵颐，还有美食博主在进行直播。大片肉在烤前蘸上秘制酱料，铺在烤盘上瞬间嗞啦作响，烤至焦香后剪成小块，搭配紫苏叶等配菜一起入口，吃起来唇齿留香。

除了担任齐齐哈尔烤肉产业协会执行会长，郭旭还是厨仕质造餐饮管理有限公司的创始人，公司旗下的烟火气、投脾气、接地气烤肉店已经开到了北京、上海、广州等城市。

看准齐齐哈尔烤肉持续输出的火爆和乡愁经济，很多走出去的齐齐哈尔人通过域外开店、域内建厂等模式让齐齐哈尔烤肉飘香中外。

"成都小伙伴可以吃到正宗的齐齐哈尔烤肉了！"2022 年 3 月，炙当家·齐齐哈尔 BBQ 第一家店在成都开业。烤肉的各类供应——牛肉、烤盘、蘸料等全部来自齐齐哈尔。

宋世博是成都炙当家·齐齐哈尔 BBQ 的副总裁，他在成都上大学时就心心念念家乡烤肉，时不时会让家人寄几斤解馋。这个 1995 年出生的年轻人，有一个关于烤肉的"大梦想"——两年内门店开到 1000 家。

齐齐哈尔市商务局副局长周韬介绍，截至 2023 年 11 月，全国齐齐哈尔烤肉门店超过 2.1 万家。上海的杨记齐齐哈尔烤肉，北京的齐齐哈尔小炉匠炭火烤肉，苏州的碳夫·东北炭火烤肉……美团、大众点评数据显示，"齐齐哈尔烤肉"成为平台搜索一大热词。

面对域外门店数量急速攀升，2023 年 6 月 18 日，齐齐哈尔市发布了"齐齐哈尔烤肉"集体商标。被授权认定"齐齐哈尔烤肉"的门店，等于官方"背书"。"齐齐哈尔烤肉"将像柳州螺蛳粉和沙县小吃一样，通过集体商标展现烤肉领域的江湖地位。

"从政府层面全域授权，精选出一批真正代表齐齐哈尔烤肉品牌的门店，为齐齐哈尔烤肉向中国美食全方位跨越，提供强有力的标准支撑。"齐齐哈尔市商务局局长周建宇说。

烤肉是齐齐哈尔献给世界的礼物。未来，齐齐哈尔市将重点打造一批区域性、全国性连锁门店品牌，倾力打造中式烤肉标杆。

从民族美食到非物质文化遗产

几百年前，中国塞外广袤的土地上，北方的冬季寒冷且漫长，一种将石头加热来炙烤的吃肉方法被达斡尔族人所喜爱，滋养着游猎民族矫健的体魄。

随着达斡尔族人从黑龙江迁至嫩江畔，这种烤肉美食也飘香而至，来到了齐齐哈尔市梅里斯达斡尔族区。

将柳蒿芽焯水，放入切好的鲜牛肉中，再加少许盐和食用油抓拌均匀，一盘达斡尔族特色烤肉就拌好了。柳蒿芽拌肉下锅时嗞啦作响，野菜和着牛肉散发出独特的香味，顾客品尝后连连称赞。

"柳蒿芽拌肉是达斡尔族的传统吃法，后来被越来越多的人喜爱，也是齐齐哈尔烤肉的特色之一。"43 岁的康艳是达斡尔族人，家在齐齐哈尔市梅里斯达斡尔族区哈拉新村。

"烤肉＋露营""烤肉＋咖啡"等新业态让这个以农耕为主的少数民族村，搭上了乡村振兴的快车。康艳和很多村民在家门口就能享受到乡村振兴带来

这是深受游客喜爱的达斡尔族风味柳蒿芽拌肉。（新华社记者张玥摄）

的红利。

"齐齐哈尔烤肉历史悠久，在公元900年的辽金时期，生活在齐齐哈尔的契丹人将生肉片放在烧热的石头上，形成了烤肉制作工艺雏形。后来，烤肉逐渐进入家庭，富裕人家用平底铁锅，穷人家则用铁锅的残片。到了清朝，回族人带来牛肉的屠宰加工分割技艺。"走进齐齐哈尔市梅里斯区的烤肉博物馆，讲解员向游客娓娓道来齐齐哈尔烤肉的历史。

"齐齐哈尔烤肉是多民族融合的结果。"周韬对齐齐哈尔烤肉的历史脉络如数家珍。经几十名专家查阅大量资料、考察认定，齐齐哈尔烤肉极具北方地域特色，传承脉络清晰，传承人群众多，已超过百年历史。2021年，齐齐哈尔烤肉成功入选齐齐哈尔市非物质文化遗产。

"最开始的时候，家里来了贵客，才能烤上一回，那时候都是在家自己弄。到2000年以后，烤肉店才大规模出现在街头巷尾，一方面是老百姓有钱了，吃得起了，另一方面市场有了需求，买卖做得起来。"郭旭说。

齐齐哈尔烤肉从兴起到现在，经历了几代变迁。从最开始的家庭烤肉，到一口锅"烤遍天下"，再到现在根据肉质不同进行精细化，"齐齐哈尔烤肉在发展中对肉品要求越来越高，也一定程度反映了社会的进步、人们生活的变化"。

一盘烤肉，承载的是游子的乡愁、亲人的相聚、好友的酣畅淋漓，见证着民族文化的融合发展，也记录着人们生活日新月异的改变。

从一盘烤肉到一条产业链

"齐齐哈尔烤肉名声在外，得益于多年打造的烤肉产业链。"齐齐哈尔市政府副秘书长赵军说。

为深入挖掘烤肉产业，将品牌做强做大，多年来，齐齐哈尔市从繁育养殖、分割加工、冷链物流、超市门店、电商销售等环节，持续推动烤肉全产业链行动计划。

走进位于齐齐哈尔市龙江县哈拉海乡的龙江元盛食品有限公司的牛舍，一首首钢琴曲美妙动听，用来给牛按摩的圆柱体滚刷均匀分布在牛舍中。

"这些牛是听着音乐长大的，在吃饱喝足后，按按摩、散散步，肉质更加鲜美。"龙江元盛和牛产业股份有限公司副总经理蔡承达介绍，公司目前纯种和牛已繁殖到8500头，累计改良和牛15万头，从养殖到餐桌逐渐形成了"龙江和牛"产业链。

在位于齐齐哈尔市梅里斯达斡尔族区的共和大牲畜交易市场里，一车车肉牛被运进运出，交易火爆。客商拿着小木棍精心挑选着心仪的肉牛，全程持卡登记交易。在夏季牛市交易旺季时，每周一次的日交易量在七八千头，每年可为齐齐哈尔市提供7万余头的优质肉牛。

"目前我们正在建设全新的数字化平台，更系统、更智能。"齐齐哈尔市梅里斯达斡尔族区共和镇副镇长赵立冬介绍，数字化平台上可查到肉牛的养殖地、销往地、产肉量等信息，还有牛脸识别系统，该项目预计2023年年末建成。

截至 2023 年上半年，齐齐哈尔市肉牛存栏 129.5 万头，出栏 31.2 万头，实现畜牧业产值 140.3 亿元，同比增幅 5.7%。

切肉、拌肉、上秤、包装……在黑龙江省齐函杨佳清真肉业有限公司 1300 平方米的厂房里，几十位工人在流水线上有序操作。在流水线传送带的尽头，一个个打包好的纸箱上贴着标有北京、浙江等全国各地地址的标签，旁边一辆货车早已整装待发——每 5 秒钟，这里就有一箱烤肉打包运出。

"一头牛能出 550 至 650 斤肉，而最适合烤肉的大概有 100 斤。不同部位的肉切多厚、烤多久口感最佳，都有讲究。"黑龙江省齐函杨佳清真肉业有限公司总经理杨宁拿起一袋传统拌肉介绍，这款"网红"产品在某社交平台已销售 50 多万件。2023 年前 8 个月，公司网店销售额破亿元。

不断健全的物流网络实现了齐齐哈尔烤肉香飘全国。2023 年，顺丰速运在齐齐哈尔投放了冷链车、速冻设备，黑龙江云冷供应链管理有限公司计划下半年在国内 16 个城市启动 27 个前置仓，带动齐齐哈尔烤肉、肉制品、蘑菇、木耳、特色蔬菜等产品走向全国。如今，齐齐哈尔线上烤肉电商企业增至 50 多家，上半年电商网络零售额达 8.3 亿元。

如今，齐齐哈尔市共推进烤肉全产业链重点项目 19 个，总投资 70.4 亿元。2022 年，齐齐哈尔烤肉全产业链规模达到 200 亿元，2023 年有望冲击 300 亿元。齐齐哈尔正持续擦亮"国际（烤肉）美食之都"这张城市名片。

（新华社客户端黑龙江频道 2023 年 6 月 15 日电　编辑董哲鑫）

你知道吗？这些特色旅游都来自石油之城大庆

大庆，举世闻名的石油之城。

走进这座因油而生、因油而兴的城市，许多特色旅游项目都和石油生产有着千丝万缕的联系，今天就来一起深"挖"一下大庆的特色旅游产业吧。

温泉

大庆有丰富的温泉资源。

在大庆市和其下辖的林甸、杜蒙等地都发现温泉，因此大庆市也有"北国温泉之乡"的美誉。

便利的交通和亲民的价格，让泡温泉不仅成了大庆市民节假日休闲方式，也吸引了许多外地游客。

大庆最具特色的还是雪地温泉，冷热交替刺激着游客的神经，让人们感受到冰火交融。如果偶遇小雪，更会有"温泉洗凝脂，雪雾润发丝"的美妙感受。

古生物化石

来大庆能够看到许多古生物化石。

在大庆博物馆里，两具化石含量达 90% 以上的猛犸象骨架化石成为镇馆之宝。

猛犸象、披毛犀、东北野牛……这些珍贵的化石，人们不仅可以近距离观察，还可以了解化石的挖掘和整理过程，揭开大庆地区古环境的神秘面纱，以及石油成因等有趣的科学奥秘。

坑烤

大庆坑烤也能"火出圈"。

据了解，在大庆石油会战年代，工人们会在野外工作很长时间。智慧的石油会战人，将坑烤这一吃法运用到了工作间歇，在荒原上挖坑烤制土豆等随手可得的食材。这样能够节省用餐时间，更高效地开采石油。

这样挖坑烤制食物的方式被流传下来，形成了现在极具特色的大庆坑烤。很多人说，来大庆不尝一顿坑烤，等于没来过大庆。

现在的大庆坑烤菜品种类繁多，肉蛋、海鲜、蔬果、薯类……几乎万物皆可烤。食材新鲜，现烤现吃，窖香浓郁，令人胃口大开。

露营

大庆的露营文化深受人们喜爱。

"天当房，地当床，棉衣当被草当墙……"

"北风当电扇，大雪是炒面……"

这些脍炙人口的大庆石油会战诗抄，记录了父辈们艰苦的生产条件。

在盐碱荒滩上，在泥泞沼泽边，工人们挖地窨子，搭马架子，住在四面漏风的帐篷里，为的就是尽快建设起大庆油田。

如今，露营成为大庆极具特色的旅游现象。无论是在辽阔的杜蒙草原上，还是在风光旖旎的鹤鸣湖、黑鱼湖、连环湖畔，都能看到星罗棋布的露营群落。每年夏季召开的露营大会，更是吸引了天南海北的露营爱好者，到大庆感受独特的露营文化。

夏日夜晚，在篝火旁，伴着青年的歌声和孩童的欢笑，老人们讲起石油会战的往事……

赛车小镇

赛车小镇里体验速度与激情。

与石油联系最紧密的都有什么？很多人首先会想到汽车。

近年来大庆积极挖掘石油生产替代产业。随着高端汽车生产线的投产，以及汽车上下游配套产业的逐步完备，旅游也搭上了赛车经济的"快车道"。

大庆赛车小镇每年都会举行各种赛事和展会，刺激的比赛，多元的赛车文化，丰富的体验活动，让东北乃至全国爱车一族到赛车小镇来体验速度与激情。

生态大庆 宜居城市

在石油生产中保护好生态。

曾几何时，大庆给人的印象是满地油污，满城油味儿。

如今的大庆，蓝天碧水，百湖环绕，鸟语花香，人与自然和谐共生。随着生态文明建设深入人心，大庆在取得巨大工业成就的同时，也树立起资源型城市转型发展的标杆。

石油开采实现管道化运输，使得大庆天更蓝。含油污水全部回注地下，使得水更清。210余个大小湖泊，近50万公顷湿地，让大庆成为人鸟共居的和谐家园。

大庆精神 铁人精神

大庆精神、铁人精神是大庆永远的城市精神。

黑色的工业油流注入中国的经济血脉，也孕育出大庆精神、铁人精神。

从大庆油田发现井、铁人一口井等工业遗存，到铁人纪念馆、大庆油田历史陈列馆等文史展馆，一条红色旅游线路彰显着大庆的红色气质。

许多人慕名而来，走进这座工业景观、人文景观与自然景观伴生的城市，向着铁人的雕像敬礼，感受这座城市的精神实质，认知这座中国石油之城的往昔、今朝与未来。

（新华社记者何山、王建威）

黑龙江双鸭山：冰雪文旅撬动 "冰天雪地" 里的 "金山银山"

2023 年 1 月 15 日 17 时许，在黑龙江省双鸭山市友谊县友谊镇石门街东段，不久前建设完成的友谊县冰雪大世界正在举办开园仪式。璀璨烟花在夜空绽放，园内精美别致的雪雕冰雕作品也吸引着不少居民驻足，大家一边游览冰雪美景，一边体验冰雪运动带来的快乐与激情。

友谊县冰雪大世界占地面积约为 25500 平方米，建有童话世界区、冰雪游乐区等五大主题景区，包含 28 个冰雕、雪雕作品。游乐区建造了冰滑梯、雪滑梯，供成人和儿童游玩。

"县里建了一个这么美的冰雪大世界，在家门口就可以赏冰乐雪，太高兴了。"友谊县市民张艳说。

2023 年 1 月 15 日，双鸭山市尖山区首届冰雪节在当地承平湖公园开幕，冰雪节以 "多彩双鸭山 冰雪嘉年华" 为主题，活动期间通过举办形式多样、群众喜闻乐见的 "赏冰乐雪" 活动，展现冰雪雕塑艺术与多彩灯光艺术之美。

在宝清县圣洁摇篮山滑雪场，这里集冰雪运动、餐饮休闲等于一体，占地面积 200 万平方米，设有高级、初级和教学雪道 14 条，日接待能力可达 3000 余人次。在每年的 12 月至次年 3 月，吸引众多 "雪友" 前来释放激情，一展雄姿。"神龙摆尾"、纵情驰骋……来自各地滑雪发烧友在这里展示着专属于他们的高超技艺。

"雪道的雪质特别好，雪的深度也比较适合滑雪，各个层次的滑雪爱好者都能在这找到适合自己的滑雪场地！"滑雪爱好者钱聪说，他非常喜欢滑雪带来的"速度与激情"。

"煤城"双鸭山正着力打造"多彩双鸭山"，其中，当地提出打造"银色"双鸭山，即通过重点开发包含冬季冰雪游在内的四季特色旅游线路，开展系列"赏冰乐雪"主题活动，不仅丰富当地群众的文化生活，也推动冷资源变成热产业，促进冰雪经济快速发展。

（新华社客户端黑龙江频道2023年1月16日电　新华社记者孙晓宇）

"神州北极"漠河：冰雪冷资源催生旅游热产业

　　"我们找到北啦！"在黑龙江省漠河市北极镇北极村，来自祖国四面八方的游客齐声挥手高喊。他们在写有"神州北极"字样的石碑前合影留念，记录下这美好一瞬。

2023 年 1 月 10 日，在黑龙江省漠河市北极村神州北极广场，游客拍照留念。（新华社记者张涛摄）

这是 2023 年 1 月 7 日拍摄的黑龙江省漠河市北极村夜景（无人机照片）。（新华社记者张涛摄）

又一个冰雪季到来，我国最北城市漠河迎来旅游热潮。依托独特的地理位置、丰富的冰雪资源和不断完善的旅游产品，漠河冰雪经济持续发展。慕名而来的游客纷纷到此打卡，在冰天雪地中享受"找北""找冷"之旅。

在位于北极村的中国最北邮局，湖北游客李持惟在明信片上写下自己的祝福，邮寄给远方的朋友。"这次来漠河非常开心。虽然天气寒冷，但这里的人热情好客。"李持惟说，他通过漠河之旅，不但欣赏了冰雪风光，还品尝到地道东北美食，打算推荐朋友也过来看看。

据介绍，这个冰雪季，漠河市着力打造冰雪乐园、北极村冰雪童话世界等旅游景点。游客们还可以体验滑雪、滑冰、冰爬犁等冰雪项目，尽享冰雪盛宴。漠河市文体广电和旅游局工作人员吕春艳介绍，2023年冬，游客数量较往年有很大提升，预计近期会迎来新的"找北"高峰。

"给你们预留了一个星期后的房间，来这儿的时候多穿点，别冻着！"史瑞娟刚刚接到一个订房电话，并嘱咐外地游客一些旅游注意事项，带足保暖装备。

在漠河市北极村，游客乘坐马拉爬犁。（新华社记者张涛摄）

史瑞娟是北极村一家民宿的经营者，2011年起，她开始在北极村经营民宿。从最初的3间房，到现在的8间房，随着冰雪游持续走俏，她的民宿设施也不断完善。

"近几年，明显感到游客对冰雪游的热情越来越高。最近我的电话天天响个不停，咨询订房的人很多。"史瑞娟说，现在民宿基本处于满房状态，甚至有游客预定了春节期间的房间。

夜幕降临，灯光亮起，北极村更添一份浪漫与梦幻。于涛经营的铁锅炖餐厅开始热闹起来。炖排骨、炖大鹅……推杯换盏间，人间烟火气在此升腾。"来旅游的人多了，餐厅生意也越来越好了。"于涛说，他在考虑进一步扩大餐厅规模。

数据显示，北极村现有民宿和餐饮机构超过200家。

眼下，漠河最低气温低于零下30摄氏度。在这里，随处可见贴着车衣的车辆在道路上行驶。这些都是参与低温测试的车辆。每年冬天，各大车企工作人员云集于此，开启一年一度的寒区试车工作。

据了解，近年来，漠河充分发挥极寒特色，推动寒区试车产业落地发展。目前已建设完成40余种试验道路，路谱日益齐全，服务日臻完善。寒区试车产业有力促进当地宾馆、餐饮、零售业、交通运输等行业增收。

冬季的漠河，是极寒之地，同时也是"火热之地"。不畏严寒、笑傲冰雪的漠河人，利用冷资源做起一个又一个热产业。

（新华社记者刘赫垚、徐凯鑫、张涛）

到黑龙江，赴一场"冰雪之约"

　　超级冰滑梯、梦幻大雪人、童话世界般的雪乡……你是否也想念这样的黑龙江？

　　记者从黑龙江省文化和旅游厅获悉，黑龙江省冰雪旅游发展促进会（冰雪之冠旅游联盟）成员单位在全国多地开展"路演"，宣介黑龙江冰雪风光、冰雪文化、冰雪体验，展示魅力黑龙江。

这是 2023 年 11 月 10 日拍摄的黑龙江"中国雪乡"景区夜景（手机照片）。（新华社记者刘昊东摄）

黑龙江拥有得天独厚的地理优势和丰富的冰雪资源，多年来，黑龙江着力推动冰雪运动、冰雪文化、冰雪装备、冰雪旅游全产业链发展。

作为知名的冰雪主题乐园，哈尔滨冰雪大世界集冰雪艺术、冰雪文化、冰雪演艺、冰雪建筑、冰雪体育于一体。哈尔滨冰雪大世界相关工作人员介绍，2023年第二十五届哈尔滨冰雪大世界中，网红项目超级冰滑梯将从8条滑道增加到14条。晶莹剔透的冰雕作品、洁白如玉的雪雕作品、幻彩炫目的灯光特效、流光溢彩的视觉盛宴、惊险刺激的冰上芭蕾，丰富多彩的冰雪运动将在这里轮番登场。

"中国雪乡"景区受林区小气候影响，雪期长达约7个月，雪质优良，雪量丰富，成为很多人的赏雪"打卡地"。"冬季的雪乡，游客可以在漫天飞雪中感受世外桃源般的梦幻与浪漫，体验穿林海跨雪原的速度与激情，欣赏悬垂倒挂的雪舌雪帘和雾凇奇观。"龙江森工大海林林业局有限公司副总经理刘忠才说。

在冰雪季，哈尔滨极地公园将升级"淘"学企鹅打卡线路，举办大规模"淘"学企鹅冰雪大巡游，丰富游客游览体验。

记者从黑龙江冰城通用航空有限公司获悉，这个冬天，游客在黑龙江不仅能近距离赏冰乐雪，还可以选择在空中体验航空公司推出的"飞阅冰雪、悠游龙江"系列主题产品，换个视角"瞰"大美龙江。

（新华社哈尔滨2023年11月3日电　新华社记者刘赫垚）

五常大米：每一年播种希望，每一次乘势而上

山泉水蜿蜒而来，携带沿路的矿物质精华和微量元素，滋养万物生长，直到秋天，人们尽享五常大米的香。

在 2023 中国品牌价值信息发布暨中国品牌建设高峰论坛上，五常市委书记杜平将五常大米归纳为"五好"大米，即环境好、水质好、土壤好、气候好和品种好，独一无二、不可复制。

五常市被誉为"中国优质稻米之乡"，年产优质五常大米 14 亿斤。2022年五常大米品牌价值 710.28 亿元，2023 年，该数字再度攀升，以 713.10 亿元的价值优势位列区域品牌地理标志产品百强榜第 4 名，连续 8 年蝉联地标产品大米类全国第一。

育好的水稻秧苗被移栽进大田，五常的 5 月，乡间路上、农田里到处是忙碌的身影。而实际上，五常市着眼于深入实施五常大米产业提升工程的忙碌 3 月就已开始。

2023 年 3 月 31 日，五常市召开五常大米产业高质量发展招商签约大会，签约招商引资项目 14 个。五常市政府副市长白晶玉说，围绕打造"国际稻米产业发展合作中心"，五常市将以农民增收、企业增效、财政增税、消费增信、品牌增值的"五增"为目标，坚持标准化、产业化、集团化、品牌化、国际化"五化"发展方向，从品种、品质、品位、品相、品牌"五品"精准

2023 年 11 月 15 日，在首届中国（黑龙江）国际绿色食品和全国大豆产业博览会的五常大米展区，参会者在观展。（新华社记者王建威摄）

发力，探索五常大米全产业链发展合作的新路径。

五常大米产业提升暨高质量发展战略规划推进会于 2023 年 5 月 13 日举行，研讨内容包括五常大米宣传力度、五常大米集团未来发展、五常大米品种研发、提升五常大米品牌效益、完善五常大米溯源体系建设、加强五常大米仓储物流功能等。杜平说，要发挥政府主导作用，相关部门要形成工作合力，不断加强行业监管的能力和水平，明确工作任务分工，强化工作落实。要做好时间表，路线图，用实际工作，真正将五常大米这篇文章做大、做强，为实现振兴五常大米千亿产业和高质量发展做出新的更大的贡献。

从种到收的 145 天，五常在抓紧每一天。"延伸五常大米产业链条，挖掘碎米、米糠、稻壳精深加工潜力，提高稻米副产品利用率。强化市场监管，严格地理标志使用，完善'溯源中国·稻乡五常'数字平台功能，实现从田间到餐桌全程可追溯。"提升大米产业发展水平作为重点工作写进五常市政府工作报告。

五常市 2023 年水稻种植面积 251.1 万亩，其中水稻品种"稻花香二号"超过 200 万亩。待到金秋时，田埂上，手持镰刀割稻香。

（新华社客户端黑龙江频道 2023 年 5 月 27 日电　编辑伊琳）

海伦大豆：黑色沃土结出的"金豆子"

海伦，中国优质大豆之乡，凭借优越的自然资源禀赋和科技的加持，从培育良种到提升品质，已经成为黑龙江省大豆类种植的引领者，同时也是重要的大豆生产、贸易基地。

经历百余年的种植历史，这里的农民对大豆有着深厚感情。在这片土地上流传着这样一句话：中国大豆看龙江，龙江大豆看海伦。从中看得出海伦人对发展大豆产业的自信和底气。

海伦大豆好在哪里？海伦地处在松嫩平原寒地黑土和富硒土壤带"双核心区"，黑土层厚度平均在 70 厘米以上，有机质含量高达 3%—5%，这里生态优良，土壤天然富硒。春来夏往，秋收冬藏，多年来在海伦人汗水和智慧的浇灌下，这片黑土地结出的大豆用高油、高蛋白、抗倒伏、单产高、粮质好的优良品质回馈着对它满怀期待的人们。

种下"金豆子"

一颗大豆的种子，从春种、夏管到秋收，大概需要 120 天。

4 月末至 5 月中旬，是海伦大豆的播种期，全程在大型机械的助力下，整地、起垄、播种、镇压，所有环节一气呵成，豆农在驾驶室内可以监控全程。1.1 米大垄双行密植栽培技术，将使大豆产量提高 10% 以上。一幅幅抢农时忙春耕的美丽画卷徐徐展开，也为丰产丰收播种下新的希望。

盛夏，一垄垄秧苗郁郁葱葱，长势喜人，在海伦市大豆现代农业科技示范基地，无人机植保作业在为豆秧生长保驾护航。

秋天将是海伦最美的季节。在金色的豆田里，秋风阵阵吹过，成熟的豆荚随风摇曳，发出哗啦啦的响声，仿佛是"金豆子"在豆荚里唱起了丰收的歌。此时，一辆辆收割机在豆田里驰骋穿梭，确保颗粒归仓，壮观的秋收场面令人激动。

收获过后，深松整地机会将粉碎的秸秆送还给豆田，经过一个漫长冬天的能量蓄积，慢慢变成有机肥，继续滋养黑土地。

日月更替，四季轮回。就这样，一颗豆子完成了这一季的生命周期，然后它会在下一个春天里"重生"。

种子是关键

种子是农业的"芯片"，也是大豆科技竞争力的集中体现。

大豆育种要经历一个"大浪淘沙"的过程，失败是"家常便饭"，成功反而难得一见。一个大豆品种从开始培育到最终通过审定，一般要经历 10 年到 12 年的时间。

你知道"金豆娘娘"吗？如果在海伦农村问这个问题，很多豆农会说知道，同时再竖起一个大拇指。她就是中国科学院东北地理与农业生态研究所海伦农业生态实验站研究员李艳华。

李艳华所培育大豆品种产量高、品质好，深受当地农民欢迎。

海伦市依托李艳华团队，培育研发了"东生"系列大豆品种 15 个，亩产 400 斤左右，达到国际先进水平。

2023 年，海伦市将在扶持"东生"大豆种子研发基础上，实施大豆种业振兴行动，与黑龙江省农科院开展深度合作，依托大豆研发中心，共同研发大豆新品种。同时，积极申报国家级大豆良种繁育基地，加快培育一大批高产、稳产、高效、优质新品种，保护好种子资源。

"金豆子"的未来之路

发展是一条无穷之路，海伦人和海伦大豆的脚步从未停歇。

收获了大豆，豆制品深加工被提上日程。为促进产业集群发展壮大，海伦市相继建设了大豆批发市场等现代化大豆交易平台，同时又重新设计规划大豆产业园，吸引了涉及制油、豆粉加工、豆粕加工业务的多家大型大豆加工企业入驻。

大力发展腐竹、豆皮、豆干等即食食品，提升生产加工能力。随手打开一盒豆浆饮品，醇厚的豆香扑面而来。流水线上，一粒粒大豆经过加工、检验和包装，变成一箱箱豆浆粉，装车后运往全国各地。

未来，海伦市将加快打造"中国大豆名城"，推进大豆全产业链开发，努力构建繁、种、加、销全产业链一体化发展格局。

（新华社客户端黑龙江频道 2023 年 1 月 16 日电　编辑董哲鑫）

东宁黑木耳：集聚林下经济高质量发展新动能

东宁市（绥阳镇）黑木耳产业集群入选 2023 年省级中小企业特色产业集群，雨润绥阳黑木耳批发大市场上半年交易额达 30 亿元……以 181.9 亿元品牌价值蝉联全国地理标志产品食用菌类第一名的"东宁黑木耳"产业持续向百亿级目标迈进。

每年六七月份的东宁市绥阳镇，黑木耳批发大市场里到处能听到叫卖的吆喝声，这个国家级黑木耳交易集散中心拉动着周边地区的黑木耳产销。为助推产业健康发展，黑木耳销售经纪人创立了"买全国、卖全国""经纪人 + 老客"等合作经营模式。2022 年，大市场交易数量超过 10 万吨，交易额突破 60 亿元。

绥阳镇拥有"全国乡村特色产业十亿元镇"称号，小镇怀揣将小木耳做成大产业的梦想，遵循"一镇一业、一村一品"发展路径，已建成黑木耳种植农民专业合作社 49 个、菌包加工厂 50 多家、黑木耳标准化生产基地 22 个，2022 年全镇种植黑木耳 1.6 亿袋，产量约 1 万吨。

近年来，一些制作菌种菌袋、食用菌机械制造等产业链上下游企业纷纷在此落户。黑龙江顺德峰兴盛永食用菌有限公司发挥龙头作用，规模化黑木耳立体栽培基地、新品种科技示范区、生物科技研发、产品营销等板块，生产经营模式日益完善。东宁山友食用菌科技研发有限公司深耕精深加工，推出木耳酱、即食木耳等爆款产品，覆盖航空配餐、铁路餐饮，拉动产业大发展、快发展。集黑木耳智能栽培、农产品深加工、菌资装备制造、商贸服务、现代物流、观光旅游于一体的黑木耳产业集群在绥阳逐渐发展壮大。拥有地缘、资源、区位三大优势的绥阳将进一步抓住黑龙江向北开放窗口的重要机遇，推动特色产品走出国门。

黑龙江省牡丹江市一直将黑木耳产业作为拉动农业增效和促进农民增收的支柱产业。位于牡丹江市东南部的东宁地处长白山与完达山余脉结合部，林、水资源丰富，近年大力发展以林菌、林果、林药、林下养蜂为主的林下经济，不断延伸林下经济产业链条。林菌产业抓特色，东宁年均栽培黑木耳约9亿袋，生产木耳干品超4万吨，产值30亿元以上。2022年，东宁有规模200亩以上的黑木耳生产园区39个，稳定就业菌农2万余人，占全市农民总人数的28%。

科技创新驱动产业发展。东宁市组建了黑木耳类科研机构，与全国20多家科研院所建立协作关系，率先研发并推广袋料栽培、小孔单片、棚室挂袋技术；培育系列优质菌种，开展菌种筛选改良、菌糠综合利用等课题研究，独创20余项产业新技术，革新30余款菌用机械设备；通过"五化"处理方式，废弃菌袋综合利用率达到95%以上。同时，提高产品附加值，注册登记黑木耳相关企业124户，研发生产木耳酱、冻干脆片、木耳粉丝等深加工产品20余个品种。

从绥阳的"产城融合、以产兴城"到东宁的"多面开花"，从最初的单一种植到智能栽培、技术研发、产品深加工、菌资装备制造，"东宁黑木耳"正在摸索产业链与创新链、服务链、人才链、资金链有效贯通、深度融合，不断开辟发展新领域、塑造发展新动能。

（新华社客户端哈尔滨9月20日电 编辑伊琳）

扫码看视频｜东宁黑木耳产业集群

黑龙江扎龙用心守护"丹顶鹤家园"

　　从村里搬出快 6 年了，徐涛有时还会回去看看，尽管村子已不在了。村子原址有一棵被雷劈过的树，发黑的样子和徐涛记忆里一样，不同的是，这两年开始有鸟在其上筑巢。

　　徐涛家原在黑龙江省齐齐哈尔市铁锋区扎龙镇赵凯屯，位于黑龙江扎龙国家级自然保护区核心区。这里是丹顶鹤的家园。

　　徐涛伴随着鹤鸣声长大，15 岁前，对芦苇丛外面的世界缺乏了解。村子没有通电，也没有路，出去常靠撑船，到有路的地方，要花 3 个多小时。

　　割苇子、打鱼，这是徐涛父母和大多数村民的生计。但随着人们活动的增多，"人鸟争食""人鸟争地"的矛盾凸显出来，扎龙面临着抉择。

　　为了人与鹤共同生存的这片家园能得到可持续发展，将人与鹤分开，互不打扰，成为最优的选择。

　　2017 年，徐涛与家人搬离了赵凯屯，一同迁走的，还有赵凯和塘土岗子两个屯近 300 户 900 多人。他们中的许多，搬到了政府新建的扎龙镇哈拉乌苏村泉畔家园小区。小区里多为四层小楼，还配有小型足球场和休闲广场，

这是黑龙江扎龙国家级自然保护区内的丹顶鹤。（新华社记者杨喆 摄）

出门不远就是小学，村民们终于告别了"半与世隔绝"的生活。

虽仍有不舍，但徐涛说，心中更多的还是高兴。徐涛还成为扎龙自然保护区的一名巡护员，以新的身份守护着丹顶鹤。

在徐涛的手机中，有这样一张照片：一只丹顶鹤悠闲地站在一条船上，这条船正是过去村民打鱼的船，搬迁后已经弃用。

努力守护丹顶鹤和湿地生态多样性，早已成为人们的共识。在黑龙江省扎龙国家级自然保护区管理局鹤类繁育和野化区服务中心，已有380多只丹顶鹤从这里被野化放飞，飞到了全国各地。

"我们通过就地保护和迁地保护相结合，建立丹顶鹤物种基因库，扩大丹顶鹤的野生种群数量。"中心主任高忠燕说。

扎龙鹤类繁育和野化区服务中心还承担着动物救护的工作。在饲养房内，有两只小鸿雁正进食。工作人员说，这是不久前中心救助的。饲养房内还摆放着两张单人床，为照看这些动物，中心工作人员有时会住在这里，与鸟为伴。

因为热爱所以守护。自扎龙鹤类繁育和野化区服务中心成立以来，几代养鹤人在这里接续奉献。养鹤人中还有我国环保战线第一位因公殉职的烈士——徐秀娟。根据徐秀娟事迹创作的歌曲《一个真实的故事》至今仍在传唱。

"近年来，我们还建设了天地空一体化监管体系，保护区内鹤类等珍禽数量明显增加。"黑龙江省扎龙国家级自然保护区管理局副局长郭玉航说。

受自然条件等因素影响，扎龙湿地一度面临缺水难题。自2009年开始，黑龙江省每年筹措资金用于扎龙湿地补水和生态监测，目前已累计补水约30亿立方米。保护区内苇塘、水域面积已从130平方公里扩大到600平方公里以上。

走在扎龙自然保护区内，不远处两大两小四只丹顶鹤正在悠闲觅食。"这是一家四口。"高忠燕指着这群丹顶鹤说。

这是我们的扎龙，也是它们的家。

（新华社记者杨喆、梁冬、张玥、唐铁富）

马迭尔：让生活永远充满想象

夏天的冰棍，冬天的冰棍，都是马迭尔。

所以，马迭尔冷饮厅门前经常是 1450 米长的中央大街上的一个拥堵点。在这里，好不容易排队买到马迭尔冰棍的人多半全然忘却了要继续前行，站在原地迫不及待地咬上一口，便顺着冰中带香的老味道在各自的味蕾间展开对百余年前时髦感的想象。

在哈尔滨百年老街中央大街上，马迭尔冷饮厅吸引了许多游客前来购买冰棍。（新华社记者王建威摄）

　　始建于 1898 年的中央大街上"陈列"着巴洛克、文艺复兴等风格的建筑，白天，色彩与造型清晰可见，游客们走走停停。夜晚，艺术家们华丽登场，悠扬的旋律从老建筑中飘出来，马迭尔阳台音乐每晚六时奏响，从绿意葱茏的夏日一直持续到 10 月。在被联合国授予"音乐之都"荣誉称号的哈尔滨，表面平静的人群一齐仰头望向阳台上专注投入的歌者和演奏者，暗自渴望成为这幅聆听者油画中一个有品位的角色。

　　这个能传出音乐声的"阳台"就位于马迭尔宾馆的二楼。棕绿色的穹顶、孟莎式的屋顶、多姿多彩的女儿墙造型——这座 1906 年兴建的新艺术风格建筑处处散发着自由而浪漫的气息，在这里可以享用拥有技艺传承的纯俄式马迭尔西餐，还可以在精酿啤酒屋小憩。

　　在中央大街漫步的人群，通常会来到松花江畔的石阶上，坐下来，心无旁骛地望着对岸。然而冬季版的"哈尔滨中央大街精品旅游线路"要一直延

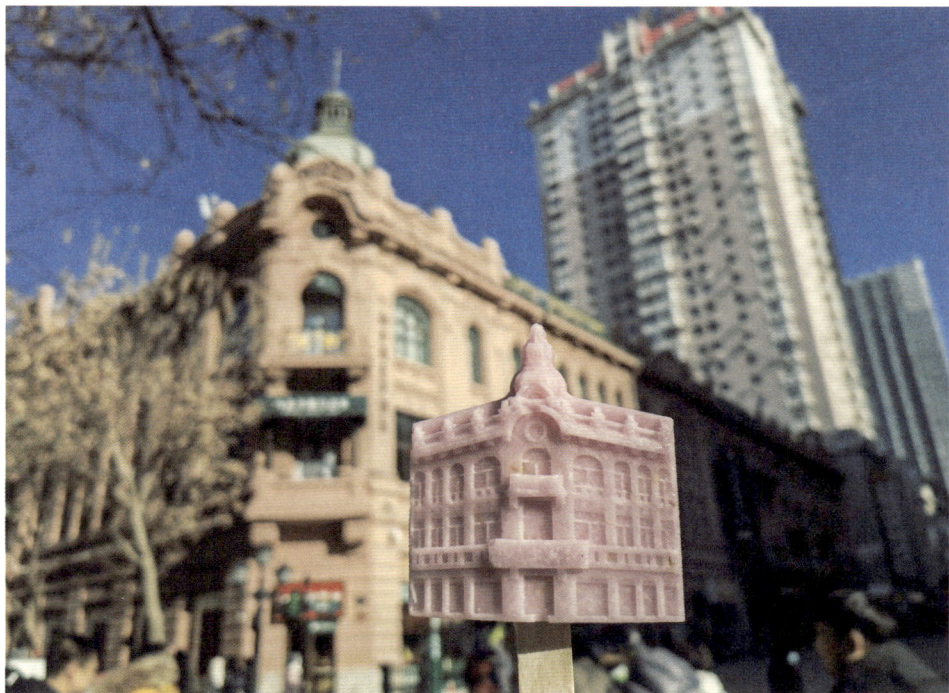

以马迭尔宾馆为造型的马迭尔文创冰棍。（新华社记者朱悦摄）

伸到江面——不，是欢腾着盛大的冰雪玩乐的冰面。上一个冬天，由哈尔滨马迭尔集团股份有限公司（简称"马迭尔集团"）承办的哈尔滨松花江冰雪嘉年华营业 61 天，接待游客 85 万人次。

不仅是生产马迭尔冰棍、马迭尔面包、马迭尔酸奶、马迭尔红肠……历经混合所有制改革的哈尔滨马迭尔食品股份有限公司依托传承百年的中华老字号品牌已先后在北京、浙江、黑龙江三地建立 5 个生产基地，实现了从门店手工制作到标准化、规模化、自动化现代工业生产的跨越。公司在全国铺设直营店 39 家、加盟店 260 家，地市级以上经销商 600 多个，零售终端 3 万多个。同时，产品远销美国、加拿大、新西兰等海外市场。

食品板块闯出新路后，马迭尔集团在酒店、餐饮等领域的品牌价值也随之提升。马迭尔从区域性品牌成长为全国知名品牌的道路上写满了百年传承争做一流的执着，又续写着梦想照进现实的崭新篇章。

（新华社客户端黑龙江频道 2023 年 7 月 5 日电　编辑伊琳）

秋林：情深意"重"，百年道来

　　创始于 1900 年的秋林公司步入 123 岁光景，百年老店的那座巴洛克风格建筑位于哈尔滨的秋林商圈，从远处看去，老商圈里藏着"秋林大列巴"的是座老楼，却寄望着当地人稳稳的幸福。

　　"秋林大列巴"是一种巨型面包，放在手里沉甸甸的，直径在 23 到 26 厘米之间，厚度大约 16 厘米，着实一份赠送亲朋好友的"厚礼"。其制作技艺被列入黑龙江省非物质文化遗产名录。这种源自 1900 年的俄罗斯传统特色生产工艺，使用啤酒花作酵母发酵，经三次发酵后，散发出啤酒香气，在硬杂木桦的烘烤下，面包外壳微焦且脆，内里又松软可口。

　　游客今日到哈尔滨必吃的一桌俄式西餐，在 20 世纪 80 年代的家庭餐桌上就有模有样。除了"秋林大列巴"，还有橄榄形的俄式面包"秋林赛克"、面包圈、夹心面包。涂上一层"秋林草莓果酱"，再来一根用硬杂木和炭火两次熏烤的"秋林红肠"，开一个俄式酸黄瓜罐头，搭配一碗熬煮了土豆、西红柿、卷心菜的素版俄式"苏伯汤"。逢年过节打开糖果盒，招待客人的是一种叫"秋林大虾糖"的酥糖和面包发酵饮料"秋林格瓦斯"。而巧克力外壳的"秋林酒糖"内藏乾坤，一口咬下去定睛一看，手中握着的糖芯像轮廓清晰的山洞；入口后却又像熔岩，黑色巧克力的丝滑和白酒香混合在一起，只要这么一点点热烈和甜蜜，就是一个偷偷"微醺"的快乐童年。

　　如果一个"土生土长"的哈尔滨人拉着你去秋林公司的老楼买了大面包等复古食品，这老套的方式 —— 一定是他有些情深意重，需要百年时光来表达。老建筑里飘来的影像不仅有独具特色的城市文化，更有记忆中的恒久气味，是追随日升日落的万家灯火、定格的家人餐桌。

一日三餐要认真。于 2023 年 5 月 20 日开业的"秋林三餐"餐厅就在老楼的一楼，践行着"还给哈尔滨一个令人骄傲的秋林公司"的承诺。而今天的"秋林"品牌，已不只在老楼里，还走在中央大街的面包石上，在"秋林格瓦斯百年文化馆"里，他端出一杯鲜酿"秋林格瓦斯"，把悠悠百年的滋味说给你听。

（新华社客户端哈尔滨 2023 年 10 月 9 日电　编辑伊琳）

五大连池矿泉豆腐

　　浸豆、磨浆、凝浆、榨水……世界顶级的矿泉水与黑龙江省五大连池市的原产地大豆相遇，那将是怎样的人间美味？

　　尝一口，鲜、嫩、滑、爽，吃了就放不下……"一块豆腐闯天下，好吃到哪儿都不怕。"如此自信的豆腐是以优质的五大连池矿泉水资源为底气，蕴含着对五大连池矿泉美食特产的笃信与期望。

　　王毛驴豆腐美食是当地历史最久远的一家。传承人王荣生经过多年潜心研究和不断创新，把一个原来小小的豆制品作坊发展成为集特色餐饮、研学旅游、观光体验于一体的网红打卡地。

　　王毛驴豆腐美食店总经理王荣生说，这些年他走遍全国各地学习深造，一边学习一边琢磨如何把好吃的矿泉豆腐花样翻新。按照当今的营养新潮流，矿泉豆腐的保健养生价值很高，如何让游客一边感受到新鲜的创意，一边还保留豆腐的最佳口感，是王荣生苦思冥想的头等大事儿。

　　经过苦心钻研、反复尝试，王荣生一共研发了150多道豆腐菜品，形成了五大连池独具特色的"矿泉豆腐宴"。

　　百闻不如一见，来五大连池吧，亲口品尝这里的矿泉豆腐，数一数变身后的豆腐种类，感受那种奇妙的滋味！

扫码看视频｜舌尖上的黑龙江 —— 五大连池矿泉豆腐

（编辑颜秉光、才萌）

千变万化的龙菜

抚远开江鱼，伊春山野菜，阿城黑猪肉，克山土豆，海伦豆腐，大兴安岭老金矿毛尖蘑……这些黑龙江优质、道地食材，与百年传承的烹饪技法相结合，那将是怎样的人间美味？

今天，让我们走近中国烹饪大师孟宪泽和龙菜大厨们，听听龙菜的历史，领略龙菜的风采，看看新时期龙菜的传承。来吧，美食之旅正式开启！

盛夏的 7 月，外地游客游龙江，在赏美景、享清凉的同时，品尝美味佳肴是非常重要的。那么，到黑龙江吃些什么才不虚此行呢？我们首先推荐的是龙菜，您没听错，就是黑龙江的龙，菜肴的菜，合到一起就是黑龙江的地道美食——龙菜。

龙菜历史悠久，长达百年。作为黑龙江省的地方风味菜，龙菜特指利用黑龙江省特产的原料、副料、调料、特有的烹饪工艺加工制作的，体现黑龙江地方特色风味的菜系。龙菜的特征是"取料广泛，调味多种；咸辣酸甜，色味香形；汤菜双佳，味浓口重"，在烹调技法上以爆、炒、熘、烤、涮、焖、蒸、氽、煮见长。

烤雪菜鲤鱼如今，翻开龙菜的菜谱，跃入眼帘的是中西合璧、花样繁多的美食菜单，其中包括中餐冷菜 20 道、热菜 99 道；西餐冷菜 12 道、热菜 53 道，还有中餐面点 19 种、西餐面包 5 种，以及各种调味品、香料和酒水等。

这些让人垂涎欲滴的菜品中，既有深受外地游客和本地人喜爱的家常菜，比如锅包肉、锅塌肉片、东北大拉皮、小鸡炖蘑菇、杀猪菜、酥黄菜、扒猪脸、冰糖肘子、蘸酱菜等，也有市面上不常见的"硬菜儿"，比如八宝布袋鸡、白扒鱼唇萝卜球、香糟汁白鲢鱼、丁香烤红马哈鱼尾、精品榛蘑蒸肉、低温慢烤大白鱼配松茸等。 此外，还有不少经过改良的西餐菜品，比如薄荷酒鳇鱼骨冻、条纹马哈鱼香鸡球、甜菜鳜鱼沙拉、烤奶汁时蔬杂瓣和奶汁汤等。

龙菜的第二代传人、中国烹饪大师孟宪泽讲述了龙菜的起源和历史。 他说，黑龙江地处边陲，是满族、朝鲜族、蒙古族、回族、达斡尔族、赫哲族和鄂伦春族等少数民族世代聚集地。 乾隆年间东北开始有山东、河北流民涌入，鲁菜落地，与当地的民族菜一起构成了龙菜的雏形。 在随后的岁月中，伴随着中东铁路的开通，哈尔滨迅速成为东北亚的国际大都市，外国人大量涌入，当时哈尔滨的饮食文化进入了蓬勃发展的时期。 以鲁菜、京菜为源头的龙菜与以俄式大菜为主的西餐并驾齐驱，而后通过当地的食材和配料、调料为媒，中西餐开始互相借鉴交融，加之商业繁荣、交通便利，国内各地客商云集，八大菜系的技艺和风味在黑龙江和哈尔滨相互渗透交融，龙菜集中西餐各菜之长开始形成并快速传播，龙菜进入了黄金时代。

"龙菜的起源和发展注定了它具有兼蓄包容的特性，龙菜的风味也在一定程度上改良了南甜北咸的传统特点，咸辣酸甜兼具，菜式取料广泛，调味多种多样，在我国八大菜系和西餐的传统食材、烹调方法上加以融合、改良和创新，再佐以烹制山蔬、野味、肉禽和淡水鱼虾的技艺浑然一体，使龙菜具有浓厚的北国风光特色。"孟宪泽说。

孟宪泽说，现代社会，美食对于人们，早已脱离了温饱的范畴，升华为生活品味、品位与品质的载体，是一门现代科学和一种文化艺术。 从这点上说，大师、工匠不是评出来的，而是食客们日积月累"吃"出来的。 龙菜之所以百年不衰且越发兴盛，除了黑龙江的优质食材外，与老一代大厨的艰辛劳作和多年探索、一代代接续传承分不开。 作为第二代传人，他们致力于传承龙菜的精神和技艺，从深入黑龙江各地寻找优质食材开始，将多年心得集结成《龙菜传承》一书，书中收录了中西餐共计150多个菜品，记录了以黑龙江优质的粮食、肉类、淡水鱼、蔬菜、山珍为主，运用黑龙江特产烹饪的珍品及家常各类菜肴，希望更多的人品尝到正宗的龙菜，感受黑土地厚重的饮食文化，吃出文化、吃出健康、吃出快乐。

（新华社客户端哈尔滨 2023 年 9 月 20 日电　编辑颜秉光、才萌）

这就是

黑龙江

ZHEJIUSHI

HEILONGJIANG

肆

产业篇

原来你是这样的黑龙江

"大国重器"生产车间里，机器轰鸣透出老企业焕发的新活力；充满生机的黑土地上，一产接"二"连"三"激发新动能；产业园区内，专精特新、高新技术企业竞相涌现……如今，黑龙江高质量发展的"马达"动力十足。

党的二十大报告提出，推动东北全面振兴取得新突破。作为老工业基地和农业大省，黑龙江加快构建现代化产业体系，坚持以结构调整促进产业升级、推进动能转换，以产业振兴带动实体经济振兴、推动全面振兴，奋力走出老工业基地创新发展新路子。

黑龙江正努力写好写实改造升级"老字号"、深度开发"原字号"、培育壮大"新字号"三篇大文章，一首无中生有、有中生优的"老与新的变奏曲"在黑土地上奏响。

"老字号"智能化转型走新路

"老"树发"新"枝。黑龙江用新理念、新机制、新技术让老企业焕发新活力，促进装备制造、能源、食品等传统产业向中高端迈进。

当电站主机设备在工作，另一个数字模拟设备同步运行，两者参数出现偏差时，模拟设备会预警，发现实体设备可能存在的问题。当前，这个名为"电站设备数字孪生课题"的重要科研项目在哈尔滨电气集团有限公司全面开展，将为客户提供智能制造、远程运维、全生命周期管理的系统服务。哈尔滨电气集团有限公司创新与数字化部总经理车东光说，"十四五"期间，哈电

工人在哈电集团哈尔滨电机厂有限责任公司的生产车间作业。（新华社记者王松摄）

将投资 10 亿元建设"数字哈电"。

在百威哈尔滨啤酒有限公司中央控制室，数米高的大屏幕显示着啤酒生产、能耗、包装等全过程运行参数，实时跟踪设备状态，进行数据分析和远程操作，啤酒酿造几乎都由自动化生产线完成。"付出的体力劳动越来越少，脑力劳动越来越多了。"公司总经理张灵斌说，公司正加快打造"黑灯工厂"。

近年来，黑龙江发挥中国一重、哈电、哈飞等企业对国家战略力量、战略安全的重要支撑作用，坚持扩量调结构、创新促升级，提升制造业核心竞争力。持续加大技术改造力度，通过设备换新、生产换线、机器换人等方式，推动制造业提档升级。2023 年上半年，黑龙江工业技术改造投资增势良好，同比增长达 27.0%。

"老字号"赋能增效既离不开新技术加持，更需要新理念、新机制支撑。

"原来每月赚两三千元，现在六七千元。"早上 8 点，距上班时间还有半小时，哈尔滨变压器有限责任公司装配车间排铁组长柴东旭已经换好工装，走上岗位。

国有企业劳动、人事、分配三项制度改革，能够调动广大干部职工干事创业的积极性、主动性，是国有企业能够持续释放创新活力的关键。这项改革让这家一度陷入经营困境的老国企"逆袭"，成为目前国内变压器行业的重点骨干企业，也让员工的精气神发生变化。公司装配车间主任芦峰说，原来一些急活、重活很难派出去，现在大家主动"要活"，偶尔有人请假，也会加班加点补回来。

用市场倒逼生产，是老工业基地企业"逆生长"的必由之路。黑龙江一众"老字号"企业加快从传统生产制造向智能制造转型，全面推进市场化改革的道路越走越宽，体制机制不断理顺，进一步筑牢全省工业经济的"四梁八柱"。

"原字号"开启精深加工之路

"没有一粒玉米可以完整地离开绥化。"在黑龙江省绥化市，这并不是一句玩笑话。

在位于绥化的黑龙江新和成生物科技有限公司生物发酵产业园二期，生物技术被广泛应用到玉米深加工领域。绥化经济技术开发区管委会办公室主任于凯宁说，产业园年加工玉米能力超过200万吨，辅酶Q10等保健食品的产出有效拉长了产业链条。

绥化地处"黄金玉米带"，玉米年产量稳定在1000万吨左右。从玉米到酒精、淀粉、葡萄糖、氨基酸、维生素等产品，当地走出一条把玉米"吃干榨净"的原材料精深加工之路。

产业链短、附加值低，曾是羁绊黑龙江"原字号"企业发展的拦路石。依托资源富集优势，黑龙江推动产业链条向下游延伸，抓实"油头化尾、煤头电尾、煤头化尾、粮头食尾、农头工尾"，深度开发"原字号"，把优势潜力释放出来、把内生动力激发出来。

黑龙江出台了《黑龙江省支持农产品精深加工业高质量发展政策措施》

在位于齐齐哈尔市依安县的北纬四十七绿色有机食品有限公司生产车间，工人在分装鲜食玉米。（新华社记者魏海摄）

《黑龙江省加快推进农产品加工业高质量发展三年行动计划（2023—2025年）》等文件，推动农产品加工业发展。全省规上农产品加工企业发展到1929家，加工能力超过1亿吨，农产品加工业已成为拉动经济增长的重要产业。

　　煤城转型怎么转？"不能简单去'煤'化，要坚持推动传统产业转型升级，延伸壮大产业链条。"鹤岗市委书记李洪国开门见山回答记者的问题。

　　在煤城鹤岗，通过稳煤头、强化尾，构建起煤转电、煤制肥、煤制焦、煤制气、煤基多联产等5条主要产业链。中海石油华鹤煤化有限公司是东北重要的尿素生产基地，年产60万吨大颗粒尿素。公司党委副书记万辉说，不做好资源深加工，就难以把资源优势转变成经济优势。

　　在油城大庆，市委市政府成立"油头化尾"产业工作领导小组和26个单位成员组成的推进工作专班，推动"油头化尾"产业规模不断壮大。大庆拥有规模以上石化生产企业78家，其中百亿元以上企业2家、超亿元企业

28 家。

在林城伊春，林区人在停伐后积极拓展林下资源空间，松子、黑木耳等产业由小作坊生产向工厂化、集约化、现代化跨越。

培育新兴产业壮大"新字号"

抢抓新一轮科技革命和产业变革新机遇，黑龙江根据资源禀赋谋定发展目标，主动服务和融入构建新发展格局，大力发展数字经济、生物经济、冰雪经济和创意设计等新兴产业，加快推进产业转型、动能转换、增长方式转变。

黑龙江把数字经济作为全省发展的"一号工程"，出台了《黑龙江省"十四五"数字经济发展规划》等多项政策，积极布局数字经济新赛道。

自 2022 年以来，黑龙江举办了全国工商联主席高端峰会、2022 世界 5G 大会等多项重要活动，与华为、百度、京东、腾讯、中兴等一批数字经济头部企业开展战略合作，签约总额超过 6000 亿元，新动能加速集聚。

在 2023 年 6 月举行的第三十二届哈尔滨国际经济贸易洽谈会上，哈尔滨爱威尔科技有限公司展位前人头攒动，参会者戴着 VR 眼镜，沉浸式体验工厂生产全过程。公司副总经理马宏宁介绍，爱威尔专注于虚拟现实、增强现实和元宇宙技术研发，近 4 年公司业绩累计增长幅度超过 700%，已为国内 350 多家企事业单位提供虚拟现实产品和服务。

黑龙江科技教育资源富集，哈尔滨工业大学等 78 所高等院校、226 个科研院所为培育壮大"新字号"提供了资源优势。年初，哈尔滨工业大学联合有关部门、重点企业，成立"数字经济产业联盟"，将为"数字龙江"建设提供产学研用全方位解决方案。

老工业基地的价值在"老"，出路在"新"。近年来，黑龙江通过优化政策、融资、人才、信息服务等供给，聚焦高端装备制造、生物医药、战略性新兴产业等领域，加快培育"专精特新"中小企业，推动新兴产业从"盆景"向"风景"蜕变。

大庆思特传媒科技有限公司"90后"工程师李庆欣，正在电脑前专注于"动感跑酷"互动类游戏的调试。这家专精特新中小企业，从事互动多媒体产品创意设计、人机智能交互等前沿技术研发，公司产品已出口60多个国家和地区。

黑龙江共培育专精特新企业864家，这些行业佼佼者成为黑龙江迈向高质量发展的生力军。全省高新技术企业数量从2015年693家增至2022年3605家，2022年黑龙江积极培育高新技术企业的典型经验做法获国务院第九次大督查通报表扬。

善谋者行远，实干者乃成。广袤的黑土地上，一批"老字号""原字号"不断迸发新活力，"新字号"快速成长，一幅攻坚结构短板，奋力开创高质量发展可持续振兴新局面的多彩画卷正徐徐铺展开来。

（新华社记者刘伟、王春雨、强勇）

扫码看视频｜黑龙江装备制造企业：
"大块头"也有大智慧

黑龙江做优"旅游+"激活新动能

2023 年 6 月 29 日，第五届黑龙江省旅游产业发展大会在大庆市开幕。老工业基地黑龙江持续做大"旅游蛋糕"，做优文旅、农旅、交旅等深度融合，努力开拓旅游产业高质量发展新赛道。

最北省份旅游升温

"大庆和我们想象里的'石油城'不大一样。"旅发大会期间，许多来到大庆的外地游客说。

湛蓝的天空下，在大庆时时可见上下摆动的采油"磕头机"——这是油城特有的风景。与此同时，大庆还有着宝贵的生态资源，这座号称"百湖之城"的城市水系环绕，湿地面积近 50 万公顷。

良好的生态是我国最北省份黑龙江的一大优势，国家级自然保护区和国际重要湿地数量居国内前列。黑龙江积极践行"绿水青山就是金山银山，冰天雪地也是金山银山"理念，将生态优势加速转化。一季度，黑龙江接待游客 3457.3 万人次，旅游收入 260 亿元，同比分别增长 74.8% 和 78%。

本届旅发大会以"大美龙江：新起点、高质量、再出发"为主题。承办地大庆陆续举办"到大庆去露营"、"骑游总动员"、坑烤文化节、赛车小镇啤酒美食节等一系列文旅活动。2023 年夏，黑龙江进一步推出哈尔滨、牡丹江、伊春、黑河、大兴安岭 5 大避暑旅游城市、10 大主题旅游玩法、13 个地市美食等，满足游客多种需求。

"旅游+"加出新活力

2018年以来，黑龙江在哈尔滨、伊春、黑河、牡丹江连续举办四届旅发大会。黑龙江省文化和旅游厅副厅长何大为说，旅发大会日益成为升级城市功能的"助推器"、促进产业融合的"加速器"、打造旅游精品的"孵化器"。

在旅发大会重点文旅项目签约仪式上，25个文旅投资项目和战略合作项目签约金额81亿元，涉及全省文旅综合体、智慧旅游、博物馆等多个领域。

"以文塑旅、以旅彰文，文旅深度融合才能持续提升旅游业竞争力。"大庆市副市长朱清霞说，大庆深度挖掘"红色"石油文化、"绿色"草原文化、"蓝色"滨水文化等，精心打磨。

在铁人王进喜纪念馆，2023年以来馆内单日参观者最高达2.4万人次，创2006年开馆以来新纪录。纪念馆宣教部主任李娜说，人们对旅游的期望正从"看山看水看风景"，向观文品史、体验生活等多维转变。

2023年6月18日，伊春"林都号"旅游列车首发，将陆续开行伊春、亚

铁人王进喜纪念馆。（新华社记者王建威摄）

大庆市杜尔伯特蒙古族自治县一景区。（新华社记者王建威摄）

布力、五大连池、漠河等重要节点旅游列车。此外，中国铁路投资集团、中国旅行社协会将组织国内 18 家铁路文旅集团与黑龙江开展铁路列车旅游协作，预计全年向黑龙江输送游客 7 万人次以上。

发力供给侧　转型再升级

黑龙江苦练"内功"，在旅游产品创新、服务质量提高、旅游体验提升等方面谋新求变，推动旅游产业高质量发展。

本届旅发大会，黑龙江发布《2023—2025 黑龙江省推动旅游业高质量发展实施方案》（征求意见稿），其中提到，黑龙江将实施世界级冰雪旅游目的地"创领"行动、全国绿色旅游引领地"创先"行动、加快文旅数字赋能"创新"行动等 17 个行动，加快旅游发展提档升级。

适应消费升级新需要，各地积极探索旅游业发展新场景、新业态。大庆第四纪猛犸象光影乐园开放，通过多媒体光影、AR 交互、灯光演绎等，还原史前巨兽场景。"这种沉浸式、交互强的新玩法，能充分触发参观者的身心感受。"山西游客邱泉说。

黑龙江省文化和旅游厅厅长何晶说，黑龙江于 2023 年 6 月 20 日至 9 月 30 日开展夏季避暑旅游"百日行动"，聚焦"吃住行游购娱"全产业链推出 50 条具体举措，全力打造全国夏季避暑旅游首选目的地。此外，围绕解决影响游客体验的重点问题和主要矛盾，实施 6 个专项提升和 1 个专项整治行动，持续优化市场秩序。

（新华社记者强勇、金地）

黑土地上"点石成金"

在哈尔滨万鑫石墨谷科技有限公司,展示厅内陈列着各种石墨矿石和石墨烯产品;在鹤岗市中国五矿集团(黑龙江)石墨产业有限公司云山石墨矿内,生产运输车辆来来往往;在鸡西市恒山区石墨产业园中,四柱压力机每隔几秒便"吐出"一个石墨触媒柱……

石墨有"黑金"之誉。高纯石墨具有高强度、化学稳定性高、耐高温、导电率高、易加工等特点,广泛应用于冶金、化工、航天、电子、机械等领域。近年来,中国已成为世界上主要的石墨生产、出口和消费国之一。黑龙江省多地都致力于把石墨产业打造成新支柱产业。

有着"中国石墨之都"称号的黑龙江省鸡西市立足石墨资源储量优势,做强石墨产业链条,推动石墨产业向高端化、智能化、绿色化、整合化方向快速发展,形成了蓄能材料、密封材料、超硬材料、传导材料、石墨烯材料等8个产业链条,实现"黑金"变真金。据介绍,鸡西市现有石墨生产企业66户,其中规模以上企业35户,深加工企业占比80%。

作为全国最大的石墨精粉产地和天然石墨原材料基地,鹤岗对石墨矿产资源进行了有效整合,采用"集中开采、统一供应"的石墨资源开发模式,提升资源开采规模化和集约化水平,初步形成了涵盖采选、球形、高纯石墨及负极材料等石墨深加工产业的"资源 + 产能 + 技术 + 新材料"的发展格局。鹤岗市共有石墨企业37户,引进中国五矿集团等世界500强企业,形成了年产石墨矿石600万吨的产能,石墨产业成为仅次于涉煤产业的第二大产业。

哈尔滨万鑫石墨谷科技有限公司的石墨烯生产线车间。

2015年1月，哈尔滨万鑫石墨谷科技有限公司于哈尔滨新区注册成立。该企业由中国宝安集团及其控股子公司深圳市贝特瑞新能源材料股份有限公司与哈尔滨工业大学合力组建，是专注于石墨、石墨烯、碳材料及其应用的研发、生产和销售的创新型国家级高新技术企业。2015年10月16日，哈尔滨万鑫石墨谷石墨（烯）新材料产业园项目奠基。项目总投资16.5亿元，总占地面积17万平方米，总建筑面积25万平方米。

"我们实现了易分散的小尺寸高质量石墨烯材料制备，突破了单壁碳纳米管的技术瓶颈，并完成产业化验证。"哈尔滨万鑫石墨谷科技有限公司总经理刘智良告诉记者，万鑫石墨谷是深哈合作"典型企业"，技术团队主要来自深圳贝特瑞、北京大学和哈尔滨工业大学，是国内第一家将天然石墨采用物理方法深加工成石墨烯产品，并与碳纳米管材料复合应用于锂离子电池的国家级专精特新"小巨人"企业。

2022年，万鑫石墨谷进入了快速发展期，确定了"一个核心四个平台"的战略定位，即以万鑫石墨谷为核心，建设产业、研发、资本、孵化四个平台和"以产业促平台，以平台促合作，以合作促发展"的战略格局。

（新华社客户端黑龙江频道2023年5月25日电　编辑刘丽）

高新技术成中国东北老工业基地"新"引擎

位于黑龙江省哈尔滨市的哈电集团哈尔滨电机厂有限责任公司生产车间内，两台大型机械手正上下翻飞，将一块块沉重的冲片部件精准叠放在一起。

"这就是我们的叠片机器人工作站。它仅需一人操作，就可以替代原先需要五到六个人完成的重体力、重复性的劳动。"哈电集团哈尔滨电机厂有限责任公司智能制造工艺部副经理魏方错说。

魏方错说，除叠片机器人工作站外，焊接机器人工作站、搬运机械手等高技术自动化设备也纷纷"落户"哈电集团，既提升生产效率、保证产品质量，又降低了生产成本。

哈电集团加快推进传统产业数字化智能化转型，引领推动装备制造业高质量发展。哈电集团有关负责人表示，集团一季度实现营业收入同比增长22.2%，利润总额同比增长170%，正式合同签约额同比增长62.7%。

作为历史悠久的工业中心，东北地区孕育了中国一汽、中国一重等一批装备制造业领军企业，为中国经济发展做出重要贡献。当下，东北各省正以自主创新赋能产业转型，为老工业基地装上"新"引擎。

统计数据显示，2023年一季度，黑龙江省高技术制造业增加值同比增长24.6%，工业机器人、中成药两类高技术制造业产品产量分别增长5.2倍、63.7%。

2019 年 5 月 7 日，在华晨宝马沈阳铁西工厂拍摄的即将下线出厂的车辆。（新华社记者杨青摄）

吉林省高技术制造业增加值同比增长 15.4%，新能源汽车产量同比增长 2.0 倍，风力发电机组同比增长 111.6%。

辽宁省规模以上高技术制造业增加值同比增长 14.9%，新能源汽车产量同比增长 94.8%，碳纤维增强复合材料产量同比增长 21.8%。

企业也是一片忙碌的景象。在位于辽宁省沈阳市铁西新区的华晨宝马全新动力电池项目 3 号总装车间工地上，工人们正在紧张地施工。

据悉，该项目总投资 100 亿元人民币以上，于 2023 年 3 月 20 日开工。中建二局北方公司辽宁分公司华晨宝马项目副书记江浩瀚说，项目于 4 月 27 日完成了首榀桁架的吊装，为了按时高质地完成建设单位提出的要求，全体施工人员在"五一"期间坚持全员到岗，保证施工任务安全进行。

高新技术产业在东北各省迅速开枝散叶，离不开脚下"肥沃"的政策土壤。

近年来，吉林省在以项目建设为抓手，大力引进支持汽车、医药等传统产业升级项目之外，积极推动众多中小企业"破茧成蝶"。2022 年，仅长春市各级"专精特新"中小企业就已增长至 1037 户，同比增长 113%。

黑龙江省出台"振兴发展民营经济'45 条'"等多项涵盖经营主体和经济运行各领域的惠企利民政策，全面推行包容审慎监管执法"四张清单"制度，助力企业轻装上阵，敢闯敢为。

位于哈尔滨市的哈尔滨爱威尔科技有限公司是一家专注虚拟现实领域的国家级"专精特新"小巨人企业。公司董事长项征说，哈尔滨经济技术开发区"扶上马、送一程"的优厚待遇和贴心服务帮助企业在关键时期"强身健骨"，正是企业高速发展的"秘诀"。

"在黑龙江省数字经济相关产业政策的支持下，相信一定可以打造出强大的黑龙江虚拟现实产业集群，为黑龙江的数字经济发展添加新引擎。"项征说。

放眼东北大地，蓬勃生长的高新技术产业已成为这里投资兴业的新热点。

在吉林省，一汽新能源电池电驱基地、一汽株洲中车合资电驱系统、比亚迪动力电池等汽车产业集群"上台阶"工程项目建设正酣，全部投产后预计年产值超 1200 亿元。

发力新项目、撬动新产业、聚焦新业态……高新技术产业正为东北地区经济发展输送不竭动力。

2023 年一季度，东北三省经济运行数据亮眼：吉林省 GDP 同比增长 8.2%，辽宁省 GDP 增速 2014 年以来首次高于全国，黑龙江省实际利用内资增速为 2019 年内资统计以来同期最高……

"我们这里是一天一个样、每天不一样、三个月大变样。"沈阳高新区管委会科技发展办公室主任路春说。

（新华社哈尔滨 2023 年 5 月 11 日电　新华社记者杨轩、邵美琦、姜兆臣）

新农田 新技术 新业态

——感受黑土地上的"春耕三变"

　　春回黑土地，农事渐起：村屯里，整修农机、培土育苗；田地中，打井布管、平整土地……黑土地上，正徐徐铺展开一幅忙碌的春耕图。

　　建设农业强国、提升千亿斤粮食产能……2023 年，作为我国粮食安全压舱石，东北大粮仓继续发力。这个春天，黑土地上正在新建和改造千万亩良田，加快推广水肥一体化等一批增产新技术，同时开展订单生产、"企业＋农户"合作经营等新模式。"黑土粮仓"端牢"中国饭碗"力度持续加强，不断夯实保障粮食安全根基。

新农田：再建千万亩良田

　　在全国产粮大县吉林省农安县的巴吉垒镇，地头上挖掘机正将田边的沟渠挖深扩宽，清理淤泥。工人们在清理后的沟底垫上石块，沟旁铺设了生态护坡砖。过去农田边的小水沟将变成宽阔稳固的排水渠。

　　随着土壤解冻，农安县各乡镇的高标准农田建设已全部复工。2023 年农安县计划建设高标准农田超过 30 万亩，是近几年建设力度最大的一年。农安县农业农村局农田建设科负责人吴大海走访多地施工现场，督促企业加快施工进度。"4 月底完成沟渠修缮。"他说。

　　农田就是农田，而且必须是良田。自 2022 年提出实施新一轮"千亿斤粮食"产能提升行动以来，东北各地正把良田建设作为粮食产能提升的重要抓手，提高建设标准，持续扩大建设范围，同时注重与黑土地保护项目相结合，重点补上土壤改良、农田灌排设施等短板，健全长效管护机制。

在黑龙江省双鸭山市宝清县夹信子镇的一处高标准农田项目建设现场，呈现一派热火朝天的忙碌景象：挖土机、推土机等大型机械来回穿梭，工人们正忙着修建田间道路、铺设桥涵。

"宝清县总耕地面积 289 万亩，其中 110 万亩已实施高标准农田建设，今年我们还将新建高标准农田 20 余万亩，同时对原有 12 余万亩高标准农田进行提档升级。"宝清县农业农村局副局长张强说。

在黑龙江北大荒农业股份有限公司友谊分公司的一处地块，从空中俯瞰，与常见的直垄不同，一条条环形的垄很是显眼。

"以往坡耕地直垄种植水土流失严重，水肥严重失衡，等高环播技术则可以很好解决这一问题。"友谊分公司农业生产部部长唐曹甲子说，2023 年他们计划推广等高环播等黑土保护技术，推广面积 3 万亩，预计到 2025 年，将实现黑土保护技术在分公司地块的全覆盖，耕地质量平均提高 0.5 个等级以上。

2023 年 4 月 8 日，在位于黑龙江省北安市的北大荒集团建设农场有限公司一处农田，大型拖拉机在进行分层定量施肥与镇压保墒作业（无人机照片）。（新华社记者王松摄）

"高标准农田的建设提升了粮食产能，亩均可增产 10%—20%。"黑龙江省农业农村厅农田建设管理处处长窦洪波说，黑龙江省累计建成高标准农田 10265 万亩，建成规模连续 4 年居全国首位，成为全国第一个超亿亩省份。

2023 年，东北把高标准农田建设作为保障粮食安全的重中之重，将新增千万亩良田。黑龙江省将建设高标准农田 840 万亩，吉林省计划新建和改造高标准农田 216 万亩，辽宁省新建和改造提升高标准农田 289 万亩，进一步夯实粮食安全根基。

新技术：从"单打一"到"协奏曲"

据吉林省气象部门信息，2023 年 3 月吉林省平均气温明显偏高，同时降水较常年少 54.8%。

在吉林省松原市宁江区大洼镇民乐村，面对可能的春旱，该村春峰种植专业合作社负责人徐百军却不那么担心。在合作社的仓库里，一捆捆滴灌带已准备好。"再过几天，这些滴灌设备就全部铺设到农田里，能及时为玉米苗供水供肥。"他说。

在"十年九旱"的吉林西部一些地区，过去春耕期间赶上春旱，经常影响玉米出苗。吉林省农科院等科研院所专家在吉林西部地区探索水肥一体化技术，抗旱增产效果明显。2023 年，吉林省投入财政资金，大力推广水肥一体化技术应用，预计新增推广水肥一体化技术 250 万亩，总面积达到 500 万亩。

新技术加速应用的同时，黑土地上正在进行农业科技的集成应用，发挥稳产增产最大作用。

吉林省乾安县大遐畜牧场农业公司集约了 8 万亩耕地。2023 年，该公司在应用水肥一体化技术的同时，把全部耕地进行秸秆深翻还田。"水和肥不仅用量更少，而且利用率明显提高，土壤有机质也不断增加，玉米比过去增产 40% 以上。"公司总经理刘启雷说。

从单一技术推广到多种稳产增产技术系统集成应用，再到优质品种与农技相配套，东北粮食生产越发稳健。

2023 年中央一号文件提出，加力扩种大豆油料，深入推进大豆和油料产能提升工程。黑龙江省勃利县是农业大县，2023 年大豆计划种植面积 19.5 万亩。

勃利县永恒乡恒山玉米种植专业合作社理事长单庆东介绍，2023 年将选取优质高产的大豆品种，使用精密播种机，配合大垄四行的密植技术种植 15000 亩大豆，通过良种、良法、良机相结合，从而实现稳产、高产。

"我们将组织各级农业农村部门加强指导服务，提高春播标准，力争 5 月 20 日前完成旱田大面积播种，努力把各种农作物都播（插）在丰产期。"黑龙江省农业农村厅一级巡视员李连瑞说。

黑龙江省农业农村厅数据显示，全省 2023 年要确保粮食种植面积稳定在 2.19 亿亩以上、总产稳定在 1535 亿斤以上。吉林省 2023 年预计粮食播种面积稳定在 9000 万亩左右，粮食产量稳定在 800 亿斤以上。

新业态："联合体"经营做强粮食产业

春耕忙碌时，也是粮食加工旺季。在吉林省农安县经济开发区，吉林省烧锅豆制品有限公司生产车间里豆香阵阵，一批批豆制品即将运往各地市场。2023 年，企业与周边一些豆农签订了大豆原料订单。企业负责人杜云飞说，通过"企业 + 合作社 + 农户"的经营模式，形成种植、加工、品牌销售为一体的产业链条。

在农安县经济开发区，聚集着 50 余家农产品加工企业，年产值达 30 亿元。

发展现代农业，要提高农业生产经营的集约化、专业化、组织化、社会化程度，增强农业经营活力。近年来，东北一批农业产业化龙头企业带动农民、连接市场、引领发展。

黑龙江省五常市乔府大院农业股份有限公司拥有 24 万亩核心产区水稻种植基地。正值水稻育苗期，在企业 210 余栋育秧大棚内，一排排秧盘摆放整齐，一株株秧苗开始逐渐从土中"探出头"来。"我们4月1日便开始育苗工作，预计5月5日可以开始插秧。"公司基地种植部经理黄昌明说。

"我们和这家企业早就签订了收购协议，种植过程中还有企业的技术指导，水稻不愁卖，价格还比别处高。"五常市杜家镇半截河子村村民桑振铭说，棚室内的一盘盘秧苗承载着全家丰收的希望，订单在手，卖粮无忧，只需要踏踏实实把地种好。

"我们通过育种、加工、种植等全环节发力，不断延伸大米产业链条，带动农户增收致富，推动五常市稻米产业稳健发展。"五常市乔府大院农业股份有限公司董事长乔文志说。

在端牢"中国饭碗"的同时，东北各地鼓励农民合作社、农业企业等农业经营主体延长产业链，提升粮食产业附加值，拓宽种粮增收渠道。一批农业产业化联合体不断壮大，逐步做大做强粮食产业，让粮食生产成为有奔头的产业。

2023年，在当地农业部门的引导和鼓励下，位于吉林省长春市的李长义家庭农场和当地70多家家庭农场正在筹建"联合体"。"大家通过统一种植品种，统一肥料，统一技术，生产绿色高品质水稻。大家抱团发展，提高种粮效益。"李长义家庭农场负责人李长义说。

吉林省省级以上重点农业产业化龙头企业已达600余户，省级示范农业产业化联合体发展到100户以上，带动农民合作社1万余个，正在有力促进乡村产业振兴。

（新华社长春2023年4月10日电　新华社记者宗巍、王春雨、薛钦峰、孙晓宇）

黑土地长出的北大荒力量

回顾 2022 年，北大荒集团粮食总产量达到 451.3 亿斤，粮食产量连续 12 年稳定在 400 亿斤以上，粮食生产实现"十九连丰"。

从春耕生产"第一仗"到秋收的富饶丰足，经过几代北大荒人七十六载的不懈努力，如今的北大荒集团形成了生产经营规模水平高、科技成果推广应用水平高、综合生产水平高、农产品商品率高的领先优势；全面构建了"良种良田良法良园配套、农机农艺农人农地融合、生产生态协调"的标准化、可复制的"北大荒农业生产模式"，粮食产能不断提升，筑牢国家粮食安全的"压舱石"。

黑土地被誉为"耕地中的大熊猫"。以"六个替代"和"六个全覆盖"黑土地保护解决方案为核心的黑土地保护利用"北大荒模式"于 2023 年 4 月 15 日正式发布，北大荒集团从长期实践中总结出科学轮作、绿色生产、精准施肥、智慧农机、保护性耕作、生态治理、格田改造、水资源利用 8 项内容。有机肥替代化肥、绿色农药替代传统农药、保护性耕作替代传统翻耕、标准农田全覆盖、数字农服管控全覆盖……黑土地上的人们像孩子般与深爱的大地母亲热烈互动。

在北大荒农业股份有限公司友谊分公司占地 1600 平方米的智能育秧中心，国产智能农机装备升级，配套农业大数据平台，农业智能化、无人化生产水平大幅提高，育秧仅需 5 天即可完成，比正常育秧缩短了四倍时间。

北大荒集团大兴农场有限公司第九管理区大力推广叠盘暗室技术，全程机械化播种，实现了装土、浇水、播种、覆土、出盘、叠盘、入箱等一条龙作业，节本增效。

北大荒农业股份有限公司七星分公司建设了智慧农业管控平台，实现对水稻种植全过程智能管控。

在北大荒集团下辖的 9 个分公司、1 个子公司，113 个农（牧）场，751 家国有及国有控股企业，处处聚焦科技农业、绿色农业、质量农业、品牌农业建设，呈现出"二次创业"的精气神儿。

北大荒集团经营区域土地总面积 5.54 万平方公里，地处黑龙江省东北部

北大荒集团尖山农场有限公司高粱地块，大型收割机正在进行收获作业。（北大荒集团尖山农场有限公司供图）

小兴安岭南麓、松嫩平原和三江平原地区，现有耕地 4564.4 万亩，是国家级生态示范区、国家现代化大农业示范区。集团坚持实施农业产业化经营，旗下拥有国家级及省级农业产业化龙头企业 11 家，打造了米、面、油、乳、肉、薯、种等支柱产业，培育了"北大荒""完达山""九三"等一批中国驰名商标。在世界品牌实验室主办的 2022 年世界品牌大会暨中国 500 最具价值品牌发布会上发布的 2022 年《中国 500 最具价值品牌》报告中，"北大荒"品牌价值达到 1706.96 亿元。

在发挥优势、扛起责任的重大任务面前，北大荒集团统筹兼顾，抓紧抓牢农业生产、农产品加工、现代农业、农业社会化服务、推进种业振兴等方面工作。大力发展农业农村现代化服务业，联农带农，富民强企。北大荒集团已经在全国组建了 23 个区域农业服务中心，把"帮你专业种地"服务从黑龙江扩展至云南、贵州、四川、江西、湖北、湖南、河北、河南、山东、福建等省份，辐射到多个全国粮食生产优势区。2022 年农业现代化服务带动小农户 350 万户。

深沉而广阔的黑土地带给人们的希望——可以登上农情观测台俯瞰，也可以走入万亩稻田中触摸。年年不同的稻田画嵌入春种秋收的时序中，记录着北大荒人的每一步实践创新和理论探索。全面开启"二次创业"新征程的北大荒，继续向新时代贡献这片土地生长出的坚定力量。

（新华社记黄腾）

小紫苏"长出"大产业

　　紫苏鸡蛋、紫苏月饼、紫苏茶、紫苏油……在黑龙江省桦南紫苏产业园，紫苏在不同生产线上"化身"为数十种产品，成为拉动县域经济、推动乡村振兴的大产业。

　　"紫苏全身都是宝"。作为一种具有特殊香味的植物，紫苏可食用、可入药、可榨油，还可以作为化工原料，具有较高营养价值和较大经济价值。

　　2023 年 4 月 5 日，在黑龙江省桦南紫苏产业园内拍摄的紫苏产品。（新华社记者谢剑飞摄）

每年盛夏，在桦南县驼腰子镇，总能见到大片生机勃勃的紫苏田。在"黄金黑土带"和适宜气候的"加持"下，紫苏在当地长势好、品质高。

"这几年，紫苏市场需求越来越大，收益每年都在增长。"桦南县玉财紫苏种植专业合作社理事长高玉财从 2007 年开始种植紫苏，目前合作社的紫苏种植基地有 3000 余亩，紫苏原料销往山东、吉林、贵州等地，前景广阔。

中国龙江森工集团桦南林业局有限公司副书记王强说，2016 年以来，公司与东北农业大学、黑龙江省农科院等开展深度合作，聘请专家到林区举办紫苏种植培训班，让现代中草药科学种植理念深入人心，激发林区职工群众种植紫苏热情。

据统计，桦南县现有紫苏种植面积在 10 万亩以上，居黑龙江省首位，紫苏种植户常年保持在约 1000 户，年产紫苏籽约 8000 吨，约占全国总产量 30%。

桦南县农业农村局药材办负责人秦志民介绍，桦南县自 1953 年起开始人

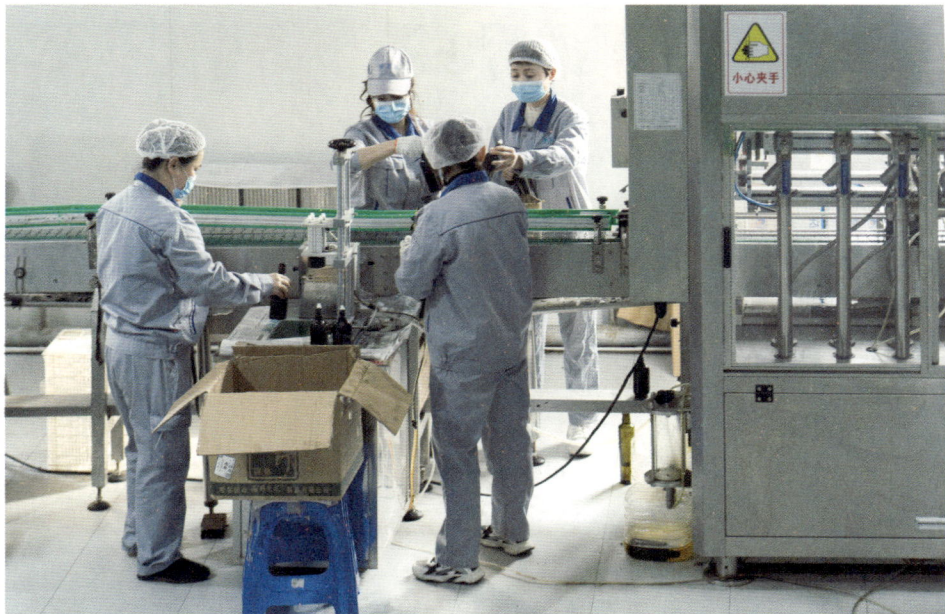

2023 年 4 月 5 日，在黑龙江省桦南紫苏产业园一家食品有限公司，工人在车间内进行紫苏油生产。（新华社记者谢剑飞摄）

工种植紫苏，被称为"中国紫苏之乡"。桦南县已打造出集产品研发、精深加工、销售、进出口于一体的全产业链条。

在桦南紫苏重点实验室里，检测员刘长宇正在用气相色谱仪检测紫苏油中亚麻酸、亚油酸等物质的含量。据介绍，紫苏籽可以提炼成油，油中所含的 α-亚麻酸具有降低胆固醇、调节血脂等功效，且出油率高、生产成本低、加工链条长，有较大开发潜力和经济效益。

桦南农盛园食品有限公司总经理孙辉说，公司以紫苏油为主导产品，2022 年销售额为 5170 万元，在上海、天津、南京、沈阳等全国近 50 个城市有销售网点。

占地约 22 万平方米的桦南紫苏产业园，已发展紫苏生产加工企业 6 个，紫苏加工转化率可达 45%，年可生产紫苏油 500 吨、紫苏蜂蜜 500 吨、紫苏鸡蛋 1000 万枚、精选紫苏籽 5000 吨，全产业链产值可达 3.5 亿元。

桦南县委书记徐永刚说，桦南县将继续做好紫苏深加工这篇文章，把紫苏产业做精做优，加快推动紫苏产业向高端化、多元化、集群化发展，做大做强"紫苏经济"。

（新华社哈尔滨 2023 年 4 月 14 日电　新华社记者刘伟、李建平、戴锦镕）

"小木耳"长成"大产业"

——黑龙江东宁黑木耳产业发展观察

多年来，依托得天独厚的自然地理条件和持续不断的技术革新，地处中俄边境的黑龙江省东宁市大力发展黑木耳产业，已成为优质黑木耳产区，建成了全国最大的生产基地和交易市场。东宁黑木耳产业成为促进当地居民增收、助力县域经济发展的支柱产业。

东宁地貌呈"九山半水半分田"特征，气候温和湿润，境内森林覆盖率达 83.4%，为发展黑木耳产业提供良好的先决条件。据介绍，东宁年均栽培黑木耳约 9 亿袋，生产木耳干品超 4 万吨，产值 30 亿元以上。2022 年，东宁有规模 200 亩以上的黑木耳生产园区 39 个，全市稳定就业菌农 2 万余人，占东宁农民总人数的 28%，木耳栽培有效帮助他们增收致富。

位于东宁市绥阳镇的黑木耳交易大市场，一幢幢门市房鳞次栉比。这个占地 7 万平方米的市场，共有约 650 个门市房。

"每到木耳收获季，大市场热闹非凡，来自全国各地的木耳销售商汇聚于此，进行交易。"绥阳黑木耳大市场管委会主任才志军说，该市场已发展成全国最大的黑木耳交易集散中心。

为打造黑木耳产业集群、推动产业快速高效发展，近年来，一批制作菌种菌袋、食用菌机械制造、木耳精深加工等产业链上下游企业落户东宁，为当地黑木耳产业腾飞汇聚动能。

木耳酱、冻干木耳、即食木耳……在东宁山友食用菌科技研发有限公

在黑龙江东宁，工作人员进行黑木耳挂袋工作。（新华社记者刘赫垚摄）

司，各类木耳制品琳琅满目。公司负责人关德辉说，公司多年来持续深耕黑木耳精深加工领域，着力提高产业附加值，产品覆盖航空配餐、铁路餐饮等领域。

位于东宁的黑龙江顺德峰兴盛永食用菌有限公司，主要从事菌种研发、食用菌栽培袋生产、菌需机械设备制造等业务。企业负责人翟明富说，公司的食用菌液体菌种研发项目中的生产设备全部为医用净化级别，年可生产二级液体菌种 2000 罐，接种三级菌包 8000 万袋。

"我们将加快推动实施品牌战略，持续打造集科研、生产、种植、加工、销售于一体的黑木耳全产业链条企业。"翟明富说。

眼下，东宁市北河沿国家级黑木耳标准化栽培示范园区的棚室内，一排排菌包整齐悬挂，黑木耳已破袋而出，长势喜人。这些黑木耳即将迎来第一波收获期，6 月份即可大规模采摘。

这是黑龙江东宁一家企业的菌种培养罐。（新华社记者刘赫垚摄）

"我们不断开展技术革新，栽培出的黑木耳肉厚有光泽、泡发率高、口感优良，市场反馈好。"东宁市食用菌研发中心技术员郭雯说，东宁黑木耳获得国家地理标志农产品认证，有专业团队为菌农提供全流程技术指导。

据了解，东宁聚焦黑木耳产业高质量发展，培育系列优质菌种，开展菌种筛选改良、菌糠综合利用等课题研究，独创 20 余项产业新技术，革新 30 余款菌用机械设备。

与此同时，东宁市农业农村部门积极破解木耳废弃菌袋处理难题，逐步构建起"标准化堆放、专业化处置、市场化利用"工作模式，废弃菌袋处置率逐年增加，为黑木耳产业绿色、健康、可持续发展助力。

东宁市供销合作社联合社产业综合办主任刘志栋表示，东宁将围绕打造百亿级黑木耳产业发展目标，聚焦标准化、科技化、品牌化，全面提升黑木耳产业核心竞争力，为乡村振兴作出更大贡献。

（新华社哈尔滨 2023 年 6 月 4 日电　新华社记者刘赫垚、张玥）

小木耳也有"大能量"

黑木耳具有易栽培、资源利用率较高等特点，正成为带动区域特色经济发展、助推乡村振兴的重要抓手。

2023 年 7 月 8 日，全国食用菌（黑木耳）产业高质量发展大会在黑龙江省牡丹江市落下帷幕。众多专家学者和企业代表共同探讨了我国食用菌产业

这是黑龙江东宁一黑木耳大棚内生长的黑木耳。（新华社记者刘赫垚摄）

发展现状及前景。

中国食用菌协会会长高茂林表示，黑木耳在我国有广泛的消费群体，消费区域遍布全国各地，境外市场加速发展，涌现了一大批研究成果和龙头企业，助农增收成效明显。

"黑木耳产业在不少地区的乡村振兴工作中发挥重要作用。"中国工程院院士李玉认为，未来，黑木耳产业将进一步走精深加工、农旅融合和绿色发展之路，有效助推农业增产、农民增收。

据介绍，黑龙江省牡丹江市有"世界黑木耳之都"的美誉，黑木耳产业规模、效益在全国保持领先地位。东宁市已成为知名的优质黑木耳产区，年均栽培黑木耳约 9 亿袋，生产木耳干品超 4 万吨。

数据显示，2022 年，东宁市稳定就业菌农 2 万余人，占东宁农民总人数的 28%。

（新华社哈尔滨 2023 年 7 月 9 日电　新华社记者刘赫垚）

老工业基地争先"新赛道"
——哈尔滨打造先进制造高地观察

　　眼下春寒料峭，哈电集团哈尔滨电机厂的智能示范车间一片火热。两支近3米高的巨大机械臂围绕圆盘按照轨迹移动，将一张张冲片精准整齐地叠放，定位精度偏差小于0.05毫米。得益于数字化改造，以往这道由人工操作工序的精度和效率大幅提高。

　　作为东北老工业基地，哈尔滨是我国工业化进程起步较早的城市，制造业产业规模大、门类齐全。瞄准"先进制造之都"建设，哈尔滨坚持把工业振兴摆在突出位置，加快转型步伐。

　　一批批智能工厂的出现，一项项技术难题的解决，一个个"分量重、成色足"的好政策，见证着这里不断构建现代高端制造业新体系，吹起打造先进制造高地的"冲锋号"。

智能转型："老字号"念起"数字经"

　　"这边点点鼠标，试样就能自动传过去，不会因为现场协调问题影响进度了。我工作20多年，以前想都想不到。"中铝集团东北轻合金有限责任公司熔铸厂一名调度员说。2022年，这个熔铸厂完成了"无人机自动投送试样"智能化升级项目，调度室的生产和协调效率大大提升。

　　这家公司有着"中国铝镁加工业的摇篮"之称，2022年被评为黑龙江省智能工厂。公司副总工程师徐涛说，在数字化转型助力下，2022年公司营业收入首次突破 55 亿元，利润总额同比增长 83.8%。2023 年 1 月，公司商品产量和销量都创下月度记录。接下来，公司将在智能仓储物流、机器人辅助生产等方面加快智能化建设。

在哈尔滨，一大批传统工业企业开足马力进行数字化转型，不断迸发由制造向"智造"转变的新动力。《哈尔滨市打造"先进制造之都"实施方案（2022—2026 年）》明确提出，推动研发设计数字化，鼓励建设智能制造单元、智能生产线、智能车间，加大设备数智化改造力度。

2022 年 11 月，由哈尔滨电气集团有限公司牵头发起创建的发电装备智能制造创新中心通过认定，成为黑龙江首个省级制造业创新中心。集团创新与数字化部副总经理刘新新说，公司制定了"十四五"数智化发展规划，从管理信息化、生产数字化、产业生态化、装备智能化、网络安全化五个方面进行系统性布局，将进一步发挥数据驱动的管理作用。

加速 5G、工业互联网、人工智能等在制造业领域广泛应用；投资建设人工智能产业基地；计划建设工业互联网产业赋能中心等多个项目……据介绍，哈尔滨加快传统优势产业改造升级，大力发展战略性新兴产业，提出2023 年一季度确保规上工业增加值增长 6.5% 以上。

自主创新：挺起装备制造脊梁

前不久，伴随着白鹤滩水电站 9 号机组正式投入商业运行，当今世界在建规模最大、综合技术难度最高的水电工程全面建成。哈电集团首创的长短叶片转轮技术攻克了多项世界性技术难题，使白鹤滩水电站水轮机最优效率达 96.7%，实现了我国高端装备制造重大突破。

"我们始终坚持把技术创新作为引领发展的第一动力，全力提升自主创新能力。"哈电集团党委书记、董事长曹志安说，集团持续加大研发投入和科技激励力度，优化配置科技创新资源。近年来无论发展黄金期还是行业形势低迷时，集团都保持较高的研发投入，"十三五"时期累计科技投入达 70 多亿元。

作为传统老工业基地，哈尔滨聚集了一大批"大国重器"企业。它们纷纷抢抓发展机遇，不断提高自主创新能力，发挥企业创新主体作用，创新发展取得显著成效。

在哈尔滨同创普润集团有限公司的产品展厅，各类锰钛金属样品琳琅满目。公司总经理于启明向记者介绍："从日本进口一公斤锰需要 1.4 万元，自己供应一公斤只要 8000 元；钛的进口价格为一吨 120 万元，自己生产约 70 万元，成本降低近一半。"

这家公司主要生产大型集成电路制造用超高纯金属材料，通过十几年技术积累，成功实现国产替代，为产业链安全贡献力量。

为加快自主创新步伐，哈尔滨工信局日前印发《哈尔滨市制造业创新中心建设认定管理办法》，旨在进一步加快实施创新驱动发展战略，推动制造业创新中心建设，完善产业技术创新体系，推动制造业高质量发展。

政策赋能：发展活力充分释放

注册企业 526 家，注册资本金 184.55 亿元，华为、奇安信、东软等一批重点产业项目入驻园区，初步形成了以数字经济、生物经济为核心的产业集聚发展趋势，被国家发展改革委和科技部分别列为对口合作典型、科技赋能东北振兴试点示范……这是深圳（哈尔滨）产业园区开发建设三年多来的成绩单。

"我们采用'带土移植'机制，引进深圳的好经验、好办法，在行政审批、招投标改革、人才个税等方面加快创新，建立园区政务服务中心，为企业提供精准服务。"深圳（哈尔滨）产业园投资开发有限公司董事长奉均衡说，得益于一系列利好政策，哈尔滨新区对标"深圳速度"，创出"深哈速度"，合作品牌效应日益凸显。

高质量发展离不开人才支撑。哈尔滨通过及时出台提高技术人才待遇的政策和实施细则，不断完善技术人才培养、评价、使用、激励、保障等措施，激发了技术人才的积极性、主动性、创造性，确保技术人才"引得来、留得住、用得好"。

"本科毕业生可获得 3 万元购房补贴和每月 1500 元生活补贴，硕士享受 3 万元安家费、5 万元购房补贴和每月 2000 元生活补贴，博士则有 10 万元安家费、10 万元购房补贴和每月 3000 元生活补贴……这些利好政策对企业发展起到很大促进作用。"哈尔滨工大卫星技术有限公司总经理助理王群"点赞"人才引进政策。目前，这家公司拥有 50 多名科研人员，平均年龄 32 岁，大多是哈工大、哈工程、东北林大等高校毕业生，覆盖航天专业飞行器设计、电子信息技术、计算机、软件等多个专业。

技能人才偏少一直是困扰老工业基地转型发展的一大难题。哈尔滨突出"高精尖缺"导向，在细化落实国家、黑龙江省已有政策的基础上，大力提高技能领军人才待遇水平，制定出台提高技术工人待遇的具体措施，实施专业技术人才知识更新工程和先进制造卓越工程师培养计划，深化企业与职业院校合作，着力打造一批高素质专业化技术人才队伍。

黑龙江省委常委、哈尔滨市委书记张安顺表示，未来，哈尔滨市将进一步实施数字赋能、创新驱动、产业集群推动等多个专项行动，大力实施工业振兴计划，扛起省会担当，以更大力度、更有效举措，加快推动老工业基地转型步伐。

（新华社哈尔滨 2023 年 3 月 2 日电　新华社记者杨思琪、朱悦）

黑土为本　产业赋能
——黑龙江桦川发展现代化农业调查

黑龙江省桦川县位于三江平原腹地、松花江下游南岸，曾是国家扶贫开发工作重点县。近年来，桦川县通过推广黑土地保护性耕作、打造乡村特色产业、推进制种大县建设等手段做大做强县域经济，绘就一幅农业现代化发展新画卷。

养好"耕地中的大熊猫"

"土地是农业的根本，对黑土地需要精心保护。"在桦川县悦来镇双兴村，玉成现代农机专业合作社理事长李玉成指着面前的耕地说："以前秋收后一把火把秸秆烧完了，地面'邦邦硬'，在秸秆还田连续进行 7 年后，土地明显变'软'了。"

玉成现代农机专业合作社从 2016 年开始实施黑土地保护性耕作，合作社 12000 亩耕地中，秸秆还田覆盖面积达 7000 亩以上，有机肥使用实现全覆盖。李玉成说，秸秆覆盖还田让土壤有机质增加，配合粪肥还田和测土配方施肥，化肥施用量不断降低，不仅活化了曾因过度施肥而板结的土壤，粮食产量也不断攀升，"2016 年之前每公顷水田粮食产量不到 8.5 吨，现在都在 9 吨以上。"

在桦川县农业技术推广中心，工作人员把一份份黑土样品装进收集瓶中，贴好标签，造册登记。"每 150 亩耕地取一份样本对其营养成分进行化验，我们将根据化验结果向农民提出施肥建议。"桦川县农业技术推广中心主任杨忠生说，土地里缺什么元素就补充相应种类的肥，在保护好黑土地的同时还能减少多余的化肥开支，起到节本增效的目的。

2022 年，桦川县开展黑土地保护工程项目 10 万亩，秋季秸秆还田率在58% 以上，综合利用率达到 85%。

乡村振兴绘蓝图

在桦川县创业乡谷大村智慧农业果蔬产业园种植基地，工作人员正在修剪草莓秧苗。

谷大村智慧农业果蔬产业园负责人周忠诚介绍，智能监测云系统、智能感光追光系统、智能水肥一体机等都在基地大棚里得到应用，可以实现全自动智能管理。"地表种菜，中间种草莓和蓝莓，第三层悬挂种植草莓。"周忠诚说。

谷大村党支部书记景春朋说，预计整个项目能带动全村 40 至 50 个劳动力年人均增收 5000 到 8000 元。

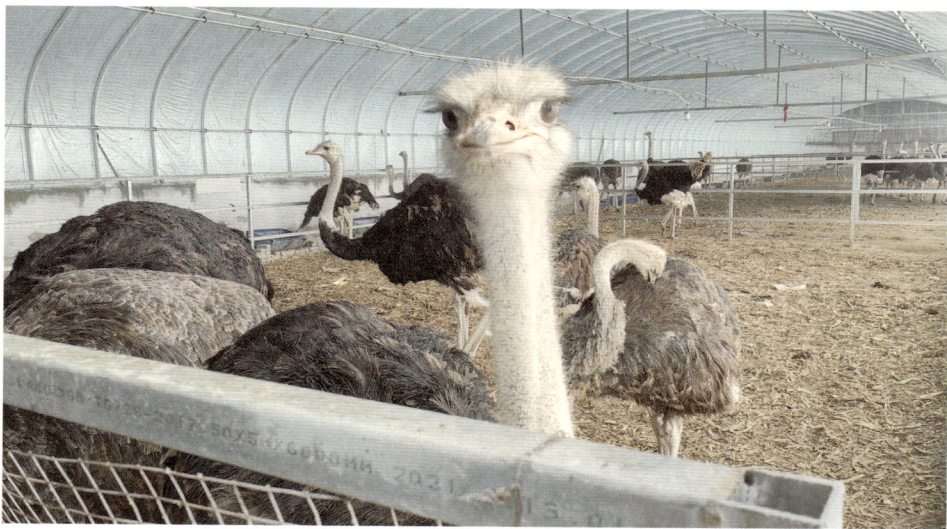

集贤村鸵鸟养殖基地里的鸵鸟。（新华社记者黄腾摄）

在桦川县苏家店镇集贤村的鸵鸟养殖基地，一只只鸵鸟正在圈舍中散步，时不时扇动翅膀奔跑。集贤村党支部书记王喜林介绍，鸵鸟养殖基地总投资198万元，兼具产品研发销售、旅游观光、艺术展示、科普教育等多项功能，2022年养殖效益达到13万元。

早年集贤村的白酒曾风靡全国。2020年，集贤村建起白酒作坊生产散装白酒，凭借当年的口碑，受到市场欢迎。王喜林说，集贤村的白酒是纯粮酿造，好喝不上头，一些白酒爱好者甚至驱车数百公里专门赶来购买。"2022年酒坊创造效益8万元。"王喜林说。

全力打造农业"芯片"

桦川县水稻种植及良种繁育历史悠久，是黑龙江省水稻良种主要供应县。在位于桦川县城南工业园区的黑龙江富尔中秋农业科技发展有限公司，副总经理于海飞正围绕着"育繁推"一体化项目忙碌。这个项目投资总额约1.2

黑龙江富尔中秋农业科技发展有限公司工作人员正通过电脑监视生产线生产状况。（新华社记者黄腾摄）

亿元、占地面积近 4 万平方米，2023 年春天开始调试运行。

"我们这台生产设备智能化程度非常高，三名熟练工人就可以操控整条生产线。"于海飞说，运输车辆开进厂区后，称重、卸车、干燥、进仓、包装这些工序全部自动完成。

在项目生产线上的分料车间中控室里，电气工程师于超正紧盯着电脑屏幕，稻种在流水线上的状态和各项参数都一览无余。"轻点鼠标或敲击键盘，就能控制整个车间。"于超说。

于海飞说，项目完全达产后，每年可安置约 100 人就业，每年实现利税 3200 万元。

备耕时节，在桦川县新峰种业有限公司销售大厅内，前来购买种子的农民络绎不绝。"2022 年我们培育出胭脂稻'新峰红糯 1 号'。"桦川县新峰种业有限公司负责人王振宏说，与国内两家权威科研机构合作培育的"小粒香超级稻"——"莲新 1 号"也备受市场青睐。

由于人工费用上涨，不少地区的水田种植户开始使用无人机进行播种，公司为此培育出抗倒伏、穗大的新品种"莲育 625"以满足市场需求。

截至 2022 年，桦川县水稻良种覆盖率达 100%，水稻良种繁育基地面积达 30 万亩，年制种量 15 万吨，占黑龙江省 43%，能够满足 3000 万亩水稻用种需求。

（新华社哈尔滨 2023 年 4 月 14 日电　新华社记者王春雨、黄腾）

小兴安岭林海撑开"致富伞"

"这个俗称松明油子，我们小时候在林区里用它来引燃木头，后来都住楼房了，就彻底没用了。停伐以后，大家都在找出路，我就想到了试试用松明油子来变废为宝。"走进黑龙江省伊春市永达木艺北沉香工艺品加工车间，伊春永达工艺品有限公司总经理张桂侠一边介绍北沉香加工工艺，一边讲起了她的故事。

为国家提供木材 2.7 亿立方米，占全国国有林区五分之一……伊春是一座与"林"密不可分的城市。曾几何时，伐木工的拉锯声、搬木材的口号声、蒸汽机的轰鸣声交织在一起，响彻小兴安岭。2013 年，伊春全面停止天然林商业性采伐。

伊春"八山、半水、半草、一分田"，停伐之后，这样的条件能干啥？像张桂侠一样的林业工人一度很迷茫。

在伊春全面停伐的第二年，张桂侠开始尝试用林下废弃物松明油子制作成夺人眼球的木雕。近年来，松明油子的经济价值逐渐被认知，已经成为伊春林下经济产业链的一环，而它也有了一个新的名字——北沉香。

如今，张桂侠凭借精湛的工艺和精美的设计，将永达工艺打造为北沉香加工的佼佼者。2021 年，张桂侠又涉足旅游文创产业，开办集参观、学习、体验为一体的研学基地。

"今年到现在已有近 3000 名中小学生参加木艺研学。"张桂侠说，希望通过研学，让更多的孩子了解传统工艺的传承和创新发展，更希望孩子们能通

工人在永达木艺北沉香工艺品加工车间内加工木雕产品。（受访者供图）

过这样的课程了解家乡，热爱大森林，共同守护我们的绿水青山。

北沉香产业的兴起，是伊春林区转型的缩影。从停伐阵痛到寻觅出路，越来越多的林区人从身边的林子里挖出"致富经"。

于威曾是林场的一名营林工。2014年，听说伊春市志有森林食品有限公司正在建厂，他决定来试一试做蓝莓加工。

伊春作为中国野生蓝莓主产区，适宜进行蓝莓种植。如今的于威，已由一名营林工化身为蓝莓生产的专家。"从果干上果、烘干到饮料调配、灌装等工序，都是我们自己不断学习掌握的。比如在烘干这一步，烘干好的果干要到冷库里冻一下再装袋，这样就能防止果实粘连。"于威说，伊春森工上甘岭林业局公司在厂子开工以后积极帮助对接下游买家，工厂从2015年开始陆续扩大生产。今年市场需求旺盛，公司计划把蓝莓原料用量扩大一倍。

据于威介绍，厂子里一共有60多位员工，灌装工牛亚连和他一样，也是一位老林区人。"我是2018年来的，每个月来上20多天班，一个月最少也能

伊春森工上甘岭林业局公司的一处木耳栽培棚室。（新华社记者陈聪摄）

挣 2900 多块钱。"牛亚连说。

随着气温转暖，家住伊春市嘉荫县马连林场的王德树正忙着把一袋袋发酵完成的木耳菌包摆放在自家菜地里。"这些菌包都是我自己做的。经过大棚里两个多月的发酵，现在需要把这些菌包摆放到地里培育，开始催芽过程。"王德树说。

1990 年就来到马连林场工作的王德树是一位老林区人。2016 年，王德树听说有人通过栽培木耳赚了钱，就自己搭建发酵大棚、学习木耳栽培技术，把点缀林间的小小木耳变成了他的致富法宝。

"每年 6 月中下旬出耳的时候，会有不少外地客商来收购木耳。我去年 1 斤干木耳卖到 30 块钱，总收入能有 10 多万元。"王德树说，今年他一共栽培了 5 万多袋木耳，预计利润在 4 到 5 万元。

栽培木耳不但鼓了王德树的腰包，还带动了他的同事一起赚钱。"每年做菌袋、夏季摆袋、捡木耳的时候我都从咱们林场雇人帮忙，捡木耳最忙的时候能雇十六七人。"王德树说。

（新华社记者陈聪、杨轩）

黑龙江铁力：产业发展让平贝变"金"贝

　　黑龙江省铁力市铁力镇满江红村迎来平贝收获季。2023 年，满江红村平贝种植面积为 3000 亩，产量超过 3000 吨，产值约 1.3 亿元，带动就业 1500 人次。在满江红村的辐射带动下，铁力市有近 40 个村屯开展平贝种植，总面

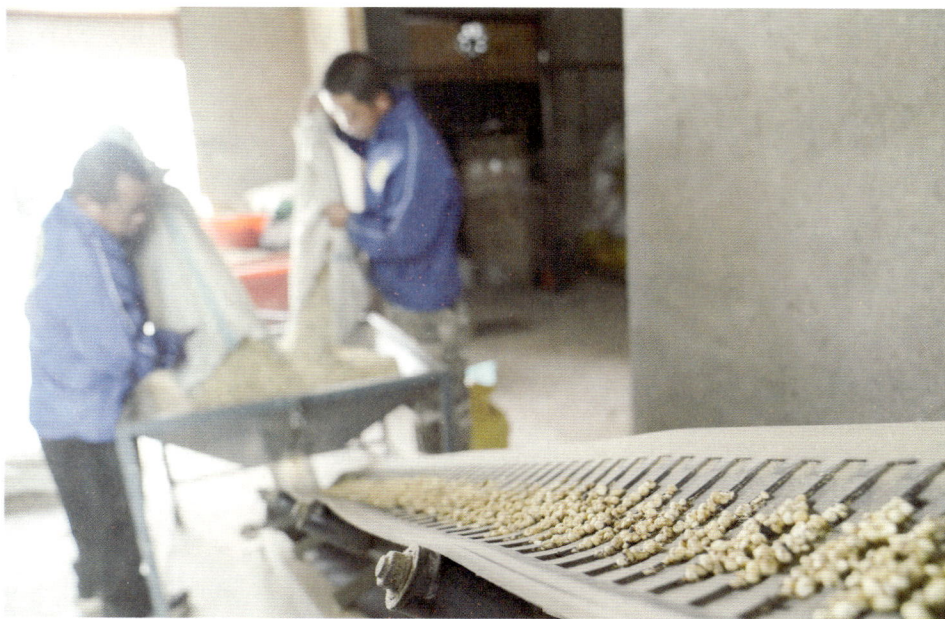

2023 年 7 月 1 日，在满江红村的铁力市裕盛平贝种植农民专业合作社，工人在挑选平贝。（新华社记者王松摄）

2023年7月1日在铁力市工农乡五一村拍摄的平贝采收现场（无人机照片）。（新华社记者王松摄）

积超过1万亩。

铁力市持续发展平贝产业集群，逐步形成集种植、清洗、烘干、仓储、加工、销售为一体的产业链，目前以平贝为代表的中药材产业已成为当地促农增收的重要产业。

黑龙江穆棱：高效现代农业赋能乡村产业振兴

35元一斤的西红柿，究竟有什么特别之处？

在黑龙江省穆棱市的一家现代农业产业园，种出的西红柿能卖出价格远高于同类别产品的"精品价"，广销全国各地。

这是穆棱市一家农业产业园棚室内正在生长的西红柿。（新华社记者刘赫垚摄）

在穆棱市一家双孢菇生产基地，工作人员采摘双孢菇。（新华社记者刘赫垚摄）

　　早上 5 点 30 分，园区内采摘工作开始。5 月以来，"明星产品"高糖西红柿陆续成熟，果实饱满圆润，令人垂涎欲滴。

　　2014 年，穆棱市穆棱河生态科技有限公司总经理李炳军投资在穆棱建立了农业产业园。"别看这西红柿 35 元一斤，根本不愁卖，今天送的订单都是半个月前预定的。"李炳军随手摘下一个西红柿，一口咬下去，汁水四溢。

　　通过对蔬菜种子、土壤、有机肥料等的摸索与试验，李炳军研究出一套"饥饿种植法"，即通过控温管理、亏缺灌溉和免施化学合成投入品等先进技术的应用，人为延长植株生长期及果实采摘期。这样生产出的西红柿无残留、无公害、汁液浓稠、维生素 C 含量高。

　　从 2017 年开始，当地村民孟庆霞每年农闲时，都和乡亲们来园区打工，负责田间管理、采摘、包装等工作。"我们两口子都在这儿干活，农闲的 6 个月里，两人能挣 6 万元，'守家待地'就能赚钱，还不耽误自家农活。"孟庆霞笑着说。

穆棱大力发展高效现代农业，在深化农业供给侧结构性改革过程中，不断优化农业产业结构，通过"智能化""数字化"科学种植方式，持续推动乡村产业振兴步伐。

在穆棱市下城子镇悬羊村，种植大棚内"黑压压"一片，工人们则忙得热火朝天。

"这都是'黑元宝'。"穆棱市下城子镇悬羊食用菌农民专业合作社理事长徐敬才摘下一朵黑木耳说道。

悬羊村早有种植黑木耳的传统，但之前以地栽为主。通过外出学习考察，徐敬才引进新技术，发展设施农业，改地栽为棚栽，推动产业转型升级。合作社创新推广了蜂巢式、鱼骨式、吊袋式等多种棚室木耳栽培模式。

悬羊村年种植木耳已超千万袋，逐渐成熟的黑木耳产业吸引不少外出务工的年轻人。29岁的董世伟同村里很多年轻人一样，一直在外打工，看到家乡有了好项目，董世伟决定回村发展，自己当老板。

2017年，董世伟在合作社扶持下，种植了10万袋木耳"试水"，当年就收入近20万元。2023年，他的木耳种植规模扩大到16万袋，预计年收入超过30万元。

穆棱市农业农村局相关负责人表示，穆棱将持续壮大现代农业规模，做优棚室蔬菜业态，扩大"北菜南运"规模，多措并举、多渠道发展特色产业，助力乡村振兴提质增效。

（新华社记者刘伟、张玥、刘赫垚）

黑龙江穆棱：麻产业助推县域经济发展

　　近年来，黑龙江省穆棱市把麻产业开发作为培育新经济增长点的重要载体，进一步延长麻产业链条，推进麻产业集群式发展。穆棱市已注册的 13 家麻企业中有 8 家规上企业，占全市规上企业的 15%，年纺纱生产能力 6.3 万锭。

2023 年 5 月 12 日，黑龙江省穆棱市一家亚麻纺织企业的工人在进行生产作业。（新华社记者谢剑飞摄）

黑龙江鹤岗：老煤城渐多"新风景"

近千米深地下，煤机轰鸣，乌金滚滚，周边却无需工人值守。科技加持下的煤矿智能化开采，让采矿更安全、少人、高效；城市一角的咖啡店，暖色灯光里一桌桌客人轻声细语，生意最忙时甚至需要等位……

黑龙江省鹤岗市，很多人可能还不了解这座"网红"资源型城市发生的新变化。通过做优能源资源存量，做实新兴动能增量，拓宽高质量发展容量，鹤岗加快从经济、社会、生态等多方面实现系统性综合转型。2023年一季度，鹤岗8项主要经济指标增速高于全省平均水平，其中地区生产总值等3项省内第一。依托煤但"不唯煤"的鹤岗，正在转型探索和改革阵痛中展现更多可能。

立足"稳煤头"催动"强化尾"

"煤城转型怎么转？不能简单去'煤'化，而是要在做强传统产业基础上，拓展新的增长空间。"鹤岗市委书记李洪国开门见山回答记者的问题。对大部分资源型城市而言，转型发展不意味着放弃传统的资源和工业基础优势，要坚持推动传统产业转型升级，延伸壮大产业链条。

近年来，鹤岗立足煤炭资源优势，重点推进全市煤矿提能改造和煤炭精深加工、现代煤化工建设，在"稳煤头"基础上，进一步"强化尾"，构建起煤转电、煤制肥、煤制焦、煤制气、煤基多联产等 5 条主要产业链，激发了"原字号"活力。

在黑龙江龙煤鹤岗矿业有限责任公司鸟山煤矿，记者乘着罐笼来到 900 多米深的地下，看到了与想象截然不同的采煤画面。巷道宽阔，灯光明亮。作业区传来轰鸣声，自动运行的采煤机正向前挖掘，煤炭一层一层被切割下来。"井下的人少了，效率却高了。"地测大队队长韩瑞国介绍，数智赋能让机械化换人、自动化减人成为现实，煤矿在煤炭采、运、选等主要环节实现无人值守，"数控"逐步替代"人控"，智慧矿山和绿色矿山建设提速。

中海石油华鹤煤化有限公司是东北重要的尿素生产基地，年产 60 万吨大颗粒尿素。公司一楼展台，一瓶瓶大颗粒尿素、聚氨锌尿素等样品，直观呈现了煤炭由黑变白、变蓝、变绿的蝶变。"不做好资源深加工，就难以把资源优势转变成经济优势。"公司党委副书记万辉说，公司加大智能化投入，合成氨生产车间被评为黑龙江省数字化（智能）示范车间。2023 年一季度，公司利润同比增幅 91.43%。

小小煤块"吃干榨净"，衍生出天然气、汽油、尿素等几十种"跨界"产品，显示出煤化工产业巨大潜力。在"稳煤头""强化尾"带动下，2023 年一季度鹤岗第二产业增加值对 GDP 增长贡献率达 59.8%，支撑着整个城市加快转型。

瞄准"集群化"培优新动能

"一柱擎天"曾用来形容东北很多资源型城市经济结构单一，鹤岗也不例外。近年来，鹤岗加快调整产业结构，以集群化、规模化为方向，积极扶持石墨、现代农业、生物医药等非煤产业和新兴产业发展。一些新的企业崛起，在产业格局中的地位日益突出，勾勒出老煤城经济发展新脉络。

"嘟嘟嘟"的电铃提示声响起，在中国五矿集团（黑龙江）石墨产业有限公司，天车吊装着大型设备缓缓运行。公司董事长王炯辉说，2019 年鹤岗引进五矿集团，整合萝北石墨矿区资源。通过统一采矿权，解决了当地"一矿多开""大矿小开"和管理粗放问题,提升了石墨开采规模化、绿色化水平。目前公司与哈尔滨工业大学科研团队组建"头雁"工作站,开展石墨全产业链国家科技项目攻关。

鹤岗市石墨产业发展中心副主任孔萍说,鹤岗已探明石墨矿石储量达20.08亿吨,全国负极材料用天然石墨原料80%以上来自鹤岗,石墨精粉产量占全国逾1/3。石墨产业成为鹤岗仅次于涉煤产业的第二大产业,2023年鹤岗共有石墨企业37户,形成年开采矿石600万吨、生产石墨精粉及深加工产品逾百万吨产能,全市形成较为完整的石墨采选加工产业链。

萝北奥星新材料有限公司是一家国家级重点专精特新"小巨人"企业。2022年公司投入5000万元进行升级改造,2023年预计释放更多产能。"我们把创新当作立身之本。"公司董事长陈瑞告诉记者,公司主打鳞片石墨、球形石墨、锂离子电池负极材料等产品,一些产品填补了行业空白,完成对石墨产业的补链、延链。

鹤岗基于比较优势培优育强新动能,推动更多新兴产业的"盆景"向一片"风景"转变和壮大。

鹤岗2023年开工的省重点项目中,战略性新兴产业、新材料项目投资占比约为36%。一批国家高新技术企业、省级专精特新企业成长起来,实力和影响力与日俱增。"我们订单饱满,干劲拉满。"哈药集团三精千鹤制药有限公司质量保证部部长霍秋红说。在固体制剂生产车间,员工加班加点忙碌,每天满负荷生产100万粒氨咖黄敏胶囊。2023年一季度公司销售额同比增长180%。

迈向高质量展现"多面鹤岗"

面对城市未来发展,鹤岗围绕提升城市空间品质、营造宜居宜业环境等积极实践,为高质量发展和承接更多新兴功能做好准备。

依山傍水的欣虹湖公园鸟语花香,河湖碧波荡漾。很难想象,煤城鹤岗是全国水生态文明城市和全国黑臭水体治理示范城市,2022年鹤岗城市空气质量优良天数比例与伊春市并列黑龙江省第一。

鹤岗把生态作为立市之本，打好蓝天、碧水、净土保卫战。"两河十四沟"综合治理技术负责人薛学义说，当地 16 条黑臭水体经过治理，成为贯穿城区、绿美两岸的休闲景观带。结合棚户区改造，鹤岗腾挪出大片空地建设公园，配置公共服务设施，拓展了城市生态空间。全市城区人均公园绿地面积 15.8 平方米，实现"300 米见绿 500 米见园"。

8 个二次创业的"宝妈"，在一家电子商务公司 2022 年创下 500 多万元销售成绩。"今年我们搭建了新直播间，继续招聘新人。"公司负责人王佳菲说。公司所在的兴山区"鹤岗互联网 + 新经济基地"，几年间已孵化 60 多家中小企业。

随着来鹤岗创业的自媒体人增多，鹤岗印发《鹤岗市直播电商发展三年行动规划（2021—2023 年）》，目标到 2023 年底，全市建成 5 个直播电商基地、培训 1000 名直播销售和运营人员。

蔓延很多城市的咖啡热同样出现在鹤岗。"咖啡店明显多了，竞争激烈了。"25 岁的李林屿大学毕业后返乡，在鹤岗绿思咖啡餐吧任店长。这几年他的几个朋友也陆续回到这座东北小城，有人考公务员，有人带着创业的想法。"这个城市仍然有不少年轻人，他们有一定的消费能力，思想相对活跃，比在大城市加班要少些，咖啡店受到他们喜爱。"李林屿说。

像鹤岗这样的资源型城市，在我国还有很多，其转型是一个长期渐进的过程，摆在他们面前的，还有不少困难和挑战。近期鹤岗出台《鹤岗市支持服务新市民就业创业"六优惠""六共享"政策措施》，希望吸引更多人就业创业。鹤岗正锚定高质量发展，稳扎稳打，努力寻找到适合自己的发展路径、"诗和远方"。

（经济参考报专稿　新华社记者强勇、朱悦）

黑龙江绥化北林：春分绘就"助耕图"

冰雪融化，气温回升。黑龙江省绥化市北林区农民忙里忙外学技术、跑资金、购物资，一幅备耕图正徐徐展开。

2023年3月20日，在位于北林区兴和朝鲜族乡的黑龙江秋慧丰农业服务有限公司种植基地，北林区农业技术推广中心主任李连文正与黑龙江秋慧丰农业服务有限公司生产经理关友一起丈量新型育秧棚室。

"我们现在搭建的棚室是用于'池育秧'技术的专用棚，一共三栋，建完之后能为10公倾水田供应稻苗。"黑龙江秋慧丰农业服务有限公司生产经理关友介绍说。

"池育秧"技术是2022年年北林区农业技术推广中心实验的新型育秧技术，育出的水稻苗情期抗病能力、移栽期反青能力等都优于其他方式培育的稻苗，2023年计划以连片土地为示范带的中等面积地块推广该技术。

李连文介绍，"池育秧"要求高，棚室必须平整、水平，建设时铺设隔离膜，搭建隔离埂保证水分不流失，通过使用生物有机秧苗肥，从苗期就开始减少病虫害的发生，还可以实现节水灌溉。

这两天，家住北林区津河镇津河村的王照芬正忙着跑贷款跑项目。

"今年我种植了240多公顷鲜食玉米、50多公顷普通玉米，种植规模扩大，资金有缺口，通过粮食预期抵押可以得到300万元的贷款扶持。"王照芬说。

"创新农业物权"是 2023 年黑龙江省金融监督管理局核准的支农资金项目,通过物权服务中心与一众银行合作,农民以预期抵押方式,在资金使用方面得到支持。

2023 年,北林区以分布在各乡镇的金融网点为依托,以黑龙江省创新农业物权绥化服务中心为支撑,简化贷款流程、手续,通过入村走访、入户宣传,将国家支农贷款准确、及时发放到农民手中。

春耕生产机械是关键,在北林区各村屯,农用车川流不息,呈现出火热的备耕场景。

宝山镇农民李世武 2023 年玉米种植面积扩大了 50 亩,他说:"地多了农机也多了,所以我今天早早地来到加油站储备油料。"

"我来这里只需要把车停在那里,喝喝茶、聊聊天,完成后工作人员告诉我结算即可,啥也不差,省时、省钱、省心。"李世武说。

备耕时节,北林区农民用油需求逐渐增多,中国石化销售股份有限公司黑龙江绥化石油分公司在保障油品供应的同时,设置农用柴油专用加油机,保障农用车辆优先加油,缓解农忙期间加油站排队现象。

（新华网 哈尔滨 2023 年 3 月 22 日电　新华社记者黄腾）

做好"寒地文章" 端牢"生态饭碗"

——"林海明珠"塔河转型观察

在巍巍的大兴安岭腹地,身处林区的塔河人不想令家乡与"火"关联,却在"文旅局长零下20摄氏度穿长裙代言家乡"的出圈流量加持下"火"了。人们好奇——塔河在哪里?塔河怎么样?

黑龙江省大兴安岭地区塔河县东邻呼玛县,西接漠河市,南与新林区、呼中区接壤,沟通南北,贯通东西,当地人自豪地称之为大兴安岭的中心地带。

塔河有"林海明珠""兴安福地"之称,在鄂伦春语中意为"水草丰盛的地方",令外地人称奇的鄂伦春文化和冰雪美景,仅是它的部分真容。立足于"双寒"产业、全域旅游、地企融合,塔河正奋力书写林区转型发展的新答卷。

"双寒"产业助力林区经济转型

近年来,告别木材采伐的塔河县依托资源禀赋、挖掘产业优势,围绕寒地浆果坚果和寒地龙药精深加工等方面,成立寒地生物、寒地测试推进专班,持续推进"双寒"产业创新发展。

塔河县浆果资源丰富,主要有蓝莓、红豆、蓝靛果等,"中国野生红豆越橘之乡""大兴安岭蓝莓"等产品获得国家地理标志认证。大兴安岭地区1/3的蓝莓资源都集中在这里,野生蓝莓富集区面积达到15858.9公顷,总储量

9510 吨，年均产值达 6460 万元。

位于塔河县工业园区内的大兴安岭益康野生食品加工有限公司一片繁忙景象，生产厂长马义民正组织工人生产蓝莓原浆订单。早些年，他在秀峰林场做木材加工生意。天然林禁伐后，他和公司董事长喻在林开始做寒地浆果加工。

"塔河有丰富的林业资源，以前我们都是以木材为生，停伐后也尝试过其他行业，都没有成功，最后想着靠林吃林，将林下丰富的野生蓝莓和野生蔓越莓资源利用起来。"马义民说，现在公司可生产加工 7 大类、40 余款产品，主要包括大兴安岭独有的野生偃松仁产品，以及野生蓝莓、野生蔓越莓、野生蓝靛果等山野果为原料的原浆、浓缩汁、口服液、速冻果等产品。2022 年公司营业收入 1100 万元，实现产值 1580 万元。

围绕寒地野生浆果等产业，塔河县持续推进电商经济发展。2018 年，塔河建成面积 5000 余平方米的塔河县电商产业园，园内建有电商选品区、直播区、内容创作区、培训区、创客孵化区 5 个功能区，并开展教学实操一体的培训。2022 年全县线上销售额破亿元。

在塔河县电商产业园 4 号共享直播间，王泽宇带领团队，正在进行产品的短视频拍摄。2019 年从东北林业大学毕业后，王泽宇进入电商领域，掌握了成熟的技术，2022 年看到家乡塔河对电商的扶持与帮助，他便只身一人返乡组建了团队，仅仅四个月时间便赚了 30 万元。

除了寒地浆果，塔河县还大力发展寒地中药产业。在塔河县中药材产业综合科技示范园内，越冬的赤芍、金莲花、防风等药材在泥土里深扎。

据塔河县乡村振兴服务中心副主任黄福佳介绍，当地野生中药材资源丰富，有黄芪、防风、五味子等道地药材 350 多种，极具开发价值。目前，塔河已将县域内集中大面积分布的五味子、赤芍、黄芪、白鲜皮、金莲花作为种植资源进行了重点保护，总面积达到 22300 亩，中药材种植面积累计实现 14881 亩，年均产值达 3500 万元。

近年来，塔河县围绕严寒试验场、冻土观测研究站和检验检测中心，打造寒地测试产业。据了解，塔河寒地测试参试人员已突破千人，带动服务业增收 3000 余万元。

"文旅体"融合解锁县域旅游流量密码

在塔河县文体广电和旅游局局长都波眼中，小时候耳熟能详的鄂伦春小调"高高的兴安岭一片大森林，森林里住着勇敢的鄂伦春"等鄂伦春文化，已经同当地原生态的冰雪森林一起，成为塔河旅游的奇特资源。

2023 年 3 月 23 日，黑龙江首届"时尚春雪节"——塔河鄂伦春文化服饰实景展演在塔河县十八站萨吉满盛山景区开启。"网红"文旅局长都波以"冰雪女神"的新造型精彩亮相，她与伙伴们在零下 15 摄氏度的天气里，上演了一场精彩的鄂伦春冰雪时装秀。活动将冰雪与时尚相结合，以民族文化和民族服饰为载体，依托塔河县"春来冰雪在"的自然特点，开启"冰雪 + 民族"旅游营销新模式，通过流量变"留量"，助力当地旅游发展。

地处塔河县城东部 60 公里处的十八站乡，围绕创建少数民族特色村寨，打造独具特色的兴安民俗旅游区，充分展现鄂伦春族的神秘和文化魅力。旅游区多角度、全方位展现鄂伦春族的风俗传统和文明成果，来访游客可以沉浸式体验到鄂伦春族同胞下山定居前的原始狩猎生活。

"塔河距离漠河 200 多公里，这里没有漠河那么高的知名度，更没有'最北'的地理优势，想要发展旅游，就要找到差异化发展的道路。"都波说，当地利用塔河的中心腹地优势，打造'大北极'旅游集散地，在 G331、G111 两条国道上进行交通引导，将十八站、漠河纳入塔河旅游线路中，实现大兴安岭地区游客资源共享，带动塔河旅游。

夜晚漫步塔河县，自行车运动员造型的路灯，更显小城的流光时速。被塔河人称之为"夏季春节"的森林自行车赛，已经成功举办了 5 届，从最初的几十名选手发展到几百名选手参赛，赛事级别也从县级、省级上升到国家级。自行车赛事在拉动旅游业的同时，也让塔河的曝光度不断攀升。与此同时，当地通过举办鄂伦春民族运动会、极地森林冰雪嘉年华暨全民冰雪系列活动，实现旅游、冰雪、赛事经济深度融合发展。

塔河县委书记孙亮说，塔河县明确"鄂族风情、驿站文化、乡村体验、运动休闲"的旅游品牌定位，依托湿地、森林、界江、鄂伦春民族文化等旅游要素，建设了开库康界江旅游区、栖霞山植物园、二十二驿站旅游风景区、萨吉满盛山、塔河县十八站古驿小镇景区等一批富有文化底蕴的旅游景区，构建起塔河旅游框架。

地企融合汇聚发展新动能

曾经，塔河县作为我国重要的商品木材输出基地，实行了多年的"政企合一"管理体制（县政府与林业局合署）。2020年，延续40年的"政企合一"体制退出历史舞台，塔河被国家林业和草原局确定为林地协同发展试点。利用这一契机，塔河县和塔河林业局持续深入推动全方位、全领域的深度融合，挖掘"地"的潜力、激发"林"的活力。

围绕旅游发展、民生改善、动植物保护等领域，塔河县和塔河林业局共同谋划了森林康养、林场环境治理、供热升级改造等千万级项目12个，打造生态旅游、生态食品和"双寒"产业项目30个。林业局"十四五"规划和防火能力提升、生态资源修复等40个项目，融入塔河县"十四五"规划。

为了更好地保证寒地野生浆果的合理采集，塔河县、塔河林业局专门召开地企联合会议，对蓝莓、红豆采集利用方案进行了补充修订，明确了配合部门的人员组成和数量。在保护生态的前提下，保障寒地浆果企业生产需求。

同时，为了配合寒地测试产业发展，塔河县林业局因地制宜在所属的林场中选取多个半废弃林场聚居地作为测试场地，减轻了政府征地的费用。

位于塔河县瓦拉干镇绣峰林场的大兴安岭茂顺牧业公司，是一家以优质寒地和牛改良、繁殖、加工销售为主导产业的一体化农业企业，成立于2020年11月，2022年年繁育基础母牛500头，产值可达到800余万元。

"塔河有着丰富的林草资源，对畜牧业来说，有了草场就有了一切。"大兴安岭茂顺牧业公司负责人田立新说，瓦拉干镇政府和塔河林业局在牧场建设中涉及的区域划定、林地使用、政策引导、基础设施配套等方面提供了很大的帮助。项目投产后，镇政府又与当地林场共同推动和牛"产业＋农户"养殖模式推广，选派专业人员对林场养殖户和村民进行养殖技术指导。

"政府出台了繁殖和牛的补贴政策，塔河养殖户每成功繁育一头和牛，奖励 1000 元，政府还承担 300 元冻精费用，提升林场职工和村民的和牛繁育意愿。"田立新说。

据塔河林业局党委书记许晓光介绍，在旅游方面，县里发挥政策和技术优势，林业局发挥资源和产业基础优势，实行政府主导、企业运营，既为社会提供服务，又发挥森林管护作用，实现林地互利双赢。

"塔河县将同林业局一起营造一片林、一家人、一条心的浓厚氛围，凸显'1+1>2'的叠加效应，构建林地协同发展新格局。"孙亮说。

（新华社记者刘伟、管建涛、张涛）

黑龙江绥芬河：深化"电商+"创新模式

"今天为大家介绍的是俄罗斯原装进口蜂蜜，营养美味，感兴趣的朋友可以点击'购物车'购买！"黑龙江省绥芬河市小武经贸有限公司负责人庄丽莎几乎每天都会通过短视频平台，为网友介绍各种进口商品。

绥芬河市地处黑龙江省东南部，与俄罗斯滨海边疆区接壤。作为中俄边境重要口岸之一，绥芬河从一个边陲小镇，逐渐发展成著名的"国境商都"。从20世纪80年代的易货贸易，到如今多种贸易形式齐头并进，"百年口岸"绥芬河见证了中国边贸的时代变迁。

2016年，依托口岸优势，庄丽莎与丈夫开始从事进口商品贸易。"当时就是个'夫妻店'，店铺只有几十平方米。"庄丽莎说，自2020年试水直播销售以来，订单增长很快，2022年公司搬入绥芬河跨境电商直播基地，可支配面积达到1000多平方米，雇了10多名员工才忙得过来。

走进绥芬河跨境电商直播基地，进口商品琳琅满目。据介绍，该基地整合100余家企业，集纳来自20多个国家的进口商品，现已建成共享直播间、大型多场景直播间等供商户使用，是集短视频直播电商、电商主播孵化、直播供应链等为一体的综合性直播基地。

近年来，绥芬河创新制度举措，聚焦跨境电商综试区建设，跨境电商产业焕发新生机。

2022 年 6 月 10 日，在绥芬河跨境电商创客孵化基地，电商商家在进行直播。（新华社记者王建威摄）

绥芬河市青云经贸有限公司副总经理张树国介绍，随着跨境电商蓬勃发展，这个民贸市场也积极"触电"，通过数字化平台开展线上销售，积极拓展海外市场。

张树国说，公司 2022 年新建了青云跨境电商产业园，并已投入使用，着力打造跨境电商出口产业集群。

"近年来，绥芬河创新'跨境电商＋微商销售'等制度举措，探索开展'跨境电商＋市场采购'融合发展模式，助推跨境电商规模稳步增长。"绥芬河市商务局电商产业发展中心副主任董钰赢介绍，2022 年，绥芬河跨境电商贸易额达 6 亿元。

"下一步，绥芬河将继续深化'电商＋'创新模式，积极引导市场主体，健全服务平台，优化边境仓、海外布局仓。"董钰赢说。

（新华社哈尔滨 2023 年 4 月 26 日电　新华社记者侯鸣 刘赫垚 王大禹）

扫码看视频 | 黑龙江绥芬河：深化"电商＋"创新模式

新引擎 新动能 新举措：老工业基地佳木斯谋转型促发展

4 月的三江平原，乍暖还寒，老工业基地黑龙江省佳木斯市春潮涌动。

大项目集中开工熔铸发展"新引擎"，传统产业"发新枝"激发新动能，创新举措聚力营造发展好环境——佳木斯市在迈向全面振兴的道路上，摆脱旧有发展路径依赖，贯彻高质量发展理念，一个有活力、重效益、可持续的新发展模式正在形成。

紧抓大项目熔铸"新引擎"

彩旗飘扬，人潮涌动。在潍柴北大荒高端智能农机装备产业生产基地项目现场，数十辆大型工程车整齐排列，戴着安全帽的工人整装等待。

随着佳木斯市委书记丛丽的开工令发出，全市约 300 个投资体量大、科技含量高、产业带动强的项目集中开工，为当地高质量发展助力。

以项目建设之"进"，支撑经济发展之"稳"。2023 年，佳木斯市实施重大项目攻坚行动，已储备省级重点项目 65 项，总投资 328 亿元，年度计划投资 124 亿元，分别是 2022 年的 1.8 倍、1.8 倍、2.3 倍。

作为我国"一五""二五"时期重点布局建设的老工业基地，佳木斯市工业基础雄厚，同时拥有 3000 万亩肥沃黑土地，以及交通接驳南北、口岸"通江达海"的区位优势。

佳木斯市委副书记、代市长王铁说，项目投资是稳增长、促发展与调结构、促升级的关键。大项目的集中开工，是佳木斯市深化产业链招商、突出高质量项目的成果展示，也是扩大有效投资、加固经济底盘的务实举措，为现代化区域中心城市建设注入动力。

升级"老产业"激活"新动能"

在哈尔滨电气集团佳木斯电机股份有限公司厂区，一个有着约 70 年历史的高大厂房的红墙上，"黑龙江省数字化（智能）示范车间"的金色牌匾格外醒目。

走进生产车间，在"创新是发展的动力源泉"的标语下，生产线马力全开，机械手快速舞动，工人熟练进行工作。"这些毛坯机座经过洗、镗、钻、套丝、铰、倒角等工序后就会进入下一环节。"工人于雷说。

哈尔滨电气集团佳木斯电机股份有限公司是我国第一家特种电机制造企

2023 年 4 月 4 日，工人在哈尔滨电气集团佳木斯电机股份有限公司生产车间内作业。（新华社记者谢剑飞摄）

2023 年 4 月 4 日，工人在哈尔滨电气集团佳木斯电机股份有限公司生产车间内作业。（新华社记者谢剑飞摄）

业，近两年来，销售收入不断攀升，年销售额连续超过 30 亿元。"通过数字化、智能化、网络化建设，企业实现了产能、加工效率、产品质量全方位提升，订单连年增加。"公司党委书记、董事长刘清勇说。

哈尔滨电气集团佳木斯电机股份有限公司是佳木斯市强化产业升级的缩影。佳木斯市桦南县，黑龙江鸿展生物能源有限公司桦南县 30 万吨玉米燃料乙醇项目的车间里，机器轰鸣声不绝于耳，玉米经过粉碎、糖化、发酵、蒸馏等工序后"变身"燃料乙醇。

"这个燃料乙醇项目，不仅解决了当地百万吨玉米出口问题，还解决 600余人就业，未来还将吸引化工、医药、印刷等多个下游分支项目落户桦南，成为拉动一方经济的支柱型产业。"桦南县委书记徐永刚说。

佳木斯市发展和改革委员会主任李树伟介绍，近年来，佳木斯市坚持把发展基点放在产业振兴上，推动电机、农机、煤机等传统产业"老树发新枝"，培育新能源装备、精细化工、生物医药等新兴产业延链成群，加力政策赋能、数字赋能、平台赋能，促进优势主导产业重塑再造和提质增效。

聚力新举措营造好环境

"创业路上困难很多，几次想放弃，没有政府帮助很难走到现在。"宫照旭是佳木斯市汤原县一家集研发、生产、销售为一体的现代化农业机械制造企业的总经理。

他说，企业曾遭遇厂房失火、融资困难等，汤原县不仅帮助企业搬迁至当地经开区享受优惠政策，还为企业协调争取了银行千万元流动资金信用贷款。在政府助力下，如今宫照旭的振华机械现代农机装备项目迅速扩张，已实现销售收入1.5亿元。

一个个大项目如期开工，一处处新产业完成布局，是佳木斯市加强全要素保障、提供优质配套服务、营造更佳营商环境的生动证明。近年来，佳木斯市将优化营商环境当成头等大事来抓，不断创新举措：全省首批采用"抵港直装"模式出口货物、全省首建"首贷续贷服务中心"、全省首个办理经营主体歇业备案，全面深化"一网通办""一窗通办""跨省通办"改革……

丛丽说，佳木斯市将坚持把发展经济着力点放在实体经济上，集中打造一个农业和农产品精深加工千亿级产业，培育壮大电机装备、智能农机、新能源装备、高端玻璃等十个百亿级产业，积极发展口腔医疗、冷水鱼等百个十亿级产业，提升产业链发展水平，持续在质的提升中实现量的扩张，促进老工业基地转型发展。

（新华社哈尔滨2023年4月24日电　新华社记者刘伟、李建平、戴锦镕）

始终端牢能源饭碗

——大庆油田累计生产原油突破 25 亿吨背后

甩掉新中国"贫油"帽子、创世界同类油田开发稳产奇迹……2023 年 3 月 26 日，我国陆上最大油田中国石油大庆油田累计生产原油突破 25 亿吨，占全国陆上原油总产量 36%。60 多年来，大庆油田形成了世界领先的陆相砂岩油田开发技术，不断进行着端牢能源饭碗的新实践。

老油田仍在创造新奇迹

松嫩平原，1205 钻井队高耸的井架，"铁人队伍永向前"几个大字引人注目。1205 钻井队是铁人王进喜带过的队伍。"老队长的'铁'作风激励我们打好每一口井。"1205 钻井队队长张晶说。

大庆油田开发建设以来，为中国经济巨轮提供了澎湃动能。把 25 亿吨原油用 60 吨油罐车装满，可绕赤道 15.6 圈。

时光倒流，1959 年 9 月 26 日，松嫩平原松基三井喜喷工业油流，东北发现大油田。时值新中国成立 10 周年大庆前夕，大庆油田因此得名。

"北风当电扇，大雪是炒面。天南海北来会战，誓夺头号大油田。干！干！干！"铁人的诗是那场气吞山河石油大会战的生动注脚。数万人的会战大军以"有条件要上，没有条件创造条件也要上"的精神，一举让新中国甩掉了"贫油"帽子，铁人用身体搅拌泥浆阻止井喷的画面定格在几代中国人记忆里。

铁人王进喜用血肉之躯奋力搅拌泥浆（资料照片）。（新华社发）

1976 年，大庆油田年产原油首次跃升至 5000 万吨。对照当时世界同类油田开发，短则稳产 3 年至 5 年，长则 10 年至 12 年。

大庆油田能稳产多久？

大庆油田首席技术专家伍晓林说，1976 年到 2002 年，大庆油田实现原油 5000 万吨以上连续 27 年高产稳产，创造了世界同类油田开发史上的奇迹。

2003 年至 2022 年，大庆油田年产油气当量始终保持在 4000 万吨以上，老油田仍然发挥着能源安全"顶梁柱"作用。

科技自强握紧主动权

"中国人开发不了这样复杂的大油田。"石油会战初期，一些国外专家断言。60 多年来，大庆油田人以"超越权威、超越前人、超越自我"的"三超精神"，践行科技自立自强，创造了世界领先的陆相砂岩油田开发技术。

通常把利用油层能量形成的自喷采油称为一次采油，二次采油通过注水

大庆油田南三油库。（新华社记者王建威摄）

将油"挤"出来，三次采油依靠化学剂把油"洗"出来。随着油田持续开发，开采对象发生很大变化。

开发初期，大庆油田采用国外技术，采收率一度不到5%。"新时期铁人"王启民大胆质疑，提出"非均质"开发理论和"高效注水开采"方法，极大提升二次采油技术，为油田实现年产5000万吨原油奠定基础。2019年王启民获得"人民楷模"国家荣誉称号。

20世纪90年代末，面对三次采油技术被"卡脖子"，伍晓林带领团队奋力攻关，历经5600多次试验打破垄断，大庆油田采收率在二次采油技术基础上提高14至20个百分点。2021年，大庆油田非常规油气资源又取得重大突破。

中国工程院院士程杰成说，大庆油田的发展史是自立自强的科技进步史。几代石油人接续奋斗，3次问鼎国家科技进步特等奖，累计取得科技成果11000余项，建成全球规模最大的三次采油生产基地。

如今，更加前沿的四次采油技术已在大庆油田实现地质认识、驱油机理等多方面突破。

"铁人"从未走远

一次次突破的背后，是"爱国、创业、求实、奉献"的大庆精神（铁人精神）的生动写照。大庆精神（铁人精神）被首批纳入中国共产党人精神谱系。

"石油工人一声吼，地球也要抖三抖。"以王进喜为代表的石油工人战天斗地，"铁人"两个字成为中国人自豪感、自信心的响亮表达。"大国工匠"获得者、大庆油田采油工人刘丽说，时代在变，大庆石油人"我为祖国献石油"的精神信念始终没变。

面对国外质疑，年轻时的王启民不信邪，几个人写了一副对联——"莫看毛头小伙子，敢笑天下第一流"，横批"闯将在此"。"闯中有马，我们把'马'字写得大大的，突破了'门'框。"王启民说，一定要闯出天下一流的开发路子来。

大庆第三代铁人李新民"把井打到国外去"。"井打到哪里，铁人精神就带到哪里。人走到哪里，大庆精神就传播到哪里。"李新民说。大庆油田海外市场已拓展至50多个国家和地区。

"当老实人，说老实话，办老实事""严格的要求，严密的组织，严肃的态度，严明的纪律"——"三老四严"发源地、采油一厂第三作业区中四采油队党支部书记王天祎说，会战时形成的"三老四严"，现在仍是大庆石油人恪守的铁律。

"25亿吨是大庆油田奋进路上的重要坐标，更是迈向世界一流现代化百年油田的新起点。"中国石油天然气股份有限公司副总裁、大庆油田党委书记朱国文说。

（新华社哈尔滨2023年3月26日电　新华社记者熊言豪、管建涛、强勇、王鹤）

哈电集团：推进关键技术攻关
推动装备制造业高质量发展

　　作为我国发电设备制造业的"摇篮"，哈电集团在水电、火电、核电、气电等领域处于全国领军地位。

　　近年来，哈电集团加快推进关键核心技术攻关，不断提高装备制造业发展活力和竞争力，引领推动装备制造业高质量发展。

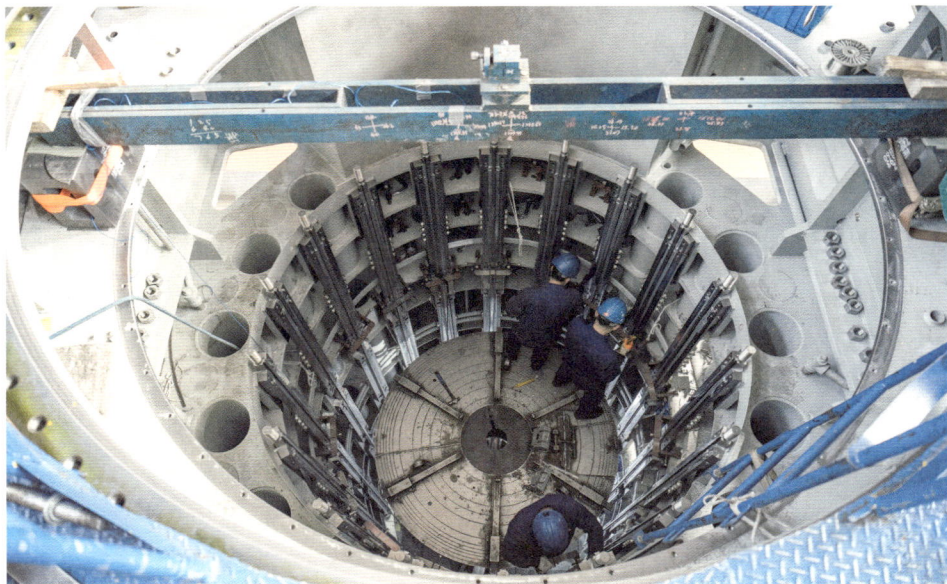

2023 年 3 月 29 日，在哈电集团哈尔滨电机厂有限责任公司的生产车间，工人在进行生产作业。（新华社记者谢剑飞摄）

2023 年 3 月 29 日，在哈电集团哈尔滨电机厂有限责任公司的生产车间，智能叠片机器人在进行自动化作业。（新华社记者谢剑飞摄）

2023 年 3 月 29 日，在哈电集团哈尔滨电机厂有限责任公司的生产车间，工人在进行生产作业。（新华社记者谢剑飞摄）

这颗"大隐于市"的明珠，原来是连续 15 年的利税状元

像一个性格温和内敛的老友，静静守护，久久陪伴，总是让人没理由地觉得相处融洽安心。

像一介专注修行的武士，踏雪无痕，功高盖世，却默默藏起所有的勋章，甘心做铺路的基石，从不刻意刷存在感。

像一颗"大隐于市"的明珠，无须粉饰，却自带光华。在最北省会城市数以千万计的企业名册上，她是勤恳的领跑者，是连续 15 年的利税状元。

这就是哈石化。

坐落在哈尔滨市道外区化工路上的中国石油天然气股份有限公司哈尔滨石化分公司，是一座有着 40 多年历史、加工原油能力 420 万吨 / 年的石油化工企业。

走进厂区，还会有更多的惊奇。

最大的惊奇或许是她的绿色 —— 不止是视觉，连听觉、嗅觉也都是"绿色"的。你会发现，以往脑海中对重工企业"傻大黑粗"的画像，该有多么肤浅。

连续 15 年的利税"状元"

耸立的塔群，密布的管线，是石化企业醒目的标签。

在素有"东方小巴黎"美称、以时尚而闻名的哈尔滨，哈石化的存在不仅没有带来"违和感"，而且成为城市的"加分项"。

在哈石化展厅，一条松花江流经哈尔滨段的曲线图上，刻着"企业发展大事记"，记载着哈石化从小到大、从弱到强的创业史，记载着几代哈石化人的奋斗历程。

20世纪60年代末期，一次全国计划工作会议在沈阳召开。

休息时间，主诗会议的余秋里同志对时任哈尔滨市委主要负责人的吕其恩说：哈尔滨有三大动力、十大军工企业，大庆油田就在你们身边，为什么不建一座炼油厂呢？

经石油工业部等部委批准，一座年加工原油能力30至50万吨的燃料化工厂于1970年开始筹备，1976年预投产，1979年各项指标达到国家要求。

1983年，哈石化划归中石化总公司直属，更名为中国石化哈尔滨炼油厂。1998年，哈石化划入中国石油天然气集团公司，更名为中国石油哈尔滨石化公司。

建厂初期，哈石化生产所需原油一半以上依靠铁路运输，制约了企业的发展。1998年，哈石化筹措资金启动建设大庆至哈尔滨的原油输送管线，1999年11月建成投产。这条长度183公里的原油运输管线，拓展了哈石化的生存和发展空间，被哈石化人称为企业的"生命线"。

在40多年的发展历程中，哈石化创造了许多个"第一"：

在国内第一个生产出98#汽油、-50#柴油，补充了成品油标号序列；自2000年4月开始炼制俄罗斯原油，成为国内第一家加工俄油的炼厂。

如今，哈石化已成为哈尔滨市乃至黑龙江省工业领域举足轻重的骨干企业之一。"十三五"期间，哈石化累计加工原油1813万吨、实现产值896亿元、实现税费306亿元。

从2008年起，哈石化连续15年成为哈尔滨市第一利税大户。

更加严苛的产品内控标准

或许在许多人眼里，石油属于"黑金"，石化企业有独特的行业优势，是先天的"盈利机器"。

然而，走进哈石化就不难发现，真正的效益是拼出来的，是管出来的，是挤出来的。

中国石油有重视"三基"工作的传统。在哈石化的企业文化当中，做好"四件小事"理念被当成传家宝：那就是坚持不懈抓好劳动纪律、卫生规格化、跑冒滴漏、基础资料。

"能坚持长久把小事做好、做精细，就是最好的管理。"哈石化总经理助理马志新说。

哈石化的老员工们都清晰地记得一个特殊的日子。

1990年1月20日，由于仪表间暖气泄漏，造成电气短路仪表失灵，催化装置被迫停工，又造成管线全部冻凝。厂区恢复蒸汽供应之后，包括机关、后勤的公司全体员工齐上阵，在零下30多度的严寒中奋战7天7夜，把上百米冻凝管线一点一点地吹开，终于在春节前全面恢复生产。以事不过夜、四件小事等为内涵的"三种劲头四种精神"，成为哈石化接续奋斗的不竭动力。

"八五"和"九五"期间，哈石化完成了四期工程建设，生产装置实现了完整配套，一条"短流程、深加工、低消耗、高效益"的工艺路线，引领哈石化走上发展快车道。

积极主动应对市场变化，哈石化确定"以销定产、以产促销、产销联动"的管理策略和"前店后厂"的营销模式，成为哈尔滨及周边地区高品质成品油生产供应商。从2011年开始，哈石化持续为哈尔滨太平国际机场供应高质量航空煤油。

2022年初，备受瞩目的北京冬奥会如期举办，哈石化承担了冬奥会超低凝点柴油保供任务。

"在国家标准的基础之上，哈石化制定了更加严格的出厂内控指标，进行了 700 多项分析数据，以严苛的质量监控体系保证了产品一次调和成功，圆满完成了保供任务。"哈石化生产技术处、计划处处长丛树辉说。

以"视觉、嗅觉、听觉"三消失为目标，哈石化全力打造零泄漏装置和无异味工厂，污水回用率超过 80%，环保在线达标率 100%，检测泄漏率 0.22%，2021 年通过黑龙江省"绿色工厂"认证。

近年来，哈石化贯彻落实集团公司提出的提质增效战略，持续优化生产运行。2022 年，哈石化生产计划执行率 100%、操作平稳率 99.77%；高标号汽油比例 63.7%，炼油吨油利润等指标居中石油集团炼化板块前列。

在历次国家成品油质量监督抽查中，哈石化抽检合格率全部稳定在 100%。

创新与绿色发展永无止境

对石化企业来说，技术的创新与进步、生产装置的安全稳定高效运行，是生存和发展的最重要根基。

2023 年 5 月 5 日，备战已久的生产装置大检修在哈石化拉开大幕。22 套生产装置、5 套配套设施、3139 项常规检修项目和 3 大技改项目同步启动。

"大检修涉及隐患治理、优化运行、节能降耗、环保减排、提质增效等内容。"哈石化科技与规划发展处处长张海峰说，大检修也是技术改造的窗口期，是提升装置动力的最佳时机。比如，与大检修同步实施的航空煤油产能建设项目完成后，哈石化航煤年生产能力将增加到 80 万吨，从而满足哈尔滨太平国际机场扩能需要。

对于哈尔滨市民来说，还有一个重要的利好消息：大检修将使国 VIB 汽油生产消瓶颈技术得以实施，从而大幅降低车辆的一氧化碳和氮氧化物排放。

"技术创新与绿色发展没有止境。助力实现双碳目标，保护哈尔滨的碧水蓝天，是企业义不容辞的责任。"哈石化党委书记、执行董事李秀伟说。

2022 年 11 月初，哈石化"余热暖民"工程正式投运。装置循环水余热通过供热管网输送到附近 2 万户居民家中，成为哈尔滨市第一家实现工业余热供暖的企业。

近年来，哈石化建成投用 8 个专家创新工作室，形成了 5 名集团公司技能专家、1 名企业技能专家、25 名高级技师、96 名技师为核心的技能团队，开展攻关创效群众性实践活动，48 项"五小"成果获奖并推广应用。此外，获得石化行业科技进步奖 2 次、中国石油集团公司科技进步奖一等奖 2 次。

多年来，哈石化先后荣获"全国五一劳动奖状""全国优秀基层党组织""国家安全标准化一级企业""黑龙江省文明单位标兵"等多项荣誉。

打造"城市精品炼厂"——高质量发展征程上，这是哈石化人为自己制定的奋斗目标，也是他们对这座美好家园的承诺。

（新华社客户端 2023 年 7 月 30 日电　新华社记者范迎春）

这就是

黑龙江

ZHEJIUSHI

HEILONGJIANG

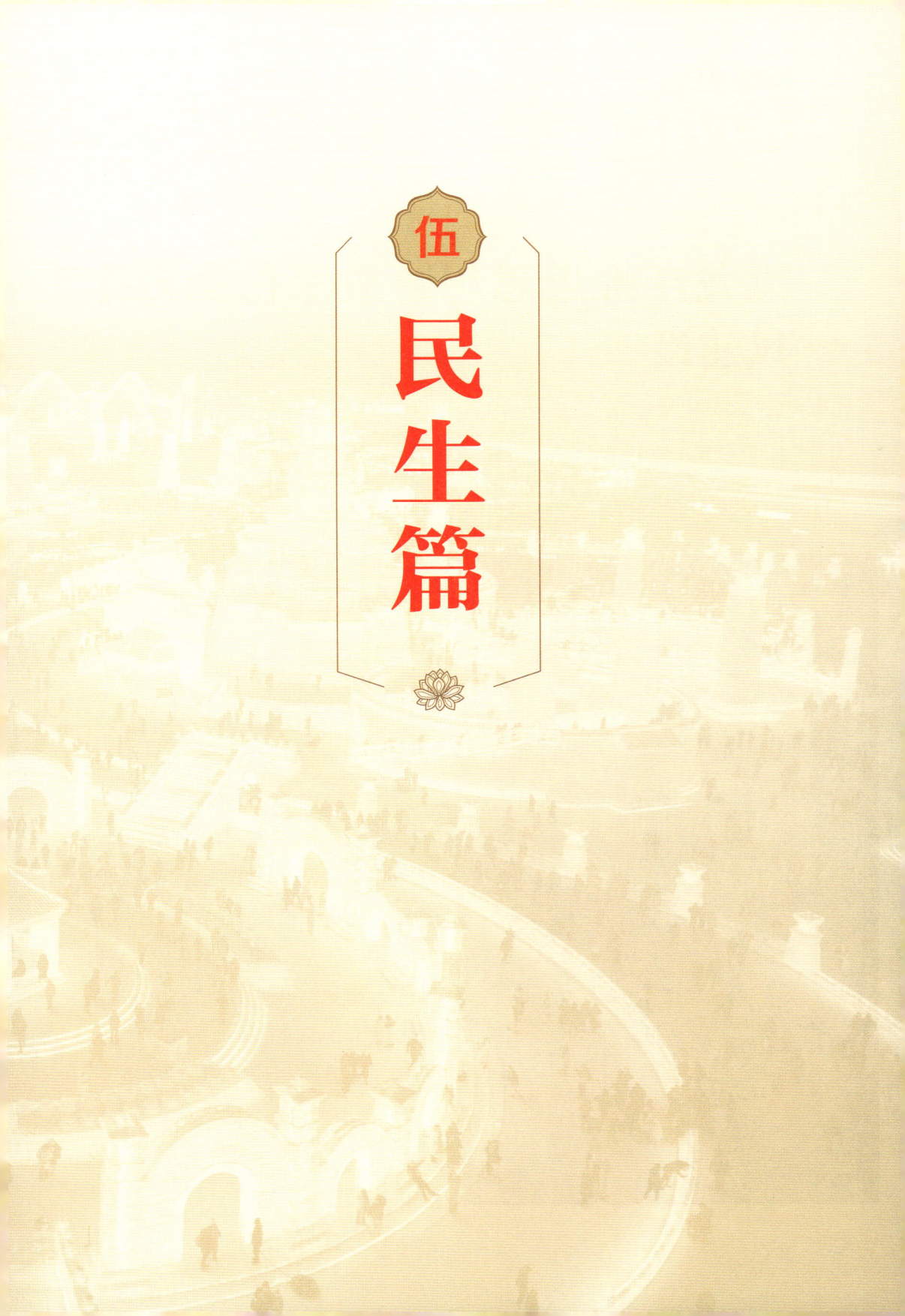

伍

民生篇

黑龙江推进思想解放深化能力作风建设

黑龙江省深化能力作风建设工作会议 2023 年 2 月 17 日在哈尔滨召开。会议提出，要学习先进带动思想解放，选取省内外典型案例开展研讨活动，组织干部走出去考察学习、开阔眼界、引资引智把发达地区先进经验带回来，推动思路转换、观念更新。要查改问题推进思想解放，聚焦高质量振兴发展，把查摆问题贯穿解放思想全过程，加快补齐思想观念、政策措施短板。要创新制度促进思想解放，注重把思想解放成果和创新实践经验固化为制度安排，引领广大党员干部破除思维惯性和条条框框束缚。

（新华社客户端黑龙江频道 2023 年 2 月 17 日电　海报制作：付瑞）

黑龙江聚焦高水平打造数字政府

黑龙江省 2023 年 2 月 21 日召开全省优化营商环境大会。会议指出，黑龙江省将加快优化营商环境，聚焦高水平打造数字政府，以"数跑龙江"为引领，推动政务服务标准化、规范化和数字化发展。

黑龙江省将对标一流水平，坚持政务服务标准化、规范化、数字化一体推进，实现全省政务服务"一个平台""一套软件""一张网"，着力构建标准统一、运行规范、公开透明高效的政务环境。

会议指出，要推动政务服务标准化。开展政务服务事项"四级五十同"标准化建设，做到省市县乡四级、五十个办理政务服务要素统一，确保政务服务事项在全省范围内无差别受理、

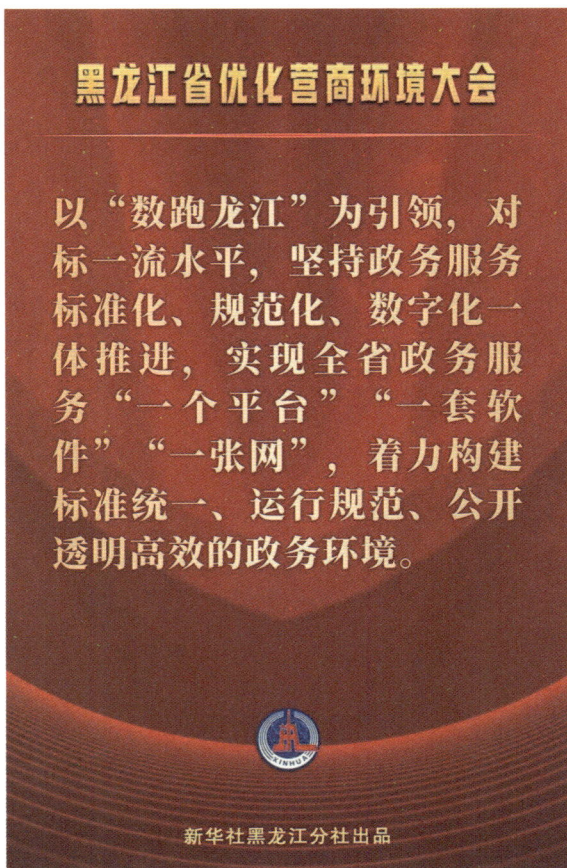

以"数跑龙江"为引领，对标一流水平，坚持政务服务标准化、规范化、数字化一体推进，实现全省政务服务"一个平台""一套软件""一张网"，着力构建标准统一、运行规范、公开透明高效的政务环境。

新华社黑龙江分社出品

同标准办理。

会议指出，要推动政务服务规范化。严格落实政务服务事项实施清单，不得额外或变相增加办理环节和申请材料。依托全省政务平台统一提供服务，实现网上办事"一次注册、多点互认、全网通行"。整合政务服务移动端应用，解决政务 App 数量多、群众重复注册等问题。公开化、规范化、常态化实施政务服务"好差评"制度，让接受服务的企业和群众来评判政务服务"好不好""便利不便利"。

会议指出，要推动政务服务数字化。完善数字政府"五横五纵"总体框架，"五横"就是"一朵云、一张网、一体化政务大数据平台、统一共性应用支撑能力、一体化政务应用服务"，"五纵"就是"标准体系、数字政府考核评价体系、一体化决策指挥体系、一体化运维服务体系、一体化安全运营体系"。形成事项、入口、申报、受理、办理、评价"六个统一"的体系架构，切实提升数字政府建设整体性、融合性和实效性。

（新华社客户端黑龙江频道 2023 年 2 月 21 日电　新华社记者徐凯鑫、戴锦镕）

黑龙江：以更加有力举措打造一流营商环境

黑龙江省 2023 年 2 月 21 日召开全省优化营商环境大会。会议指出，2023 年是黑龙江省优化营商环境三年行动的攻坚之年，要坚持问题导向，巩固工作成效，以制度建设为核心、以改革创新为动力，真抓实干、攻坚克难，奋力实现全省营商环境 2023 年进入全国中上游、2025 年达到全国一流目标。

会议指出，聚焦提振市场主体信心，持续优化政策供给，精准制定政策、主动兑现政策、整治落实堵点。聚焦高水平打造数字政府，

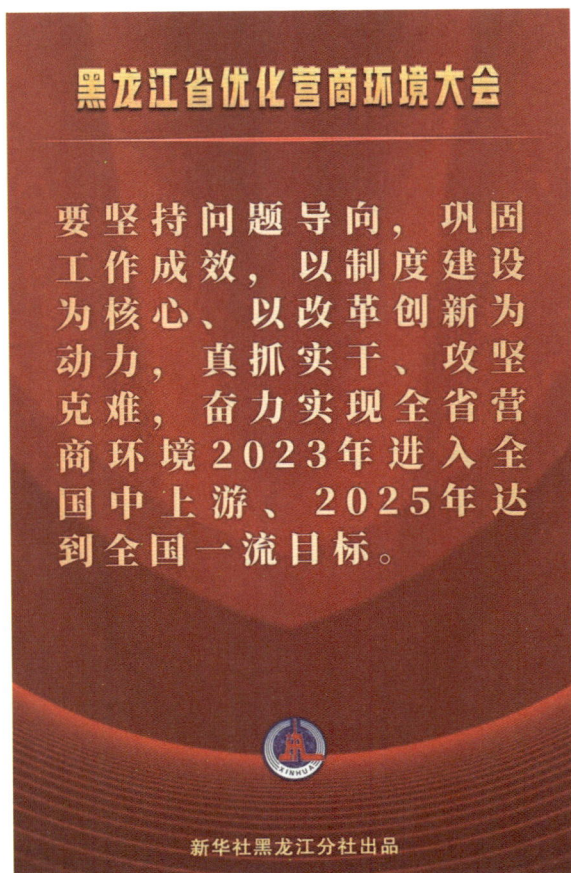

黑龙江省优化营商环境大会

要坚持问题导向，巩固工作成效，以制度建设为核心、以改革创新为动力，真抓实干、攻坚克难，奋力实现全省营商环境 2023 年进入全国中上游、2025 年达到全国一流目标。

新华社黑龙江分社出品

加快"三化一体"建设，推动政务服务标准化、规范化、数字化。聚焦更大激发市场活力，深化"放管服"改革，要"放得精准""管得到位""服得高效"。聚焦稳定公平透明可预期，着力优化法治化营商环境，强化立法建制、公正执法司法、加大普法力度、完善服务体系。聚焦畅通要素供给渠道，保障项目建设和产业发展，加强水电气热保障、提升金融服务水平、构筑人才集聚高地。聚焦构建亲清统一新型政商关系，为市场主体提供细致周到服务，规范政商交往、深化包联服务、强化监督约束。聚焦提能力转作风抓落实，提高工作质效，在提升能力、转变作风、狠抓落实上下功夫。

（新华社客户端黑龙江频道 2023 年 2 月 21 日电　新华社记者徐凯鑫、戴锦镕）

黑龙江："春风"纳贤才 助企促发展

2023 年年初以来，黑龙江省相继举办了 2023 年春风行动暨就业援助月、省市县三级联动大型招聘会暨黑龙江省第四届春风云聘会、大中城市高校毕业生联合招聘专项活动，稳就业促就业公共服务活动紧紧锚定稳定企业用工、促进青年和高校毕业生等就业群体，以智慧就业、暖心服务为总体目标，不断创新服务举措，优化服务模式，强化服务质效，多渠道搭建优质供需对接平台，全力保障各类用人单位复工复产和劳动者就业创业。截至 2023 年 3 月末，举办招聘会 1911 场次，吸引省建投、交投、农投等一大批优质企业参与招聘活动，2.56 万户用人单位发布招聘岗位 40.3 万个，帮助 6.95 万名求职人员达

黑龙江："春风"纳贤才 助企促发展

截至3月末，黑龙江省举办招聘会1911场次，吸引省建投、交投、农投等一大批优质企业参与招聘活动，2.56万户用人单位发布招聘岗位40.3万个，帮助6.95万名求职人员达成就业意向。

新华网黑龙江频道出品

成就业意向。

三级联动、同频共振，形成全域式招聘格局。省市县三级联动大型招聘会，黑龙江省人社厅、教育厅、工信厅、发改委、国资委、工商联等20家主办单位建立联络机制，明确就业岗位归集目标任务，强化优质就业岗位供给。省银保监局组织工商银行等驻省30余户金融企业参加活动，发布1000余个招聘岗位。省国资委组织建投、交投、农投、旅投等省属国有企业259户参加活动，发布5488个招聘岗位。各类用人单位面向高校毕业生提供本科学历就业岗位6588个，最高年薪15万元，专科就业岗位22689个，最高年薪12万元。全省13个市地、67个县区全程联动、全域联动同步举办招聘活动。318大型招聘会中，全省同步启动专项招聘活动，齐齐哈尔、牡丹江、鸡西等12市地向主会场报告了现场招聘会组织实施、入场企业、发布就业岗位数量等情况。政府搭台、企业唱戏，国有企业、民营企业和部分个体工商户积极参加活动，通过现场招聘会和线上就业服务平台，宣传企业优势资源，发布用工需求，吸引有就业需求的求职人员参加招聘活动。

线上线下、同向发力，形成立体式招聘模式。为强化供需双方精准对接，各类专场招聘会以线上线下形式组织实施。一是现场招聘+直播带岗，构筑留人引才"磁力场"。线下招聘会黑龙江省博实自动化股份有限公司、哈尔滨中睿科技发展有限公司等一大批企业携月薪1万以上优质岗位参展，岗位之优、薪金之高吸引大批人员报名应聘。线上招聘活动邀请哈尔滨市"哈就业""新闻之声""绥化就业大集"等直播平台举办直播带岗活动，为各类企业和求职人员搭建不断线、不打烊供需对接平台。266.1万人次观看直播带岗，直播间互动达成就业意向人数1.02万人。黑龙江省公共就业服务平台13.7万人次登录求职，实名注册7.5万人。同比涨幅分别为195%、257%。二是求职就业+创业带动，打造精准服务"功能圈"。各类现场招聘会按企业类型有序划分国有企业、重点项目、民营企业、退役军人等专属招聘区。设置政策宣传服务区，集中展示全省事业单位联考2374个岗位，计划招聘4000余人。面向高校毕业生等服务对象发放政策宣传资料40万余份。设置创业项目和劳务品牌展示区，邀请大佳无人机、蒲公英深加工、满族刺绣等40个优质创业项目和特色劳务品牌参会，为劳动者实现家门口就业、就近就业创业创造便利条件。 三是智慧就业＋平台招聘，打造就业服务"双引擎"。各地依托公共就业服务信息化手段，在现场招聘会设置就业服务大屏和智慧岗位查询机，招聘会日程安排和就业岗位一键通查、精准匹配。 开设直播招聘平台，为企业提供网络宣讲、HR连线互动、网络面试等功能，帮助企业和求职者精准对接。 专项活动期间，陆续发布各市地、县区直播带岗194场次，直播时长1350小时，在一个月时间内不间断为企业和求职人员提供直播带岗服务。

官媒自媒、同步推进，形成矩阵式宣传体系。 活动中，黑龙江省通信管理局积极组织移动、联通、电信三大运营商，在每周五固定时间段通过手机端点对点向劳动者投送活动信息和招聘岗位，精准服务求职群众。 一是官网集中发声，扩大宣传效应。 通过黑龙江省人社、教育、发改、工信、退役军人等主办部门官网官微，开设专题活动页面，开展招聘会和岗位宣传，多渠道宣传活动消息。 二是多平台投送，集中发布岗位需求。 通过各级公共就业服务机构创建的公众号、视频号、抖音号、快手号同步推广百大项目、重点企业等用人单位就业岗位，多角度、全矩阵面向劳动者发布招聘信息，助力尽早实现就业创业。 三是设立形象大使，正面激励引导。 首次邀请黑龙江省冬奥会1000米世界冠军任子威担任春风行动形象大使，面向青年和高校毕业生发出倡议，激励青年人扎根龙江就业创业，提升了活动品牌和宣传效应。截至3月末，通过国家、省、市、县四级媒体高频报道公共就业服务活动消息613次。 其中，市级报道活动信息214次，县级报道活动信息399次。

提升质量、同向聚合，形成一站式服务平台。 招聘会打造了专业化就业创业服务模式，一站式提供公共就业服务。 一是"专员"靠前服务。 组织人社服务专员、就业岗位推荐官和基层公共就业人员三支专职服务队伍，深入各类用人单位和重点企业"点对点""面对面"宣讲就业创业政策、发布用工需求，解决企业经营发展中遇到的难题。 二是职业指导服务。 针对高校毕业生、失业人员、零就业家庭等重点服务对象，邀请新区职业指导师工作室、东北农大、哈师大等高校职业指导专家现场为求职人员答疑解惑，开展简历诊断、面试技巧、职业指导、岗位推荐、职业规划一对一服务，为高校毕业生等服务对象提供精细化服务。三是权益保障服务。组织劳动保障监察、调解仲裁和劳动关系专职工作人员，提供用工指导、构建和谐劳动关系、劳动者权益保障等咨询，累计服务3.8万人次。四是温馨送暖服务。组织志愿者参加活动，保障参会企业和服务求职人员，发放参会用品，引导劳动者求职应聘。设置临时休息服务区，免费提供医用口罩、桌椅和热水等服务。协调卫生防疫机构安排专人定时消杀，做好疫情和甲流防控措施，打造暖心招聘环境。

下一步，黑龙江省将抓实抓好线上线下招聘会，举办好高校毕业生、灵活就业人员、重点企业、退役军人和残疾人重点服务对象线上线下招聘会。加强各地活动经验、做法宣传报道，集中宣传一批高校毕业生、退役军人就业创业典型事迹，营造全民参与就业创业良好氛围。结合用人单位专业岗位需求、高校毕业生专业设置，走进黑龙江大学、齐齐哈尔大学、东北石油大学等高校开展系列招聘会，全力加强青年及高校毕业生就业创业服务工作，搭建优质供需对接平台，强化人岗精准匹配，帮助尽早尽快实现就业创业。指导各地结合地区特点、经济特点、产业特点，分行业、小规模、多频次举办"小精专"线下招聘会，纾解重点企业、个体工商户等用人单位缺工难题，推动公共就业服务活动"不打烊""不停歇"，做到"招聘日日有、活动月月新、贯穿全年度"，让就业之稳底气更足，方式更活，举措更准，确保就业目标任务完成和就业局势持续稳定，为加快建设"六个龙江"，推动黑龙江省全面振兴全方位振兴做出新贡献。

（新华网黑龙江频道李国红、史峻诚）

跃动在小兴安岭的"绿色音符"

——伊春全面停伐十年记

如果从高空俯瞰通往黑龙江省伊春市各个林场的公路，会发现公路变成了小兴安岭群山之间的一条条纽带，茂林在纽带两侧争相丈量着天空的高度。

伊春是国家重点国有林区，素有"中国林都"美誉。2013 年，伊春全面停止天然林商业性采伐，"一木独大"的历史在此刻终结。全面停伐十年间，林区人秉承生态文明理念，守护绿水青山，筑牢绿色屏障，走出一条生态优先、绿色发展的新路子，接续书写生态文明建设的新答卷。

生态之变：守护绿水青山

"红松是伊春的特殊树种，当时林子密，大约一米见方就有一棵，我胳膊挺长，也抱不过来。"老一辈林区人是伊春生态变化的见证者。78 岁的林场退休职工李忠跃回忆起从前的林场生活，对擎天红松印象深刻。

眼看着林子越砍越薄，莽莽林海面临"透支"风险，停伐势在必行。2013 年，伊春迎来"挂锯停斧"的历史时刻。"独木难支"之时，林区人即便攻坚克难，也要选择用生态承载未来。

上午时分，在伊春森工乌伊岭林业局公司永胜林场分公司的管护区内，承担着 1700 多公顷巡护任务的护林员罗晓峰，开始了一天的巡护工作。行走过程中，他通过手机中的护林通 App，将巡护轨迹等信息实时上传。

伊春森工乌伊岭林业局公司党委书记、董事长彭伟学说，他们在深入贯

2019 年 5 月 16 日拍摄的黑龙江小兴安岭石林国家森林公园。（新华社记者王建威摄）

彻落实"林长制"的同时，正试行森林资源管护激励机制，将管护区内山特产品采集权交给相应的护林员，让他们爱上林、扎住根，切实守护好这片绿水青山。

如今，伊春已从过去单一保护林木林地为主，转变为山水林田湖草、野生动植物系统保护。

一组数据见证了伊春的生态之变 —— 伊春市森林蓄积量达到 3.75 亿立方米，年均净增 1000 万立方米以上，森林覆盖率达 83.8%。

产业之变：转型多元化发展

"不砍树，咋过活？""挂锯停斧"之后，不少林区人有过困惑。然而站在十年后林区焕发新生的今天回望过去，昔日的"挥斧人"不约而同地意识到，绿水青山、良好生态正是伊春最大的财富。

伊春是最适宜蓝莓种植的区域之一。在位于伊春市友好区的伊春市志有森林食品有限公司灌装车间内，生产厂长于威正在检查一台饮料灌装机的运行状况。

"我原先在林场做过营林工，也当过司机。2014年这里建厂后，我决定来试一试做蓝莓加工。"于威说，工厂从2015年开始陆续扩大生产，产品也由单一的蓝莓果干扩展到蓝莓酒、果汁原浆饮料等多种类型。公司2022年产值在2300万元左右，2023年计划把蓝莓原料用量扩大一倍。

放下斧锯的林区人，利用森林资源发展文旅康养产业、特色种养产业、森林食药产业，红松果林、食用菌、小浆果、森林猪、湖羊等特色产业不断发展壮大。

伊春森工集团党群工作部副部长杨玉梅介绍，集团营造红松果材兼用林48.6万亩，建成黑木耳菌种菌包厂46家，吊袋大棚13万平方米。浩瀚林海下，产业的多元化发展正交出老林区转型的新答卷。

生活之变：幸福的生活像小兴安岭的绿色一样绵长

走进完成老旧小区改造的伊春市伊美区中植村小区，植被错落有致，楼房墙体粉刷一新，车辆停放整齐有序。"现在楼道里干净多了，墙体新做了保温层，冬天家里温度提升了十多摄氏度。"小区居民史长莉说。

伊春市住建局房地产市场监管科物业负责人刘新光介绍，自开展老旧小区改造以来，截至2022年底，伊春市共完成城镇老旧小区改造项目74个，楼房1097栋、面积366.4万平方米。

民生工程相继实施，承包红松林鼓了腰包，入股合作社分红……林区人成为守护绿水青山的受益者。在家门口开了一家农家乐的溪水林场退休职工刘养顺也对如今的生活深有感触："这几年林场给修了柏油路，安了彩灯，栽了树，还在我家对面的草甸子里搞了'醉蝶花谷'景点。环境好了，来吃饭的人逐渐多了。每到旺季，小院几乎天天坐满游客。"

如今，李忠跃的女儿李晓梅在市区开了一家名为"书语伴读书房"的书店。

"我希望通过举办读书会等活动，提高一群人、一座城的文明素养，让大家意识到自己是林区人的一员，意识到在这片林海默默守护我们的同时，我们也要一代接一代地守护它们。"李晓梅说。

（新华社哈尔滨 2023 年 5 月 25 日电　新华社记者陈聪、杨轩）

沉浸式消费点亮"冰城夏都"
——哈尔滨消费文化新趋势观察

进入 6 月，松花江畔气温舒适。支起帐篷开启露营，走进老建筑品味音乐盛宴，到百年老街打卡……在素有"冰城夏都"美誉的哈尔滨，"烧烤＋啤酒""露营＋餐饮"等沉浸式消费新体验正在受到人们追捧。

烧烤文化烤"热"冰城

鲜嫩的肉串滋滋作响，浓浓的烧烤香气氤氲，具有东北特色的大碴粥、酸菜馅饺子好吃到停不下来……2023 年 6 月 5 日晚 6 点多，记者走进哈尔滨一家以排队闻名的烧烤店，发现店里正在进行歌舞表演，食客们伴着动感的旋律和泡沫四溢的啤酒吃得热火朝天。

"在哈尔滨，没有什么事情是一顿烧烤解决不了的。"这一句调侃在当地广为流传。哈尔滨，一座离不开烧烤的城市，每到夏天，这里的人们总把烧烤作为"消夏"的选择。

烧烤的"点睛之笔"是啤酒。在店家五光十色的招牌下，众多烧烤店的外摆桌吸引着游客前来喝酒"撸串"，烦恼和疲惫溶解在啤酒杯碰撞的泡沫里，欢声笑语跳跃在品尝烧烤肉串的唇齿间。

"外摆提高了餐饮店人气，吃着烧烤，看着舞蹈表演，感觉幸福感'爆棚'。"外地游客孙晨舒说，哈尔滨的烧烤文化令人难忘，下次有机会还要来哈尔滨吃烧烤。

"露营"激活"微度假"新玩法

不久前，哈尔滨市城管局园林中心公布了首批 11 座试点开放共享的公园。从 2023 年 6 月 1 日起，市民游客可在顾乡公园等 11 座公园内划定的开放共享区域开展休闲散步、运动健身、搭帐篷等休闲游憩活动。

到公园露营，是哈尔滨"露营热"的一个缩影。"哈尔滨 11 座城市公园绿地开放共享试点，能够满足市民游客就近进行亲子互动、休闲放松的需求。随着相关政策的出台与完善，哈尔滨周边的露营将会呈现'农业＋旅游＋露营地''森林＋户外运动＋露营地'等更多不同特色，配套设施和项目也会不断完善。"黑龙江省自驾游与露营协会常务副会长于洋说。

如今，公众出行呈现出"近距离、短时长、高频次"的"微度假"新特征，露营旅游正是"微度假"的典型代表。在哈尔滨市道里区新农镇的天鹅湖庄园，这里正进行全面升级，致力于打造集自驾露营、研学实践、元宇宙农场、休闲度假等于一体的综合性园区，让园区成为人们周末休闲度假的新选择。

露营的元素也逐渐融入餐饮业，满足消费者多元化、场景化的用餐需求。在哈尔滨市新开的一家露营风格的烧烤店中，桌上橘黄色的灯光散发着慵懒的暖意。"在城市也能感受到露营气氛，这种感觉给都市人提供了放松的惬意选择。"烧烤店店主说。

夜经济扮靓冰城夜

2023 年 6 月 3 日夜晚，哈尔滨老会堂音乐厅里缓缓流淌着《友谊地久天长》等音乐，悠扬的旋律在演奏者指尖深情飘扬。犹太老建筑里典雅华美的吊灯下，静静聆听的观众沉浸其中——这是属于哈尔滨这座"音乐之城"的独特的夜经济。

景区与音乐融合的方式，增添了休闲旅程中的惬意和美感，也让城市文化更加立体可感。哈尔滨的标志性景点之一索菲亚教堂，也为游客安排了音乐演出，恬静优雅的艺术气息充盈在老建筑沧桑宏伟的厚重感中。

"索菲亚教堂音乐厅的夜间演出太精彩了，建筑美轮美奂，演奏效果又好，体验感拉满。"游客李女士说。

哈尔滨文化旅游资产经营公司总经理助理张丽双介绍，索菲亚景区2023年5月1日客流量创历史新高，约8000人次。

在有着百年历史的哈尔滨中央大街上，虽夜色已深，游客仍络绎不绝，不同风味的店铺满足年轻人的尝新味蕾。"就剩这一种馅了，其他馅都卖没了。"一家在中央大街上售卖"新疆烤包子"的店家说。

熙攘的人潮带来了夜经济的火热。"几乎每天都是这么多人，我一天能卖出好几千元。"一家糖炒栗子店主告诉记者，借助中央大街的商圈，生意很不错。

据了解，2023年1月至4月，哈尔滨市实现社会消费品零售总额708.5亿元，同比增长13.5%，高于全国5个百分点。2023年一季度，全市游客接待量累计2200.8万人次，同比增长1.2倍，实现旅游总收入214.8亿元，同比增长1.1倍。

（新华社哈尔滨2023年6月8日电　新华社记者陈聪、朱悦）

"慧"种田、卖好粮

——一家水稻种植合作社的数字农业创新故事

初夏时节，大地重新积蓄起了能量，万物生机盎然。凌晨三点多，在黑龙江省抚远市升起了第一缕阳光。随着太阳冉冉升起，纵横交错的田野逐渐露出了"真容"。近年来，位于抚远市的玖成水稻种植专业合作社不断创新粮食生产经营模式，优化生产技术措施，提升服务社员农户水平，着力提高粮食生产效益，跑出现代农业发展加速度。

会种田变"慧"种田

当下，合作社刚刚结束水田插秧工作。站在田埂放眼望去，一片片绿油油的水稻秧苗随风拂动，承载着新一年的希望苗壮生长。

"水稻播种可以采用无人机直播，不仅能够减少育苗的过程，还能减少大量人力；运苗小火车取代了人工挑担子，可直接把水稻秧苗运到田埂，大大提高了运送效率；农机安装上了北斗导航系统，不仅极大减少漏播、重播情况，地还种得特别漂亮！"说到这几年种地发生的变化，合作社理事长袁胜海滔滔不绝地跟记者介绍起来。

长势分析、虫害监测、农艺建议……利用数字农业综合服务平台，合作社的一块大屏幕可对 2023 年土地的耕种情况"一览无余"。

"自从有了数字化平台，我们田间管理也省了不少力，一旦出现病虫害或其他问题，系统会发出预警，我们再到相应地块确认情况，这样能及时发现并处理问题，让繁杂的田间管理工作变得省心又省力。"袁胜海说。

袁胜海指着一块块水田说，2023 年秋收结束后要在土地上冻前抓紧把"小池子"改造成"大格田"，通过格田改造建造高标准水田，以便更好地应用无人驾驶等新型农业技术，进一步提高种植效率和收益。

服务农户增产增收

随着合作社的不断发展，越来越多农户成为合作社社员。2022 年，农户王军带着 70 公顷的土地加入了合作社。

"合作社统一购买种子、化肥、农药等农资，相比较我们单独购买省了不少钱，春耕前还有技术人员到地里看我这块地的土质适合种什么品种，需要多少种子和化肥，怎么种能更高产。"王军说，自家的土地刚刚完成播种，以前得自己找农机播种 10 天才能种完，2023 年合作社统一调配农机，70 公顷的土地三天半就播种完了，自己啥也不用管，"从来没有这么省心过，种地的收入还增加不少。"

据介绍，玖成水稻种植专业合作社通过采取"企业＋科研机构＋合作社＋农户"的方式，整合农机等资源，形成合力，实现"科技＋服务、仓储＋加工、特色＋品牌"的经营模式。

"今年合作社服务社员 200 多户，耕地面积约 10 万亩，通过统一采购农资、统一耕种、统一加工销售、提供技术指导等方式，几年来为社员节本增收 400 余万元。"合作社工作人员刘筑缘说。

种得好也要卖得好

"合作社前几年以卖原粮为主，现在有了自己的稻米加工厂，成立自己的品牌，延伸了产业链，增加了产品附加值。"袁胜海介绍，合作社开发了"玖成极米""玖成粳品稻"等品牌，通过"线上＋线下"的销售模式，将产品销往全国各地。

从卖原粮到卖产品、卖品牌，合作社在实现高质量发展方面不断探索。

前阵子，合作社想试试蟹稻种植，请来了省里的农技专家现场"把脉支招"。据介绍，养了螃蟹的稻田，水稻就成了有机稻，价格要比普通水稻高出很多，螃蟹本身也会产生效益，综合效益能提高五到六倍。

下一步，合作社准备向社员和农户推广订单种植模式，"让百姓在种的时候就知道能挣多少钱，这样一年下来心里就有底了。"袁胜海说。

（新华社客户端哈尔滨 2023 年 5 月 30 日电　新华社记者侯鸣、戴锦镕）

吃出来的龙江康养　舌尖上的养老幸福

——黑龙江省民政厅组团参展 精彩亮相第九届"老博会"

　　绿色龙江，让"舌尖上的养老"更幸福！2023 年 5 月 5—7 日，由黑龙江省民政厅组团参加的"旅居康养 乐享龙江"黑龙江展区精彩亮相第九届中国国际养老服务业博览会。"吃出来的龙江康养，舌尖上的幸福养老"，展区通过多种形式充分展现黑龙江省积极打造"走出家门的幸福养老目的地"的靓丽形象。

　　黑龙江省民政厅党组书记、厅长董濮出席老博会开幕式，并在第九届中国养老服务业发展论坛上作《旅居康养 乐享龙江 ——走出家门的幸福养老目的地》主题推介。

　　夏有凉风冬有雪，捧出绿色就醉人。此次黑龙江展区以标志性的森林绿、象牙白为主色调，布置清新、彰显特色，主体造型动感流畅。展区着重展现黑龙江省加快构建"4567"现代产业体系的强劲动能和大力发展数字经济、生物经济、冰雪经济和创意设计等新兴产业的澎湃活力，充分彰显黑龙江养老产业生态优先、绿色发展的服务理念，全面展示黑龙江省得天独厚的自然生态优势、绿色食品优势、旅游资源优势、健康医疗优势，进一步宣传推介龙江优质养老资源和黑土优品，在做好"民政牵挂 守护夕阳""龙江家门口的幸福养老"的同时，充分挖掘龙江康养潜力优势，倾力打造"旅居康养 乐享龙江 ——走出家门的幸福养老目的地"，吸引更多"银发一族"在龙江乐享幸福晚年，吸引更多企业到龙江投资兴业，共谋养老产业发展新机遇。

黑龙江展区设置聚焦"旅居康养 乐享龙江 ——吃出来的龙江康养 舌尖上的幸福养老"主题，突出"黑土优品 ——龙江适老康养食品荟萃"主展区，引领带动旅居康养展示区、自然风光展示区和互动洽谈区等三个分展区，运用图文、视频、宣传资料和现场互动等形式，充分展示黑龙江为老年人精心打造的全季全域生态康养旅游线路、适老康养食品、寒地龙药、特色养老机构、康养招商项目等内容，吸引众多参展人员观看、咨询、对接项目。

活动现场，黑龙江奉君养老集团有限公司、哈尔滨宜康康养中心、哈尔滨新松茂樾山养老公寓、鹤北康鹤森林康养分公司、乐活医养结合院、伊春森工岐黄养老养生苑等16家黑龙江省养老机构进行集中展示，向现场观众详细推介龙江特色康养服务。

在展区的绿色特色食品品尝区，以黑土优品为引领，北大荒食品集团有限公司、黑龙江森工森林食品集团有限公司、御膳田石板地大米、黑龙江鲜玉良田农业发展有限公司、黑河市坤鹏生态科技有限公司等多家省内知名绿色有机食品企业组团亮相，拿出自家寒地龙药、有机大米、森林食品、鲜食玉米、大豆冰淇淋等多种类适老化"招牌"产品，供大家了解品尝鉴赏，来自全国各地的参展商和观众排队体验龙江绿色健康食品。黑龙江展区采取"线上＋线下"相结合的推介方式，充分运用新媒体平台，提高推广宣传效果。

展会期间，黑龙江省鲜玉良田鲜食玉米、北大荒食品、龙江森工森林食品、大豆冰淇淋备受关注，寒地龙药、省祖研纳豆产品深受老年人欢迎，在展会现场被抢购一空。参展商家及观众纷纷表示，黑龙江的旅居康养好看、好吃、好玩，还很健康，太吸引人了，有机会一定要亲自去体验一番。

记者从省民政厅了解到，近年来，黑龙江省积极面向全国开展城市间旅居康养宣传推介，在国内举办了28场候鸟旅居康养系列推介活动，重点推介黑龙江旅游观光、避暑休闲、养生养老、中药保健、适老食品、生态宜居等独特资源，积极推进康养产业招商与养老服务一体化发展，推动候鸟旅居养老产业链条持续延伸。

（新华网黑龙江频道）

浪漫夏日，来一场与梅花鹿的徒步旅行之约

　　蓝天白云为幕，鲜花芳草为席，选一块平坦的草坪野餐，或看梅花鹿近在咫尺、悠闲散步，或起身拿着胡萝卜与它们亲密互动。在美好的夏日周末，人们一同走进距离哈尔滨市区仅 70 多公里的龙江森工平山皇家鹿苑，参加一场精彩的徒步旅行，环游森林步道、搭帐篷、野餐、逛研学馆、喂小兔子、小矮马，跟梅花鹿合影……尽情地玩上一整天，内容太丰富了！

　　青山如黛、绿草如茵，寻鹿、野餐，陪自己和家人好好走一段路……玩累了，走累了，就在半山坡拿出准备好的啤酒、面包、红肠、熟食、鸭货、小龙虾、大西瓜……小心！梅花鹿会轻轻地走到你身边要求"蹭饭"。

　　沐浴着阳光、吹着微风，听着虫鸣鸟叫，好像卡通片里的场景。小朋友可以喂一喂软乎乎的小兔子、摸一摸萌萌哒的小鹿和羊驼，骆驼一家和牦牛大哥，也会来蹭"合影"呦！

　　龙江森工平山皇家鹿苑是国家 AAAA 级旅游景区，被誉为"冰城后花园""离城市最近绿野仙踪"。

　　作为全国超大的半野生、半散放式鹿场，这里生活着 1000 多头梅花鹿，有高低错落的幽静峡谷，名贵树种有 30 多种。

　　据介绍，生活报·平山皇家鹿苑森林登山节，由龙头新闻、生活报和黑

龙江省森工平山林旅有限公司主办。

（编辑才萌）

扫码看视频｜浪漫夏日，来一场与梅花鹿
的徒步旅行之约

黑龙江铁力乡村游，乐享生态康养之旅

2023 年年末，"中国铁力乡村游 乐享生态康养"主题活动在黑龙江省铁力市成功举办，来自黑龙江省各地的游客朋友相约铁力，畅游如画美景、寻觅田园诗意、尽享避暑时光，开启了一段洗涤心灵、清凉避暑的康养乡村之旅。

三天时间里，游客朋友们品香草河鲜花宴、游日月峡国家森林公园、探秘全国乡村旅游重点村农家乐、泡汤全国首家玉温泉，真实体验了铁力市作为小兴安岭生态旅游"前哨"、伊春"南大门"、哈尔滨"后花园"的独特魅力。

活动中，特别安排了独具特色的交互式融媒篝火晚会，将铁力市的大米、蓝莓、蜂蜜、煎饼等优质农副产品推介给全省乃至全国游客，助力"铁力森鲜"品牌叫响、打通市场，点"森"成"金"，点"绿"成"银"，打造乡村振兴的"铁力样板"。

行程即将结束，游客朋友们依依不舍，纷纷表示这里的美食太惊艳、这里的景色太养眼、这里的环境太宜人，纷纷提出想要"在这里定居"！

据了解，近年来铁力市委、市政府高度重视乡村旅游产业发展，以乡旅产业为引擎，通过文旅赋能乡村振兴、打造精品乡村旅游产品、传承乡村民俗文化、发展一村一品，高标准打造宜居、宜业、宜游，望山、见水、忆乡愁的诗意乡村。

目前，铁力市有国家乡村旅游重点乡镇 1 个，省级乡村旅游重点乡镇 1 个，国家乡村旅游重点村 2 个，省级乡村旅游重点村 5 个。在乡村康养旅游方面，铁力市一大批精品民宿、高端田园综合体等乡村旅游业新型业态不断涌现，以铁力市萌宠部落民宿、北星田园生态综合体、酒章文创园为代表的康养乡村游品牌在省内获得了极高的知名度、美誉度和影响力。

（新华网黑龙江频道）

扫码看视频｜黑龙江铁力乡村游，乐享生态康养之旅